염불성불의 길
철오선사법어
徹悟禪師法語

각문 譯解

철오선사 진영

목 차

철오선사의 간략한 전기 10
철오선사의 서문(自敍) 26
시중법어(示衆法語) 32
    '나무아미타불'은 깨달음과 닦음이 포함된 심지법문 36
    온갖 덕성을 갖춘 위대한 명호 40
    매순간 무슨 생각을 하며 살고 있는지 점검하자 45
    눈앞의 삶은 자기 마음이 드러난 것 46
    지극히 원만하고 빠른 수행법 '칭명염불' 54
    길 잃은 어린아이가 어머니 찾듯 왕생 발원을 58
    무엇을 '작불(作佛)'이라고 하는가? 62
    가장 큰일은 생사윤회를 벗어나는 것 70
    아기보의 고통과 극락세계 연꽃의 즐거움 74
    만 사람이 닦으면 만 사람이 모두 윤회를 벗어난다 76
    한량없는 공덕과 능력 가진 참마음으로 염불하면 80
    크고 넓은 마음(보리심)이 자기 삶(업)을 바꾼다 88
    염불하는 우리 마음이 아미타부처님 마음과 합해지면 90
    운명을 바꾸는 발원의 힘 96
    막행막식 참회하고 왕생한 형가 스님 100
    생각 생각에 부처님 명호만을 붙들며 염해야 106
    염불하는 마음이 저절로 오롯이 집중되면 110
    정토법문은 보살과 벽지불도 알 수 없는 경계 114
    80억 겁 중죄 소멸시키는 '나무아미타불' 한마디 118
    왕생하면 세 가지 불퇴전을 원만히 증득한다 122

개별 업장과 공동 업장으로 인한 망견(妄見)　126
허망한 망견에 속지 않고 알아차리기　128
이왕이면 극락의 청정한 즐거움을 상상하라　132
업력(業力)은 윤회의 길, 심력(心力)은 왕생의 길　134
한번 세운 발원은 절대 바꾸지 말아야　138
순행(順行)의 쾌락과 역행(逆行)의 고통에도 여여해야　140
임종 때 한 생각 놓치지 않고 스스로 주인이 되어야　142
아미타부처님의 접인만 따라 가야　144
이왕 꿈이라면 극락세계에서 완전하게 깨어나라　146
염불은 법신보살도 알기 어려워 믿음으로 들어가야　150
끊어짐 없이 계속 염불할 수 있는 방법　154
참마음 안에 나타나는 극락세계　160
모두 꿈을 꾸고 있지만 부처님만이 홀로 깨어있다　164
사바세계를 떠나기는 하지만 실제로는 떠나지 않는다　166
사바세계를 떠난 바가 없지만 떠나는 것은 틀림없다　168
본질적인 이치는 구체적인 사실 없이 성립할 수 없다　170
임종의 한 순간에 일으키는 한생각이 왕생을 좌우한다　172
임종시 염불삼매에 든 마음이 왕생하는 마음　176
이 마음이 부처님 또는 아홉 가지 법계를 만든다　178
시심작불(是心作佛) 시심시불(是心是佛)　180
인과를 깊이 믿고 정업(淨業)을 닦아 불성을 밝힌다　182
염불하는 마음과 아미타부처님이 둘이 아니다　184
인과의 감응은 삼세를 통해 나타난다　190

짐승을 죽이는 일이 전생의 자기 부모를 죽이는 것　192
세 가지 인식(三量)　195
원효대사 "모든 법은 오직 마음이 만들어 낸다"　197
이구사조(理具事造)의 이치를 설명하다　200
참마음이 본래 모든 것을 갖추고 있다　202
이름(名)과 바탕(體)이 다름을 설명하다　204
본유현전(本有現前)을 설명하다　207
오직 마음(唯心)을 종지(宗旨)로 하는 염불법　209
오직 부처님만(唯佛)을 종지로 하는 염불법　210
염불법문은 '오직 부처님'만을 그 종지로 삼는다　214
절대적이며 완전하게 융합하는 이치　217
절대와 원융(絶待圓融)을 종지로 하는 염불법　221
망정(妄情)과 아집(我執)을 버리기 위한 염불법　222
화엄경 전체가 바로 염불법문　224
부처님 가르침 전체가 하나의 방대한 염불법문　233
행주좌와가 염불법문을 벗어날 수 없다　237
정토행자가 알아야 할 8가지 사항　238
깨달음을 향해 나아갈 수 있는 곳은 인간세상 뿐　241
극락왕생하기 위한 세 가지 식량(三資糧)　242
왕생하기만 하면 생사윤회의 업장이 송두리째 뽑힌다　245
업력을 바꾸고 선근을 쌓는 순간　247
중생과 한 몸이라는 대비심과 조건 없는 대자심　248
참회하는 마음(慚愧心) 때문에라도 마땅히 염불해야　250
참마음 깨달아 회복하기 위해서라도 마땅히 염불해야　252
어머니가 자식 생각하듯 자식도 어머니 생각한다면　254
지극히 완전하고 단박에 성취하는 성불법, 칭명염불　256

최후의 불경 무량수경　268
단지 한번 뵙기만 하면 생사윤회를 벗어난다　270
아미타부처님 48대 서원은 바로 나를 위해 세우신 것　276
염불은 부처님의 깊은 은혜와 크나큰 공덕 갚는 불사　279
부처님 지견으로 자기의 지견을 만든다　286
삼계를 한꺼번에 벗어나는(橫出三界) 유일한 방법　288
아미타부처님 이름은 만병통치약이자 항공모함　292
염불하는 마음 하나하나가 극락 왕생하는 근본씨앗　294
일심불란(一心不亂)의 경지　297
염불삼매(念佛三昧)의 공능　299
부처님을 떠나서는 따로 마음이랄 것이 없다　300
'오직 부처님(唯佛)'과 '오직 정토(唯土)'라는 종지　303
실상의 마음으로 실상의 부처님을 염한다　304
염불로 광대무변하고 미묘한 참마음을 회복한다　307
불이 전단나무를 태우면 향기로운 전단향이 난다　309
중생의 마음도 부처님 마음과 다름이 없다　310
성인을 우러러 흠모하는 방법으로 참마음을 밝힌다　312
부처님과의 감응으로 신령스런 참마음의 빛이 드러난다　315
자기의 미묘한 참마음만 존중하는 방법　317
성인을 흠모하고 참마음도 존중하는 방법　318
일체를 철저히 놓아버리고 무엇에도 의지하지 않는 법　321
오로지 한길로 깊숙이 들어가야(一門深入)　323
삶을 바꾸고자 한다면 항상 부처님을 생각해야　327
최상의 깊고 미묘한 선정법문(無上深妙禪)　328
정업을 성취하는 마음가짐　330
염불하는 한생각 가운데 지관(止觀)이 함께 갖춰져 있다　332

徹悟禪師行略(철오선사행략)

師諱際醒 字徹悟 一字訥堂 又號夢東. 京東豐潤縣人. 族姓
사휘제성 자철오 일자눌당 우호몽동. 경동풍윤현인. 족성
馬 父諱萬璋 母高氏. 師幼而穎異 長喜讀書 經史群籍 靡
마 부휘만장 모고씨. 사유이영이 장희독서 경사군적 미
弗采覽. 二十二歲 因大病 悟幻質無常 發出世志. 病已 至
불채람. 이십이세 인대병 오환질무상 발출세지. 병이 지
房山縣 投三聖庵榮池老宿剃髮. 越明年 詣岫雲寺恒實律
방산현 투삼성암영지노숙체발. 월명년 예수운사항실율
師圓具.
사원구.

철오선사의 간략한 전기

　철오(徹悟, 1741-1810) 선사의 휘(諱)는 제성(際醒)이고, 자(字)는 철오(徹悟)이며, 또 다른 자는 눌당(訥堂)인데, 별호(別號)는 몽동(夢東)이다. 북경 동쪽 하북성(河北省)의 풍윤현(豊潤縣) 사람으로, 속세의 성(姓)은 마(馬)씨이며, 아버지의 휘는 만장(萬璋)이고, 어머니는 고(高)씨이다.
　선사는 어려서부터 특출하고 기이하였으며, 자라면서 책 읽기를 좋아하여 경전과 역사를 비롯한 여러 서적을 두루 열람하지 않는 것이 없을 정도였다. 22살 때 큰 병을 앓으면서 허깨비 같은 육신이 덧없음을 깨닫고 마침내 출가할 뜻을 품었다. 병이 낫자 방산현(房山縣)에 가서 삼성암(三聖庵)의 영지(榮池) 노스님 아래 귀의하여 삭발하고 출가하였다. 이듬해 수운사(岫雲寺)에 가서 항실(恒實) 율사로부터 구족계를 받았다.
　나무아미타불.

*명(明, 1368-1688) ; 주원장(朱元璋)이 원(元)을 멸망시키고 세운 왕조(王朝)로, 처음에는 수도를 금릉(金陵, 지금의 南京)에 정하였다가 삼대(三代) 성조(成祖) 때 북경(北京)으로 천도(遷都)하였다. 16대(代) 277년 만에 유적(流賊) 이자성(李自成)에게 멸망당했다.
*청(淸, 1617-1912) ; 만주족(滿洲族)인 누루하치(奴兒哈赤)이 명(明)을 멸망시키고 세운 왕조(王朝)로, 처음에는 심양(瀋陽)에 도읍을 정했다가 나중에 북경(北京)으로 옮겼다. 신해혁명(辛亥革命)으로 인해 멸망하였다.

次年聞香界寺隆一法師開演圓覺. 師與會焉. 晨夕研詰
차년문향계사융일법사개연원각. 사여회언. 신석연힐
精究奧義 遂悟圓覺全經大恉. 復依增壽寺慧岸法師 聽講
정구오의 수오원각전경대지. 부의증수사혜안법사 청강
相宗 妙得其要. 後歷心華寺徧空法師座下 聽法華楞嚴金
상종 묘득기요. 후력심화사편공법사좌하 청법화능엄금
剛等經 圓解頓開. 于性相二宗 三觀十乘之恉 了無滯礙.
강등경 원해돈개. 우성상이종 삼관십승지지 요무체애.
乾隆三十三年冬 參廣通粹如純翁 明向上事 師資道合 乃
건륭삼십삼년동 참광통수여순옹 명향상사 사자도합 내
印心焉. 是爲臨濟三十六世 磬石七世也.
인심언. 시위임제삼십육세 경석칠세야.

그 다음 해에는 향계사(香界寺)에서 융일(隆一) 법사가 『원각경(圓覺經)』 강의를 연다는 말을 듣고 선사도 참석하였다. 아침 저녁으로 파헤치고 캐물으며 오묘한 뜻을 정밀하게 탐구하여 마침내 『원각경』 전체의 요지를 깨달았다. 다시 증수사(增壽寺)의 혜안(慧岸) 법사에게 법상종(法相宗) 강의를 듣고 미묘한 요체를 얻었다. 그 뒤 심화사(心華寺)의 편공(徧空) 법사 아래서 『법화경(法華經)』 『능엄경(楞嚴經)』 『금강경(金剛經)』 등을 원만히 이해하고 깨달아, 법성(法性)·법상(法相)의 2종(二宗)과 공관(空觀)·가관(假觀)·중관(中觀)의 3관(三觀)과 10승(十乘)의 요지를 막힘없이 통달하였다.

건륭(乾隆, 淸나라 高宗 황제의 연호) 33년(1768년) 겨울, 광통사(廣通寺)의 수여순(粹如純) 노옹(老翁)을 참방하여 향상(向上, 선종에서 말하는 마지막 관문)의 일을 밝히니, 스승과 제자의 마음이 계합(契合)하여 마침내 인가(印可)를 받았다. 이렇게 하여 선사께서는 임제(臨濟) 스님의 36대손(代孫)이자 경산(磬山) 스님의 7대손이 되었다.

나무아미타불.

*십승(十乘) ; 공(空), 가(假), 중(中) 삼관(三觀)이 열반(涅槃)의 보소(寶所)에 이르게 하기 때문에 승(乘)이라고 하며, 여기서 열(十)이라는 숫자는 이 세 가지 관법(三觀)을 닦아가는 과정에서 공부가 더욱 깊어지도록 도와주는 열 가지 미세한 단계를 말함. 열 가지 승(乘)이 있다는 말이 아님.

*향상사(向上事) ; 향상일로(向上一路), 향상일착(向上一着)이라고도 하는데, 언어와 사유가 끊어진 지극한 도(正眞大道)를 말한다. 전등록(傳燈錄)에서는 "천명의 성인도 전할 수가 없고(千聖不傳) 학자들도 접근할 수 없는 것이(學者勞形) 마치 원숭이가 자기의 그림자를 잡으려고 하는 것과 같다(如猿捉影)"고 하였다. 즉 석가모니 부처님도 설명할 수 없고, 달마(達摩)도 전할 수가 없는 것으로 오로지 스스로 깨달아 체득해야할 고요하고 적정한 진여(眞如)의 본체(本體)를 말한다. 언어와 사유를 초월해 있기 때문에 향상사(向上事)라고 부른다.

*임제의현(臨濟義玄) ; 당나라(唐, ?-867) 조주(曹州, 河南省) 남화(南華) 사람으로, 마지막 황벽(黃蘗) 스님에게 인가를 받았다. 제자들을 가르치는 특유의 방법 때문에 임제종(臨濟宗)의 시조(始祖)가 되었다. 임제할(臨濟喝) 덕산봉(德山棒)으로 유명하다.

二十八年 粹翁遷萬壽寺. 師繼席廣通 率衆參禪 策勵後學
이십팔년 수옹천만수사. 사계석광통 솔중참선 책려후학
津津不倦 十四年如一日. 聲馳南北 宗風大振. 每憶永明延
진진불권 십사년여일일. 성치남북 종풍대진. 매억영명연
壽禪師 乃禪門宗匠 尙歸心淨土 日課十萬彌陀 期生安養.
수선사 내선문종장 상귀심정토 일과십만미타 기생안양.
況今末代 尤宜遵承 遂棲心淨土 主張蓮宗. 日限尺香晤客
황금말대 우의준승 수서심정토 주장연종. 일한척향오객
過此惟禮拜持念而已. 五十七年 遷覺生寺 住持八年 百廢
과차유예배지념이이. 오십칠년 천각생사 주지팔년 백폐
盡擧. 于淨業堂外 別立三堂 曰涅槃 曰安養 曰學士 俾老
진거. 우정업당외 별립삼당 왈열반 왈안양 왈학사 비노
病者有所依託 初學者便于誦習.
병자유소의탁 초학자편우송습.

　건륭 38년(1773년) 수여순(粹如純) 노옹(老翁)께서 만수사(萬壽寺)로 옮겨 가시자, 선사가 그 뒤를 이어 광통사(廣通寺)에 주석(住席)하게 되었다. 대중을 거느리고 참선하며 후학들을 채찍하고 격려하기를 14년 동안을 하루같이 하면서 조금도 피곤해하거나 싫은 기색도 없이 열심히 정진하셨다. 그래서 그 명성이 남북으로 널리 퍼지고 선종의 기풍이 크게 떨쳐졌다.

　선사께서 매양 제자들에게 상기시킨 가르침은, 영명(永明) 연수(延壽)선사께서 선종의 거장이면서도 오히려 마음을 정토(淨土)에 귀의하여 매일같이 '나무아미타불' 명호를 10만 번씩 염송하며 안양국(安養國, 극락국토)에 왕생하길 발원하셨던 수행법이었다. 이 염불법문이야말로 지금 같은 말법시대에 더더욱 받들어 따라야 할 가장 적합한 수행법이 아닌가라고 확신을 하였기 때문이다. 그래서 마침내 마음을 정토에 의지하고 연종(蓮宗)을 크게 주창하였다. 낮에 잠시 손님을 맞이하는 시간을 제외하고 오로지 하루 종일 아미타부처님께 예배하고 염불만 하는 생활의 연속이었다.

건륭 57년(1792년) 각생사(覺生寺)로 옮겨 8년간 주지직을 맡으면서, 온통 폐허가 되어버린 절을 다시 일으켜 세웠다. 그래서 정업당(淨業堂) 외에 따로 세 개의 당(堂)을 세웠으니, 열반당(涅槃堂)·안양당(安養堂)·학사당(學士堂)이 그것이다. 이렇게 해서 나이가 많거나 병이 든 납자들이 의탁해 쉴 곳이 생겼으며 초학자(初學者)들이 경을 독송하거나 연구하기가 편리해졌다.

나무아미타불.

師于禪淨宗旨 皆深造其奧. 律己甚嚴 望人甚切. 開導說法
사우선정종지 개심조기오. 율기심엄 망인심절. 개도설법
如甁瀉雲興. 與衆精修 蓮風大扇. 遐邇仰化 道俗歸心. 當
여병사운흥. 여중정수 연풍대선. 하이앙화 도속귀심. 당
時法門爲第一人. 嘉慶五年 退居紅螺山資福寺 以期終歲.
시법문위제일인. 가경오년 퇴거홍라산자복사 이기종세.
奈因衲子依戀追隨 致難避迹. 師爲法爲人 心終無厭 遂復
내인납자의련추수 치난피적. 사위법위인 심종무염 수부
留衆 俄成叢席.
류중 아성총석.

선사는 선종(禪宗)과 정토종(淨土宗)의 요지에 대하여 모두 정밀하고 심오한 부분까지 훤히 통달하였다. 자기를 다스림은 엄격하였고, 남들을 대함은 몹시 간절하였으며, 법을 설하여 대중을 일깨우고 인도함은, 마치 감로수를 뿌려 새로운 생명을 불어 넣은 듯이 하였으며, 검은 먹구름이 큰 소낙비를 한꺼번에 쏟아 부어 대지를 넉넉히 적셔주듯 하였다.

 대중과 더불어 정성껏 수행하여 연종(蓮宗, 정토종)의 기풍이 크게 떨치자, 사방 원근에서 모두 그 교화를 우러러 따르고, 승가나 속가 모두 마음으로 귀의하였다. 선사는 당시 법문으로 최고 제일이었다.

 가경(嘉慶, 淸나라 仁宗 연호) 5년(1800년), 선사는 홍라산(紅螺山) 자복사(資福寺)에 은거하여 조용히 한평생을 마치려 했다. 그러나 납자(衲子, 선승의 별칭. 본뜻은 두타행의 승복을 입은 수행자를 말함) 대중 가운데 그를 흠모하고 존경하여 뒤따라 나서는 이들이 몹시도 많았다. 선사는 불법을 위하고 사람을 위해서라면, 마음에 조금도 싫어함이나 물림이 없었던지라, 마침내 다시 대중들을 받아 주어 함께 머물게 허락하자, 눈 깜짝할 사이에 총림이 이루어졌다.

 나무아미타불.

擔柴運水 泥壁補屋 一飮一食 與衆共之 如是者又十年. 十
담시운수 니벽보옥 일음일식 여중공지 여시자우십년. 십
五年二月 詣萬壽寺掃粹祖塔 辭諸山外護. 囑曰 幻緣不久
오년이월 예만수사소수조탑 사제산외호. 촉왈 환연불구
人世非常. 虛生可惜 各宜努力念佛 他年淨土好相見也. 三
인세비상. 허생가석 각의노력염불 타년정토호상견야. 삼
月還山 命豫辦茶毘事物. 十月十七日 集衆付院務 命弟子
월환산 명예판다비사물. 십월십칠일 집중부원무 명제자
松泉領衆主持. 誡曰 念佛法門 三根普被 無機不收. 吾數年
송천영중주지. 계왈 염불법문 삼근보피 무기불수. 오수년
來 與衆苦心建此道場 本爲接待方來 同修淨業. 凡吾所立
래 여중고심건차도량 본위접대방래 동수정업. 범오소립
規模 永宜遵守 不得改絃易轍 庶不負老僧與衆一片苦心也.
규모 영의준수 부득개현역철 서불부노승여중일편고심야.

땔감을 장만하고 물을 길어 나르며, 진흙을 이겨 집의 벽을 수리하고, 물 한 모금 마시거나 밥 한 끼 공양을 들기까지, 모두 대중과 함께 똑같이 생활하였다.
　이와 같이 하기를 또 다시 10년, 가경 15년(1810년) 2월에 만수사에 몸소 찾아가, 은사이신 수 조사(粹祖師)의 부도탑을 참배하고, 산사(山寺)를 돌봐주고 보호하는 여러 재가신도 대중들에게 감사의 인사를 드리며, 다음과 같이 부촉하였다.

"허깨비 같은 세속 인연 길지 않으며, 인간 세상 참으로 덧없으니, 짧은 인생 허송세월하면 안타깝기 그지없소. 각자 모두들 시간을 아껴 염불 공부에 매진하십시오. 그래서 훗날 함께 극락정토에서 반갑게 다시 만납시다."

3월에 다시 홍라산 자복사로 돌아와, 당신의 다비(茶毗, 화장火葬)에 필요한 물품들을 미리 준비해 두도록 대중들에게 분부하였다. 10월 17일에는 대중들을 모두 불러 모아 사원의 일들을 하나하나 당부한 뒤, 제자인 송천(松泉) 스님에게 주지직을 맡기면서 이렇게 훈계하였다.

"염불법문은 상·중·하 세 근기의 중생들 모두가 진실한 이익을 얻을 수 있고, 어떠한 근기나 인연도 두루 받아들이지 않음이 없다. 내가 십여 년 동안 줄곧 대중과 함께 고심하고 고생하며 이 도량을 세운 까닭은, 본래 사방에서 몰려오는 사부대중들을 맞이하여 함께 염불 공부(淨業)를 닦기 위한 것이다. 그 동안 내가 세운 규약과 법도는 잘 준수해야 하며, 함부로 고치거나 바꿔서는 안 된다. 내 유훈을 명심하여 이 노승이 대중과 함께 오랫동안 애쓰며 심혈을 기울여 온 당초의 발원에 어긋나지 않게 하길 바란다."

나무아미타불.

臨示寂半月前 覺身微病 命大衆助稱佛號 見虛空中幢旛無
임시적반월전 각신미병 명대중조칭불호 견허공중당번무
數 自西而來. 乃告衆曰 淨土相現 吾將西歸矣. 衆以住世相
수 자서이래. 내고중왈 정토상현 오장서귀의. 중이주세상
勸. 師曰 百年如寄 終有所歸 吾得臻聖境 汝等當爲師幸
권. 사왈 백년여기 종유소귀 오득진성경 여등당위사행
何苦留耶. 十二月十六日 命監院師貫一 設涅槃齋. 十七日
하고류야. 십이월십육일 명감원사관일 설열반재. 십칠일
申刻 告衆曰 吾昨已見文殊觀音勢至三大士 今復蒙佛親垂
신각 고중왈 오작이견문수관음세지삼대사 금부몽불친수
接引 吾今去矣.
접인 오금거의.

입적하기 반달쯤 전에 몸에 가벼운 병세를 느끼자, 선사께서는 허공중에 수없이 많은 깃발(幢幡)들이 서쪽으로부터 오는 모습이 보인다고 말하면서, 대중들한테 '나무아미타불' 명호를 함께 염송해 달라고 분부하였다(助念). 그리고 대중들에게 이렇게 당부하였다.

"극락정토에서 다시 만나도록 하자. 나는 곧 서방으로 돌아가련다."

이에 대중들이 선사께 세상에 좀 더 머무시도록 간청을 드리자, 선사는 또 이렇게 답하였다.

"백년 인생이라 해도 나그네처럼 잠시 왔다가는 신세, 어차피 언젠가는 돌아가야 하는 법이다. 내가 이제 성인의 경지(極樂淨土)에 나아갈 수 있게 되었으니, 그대들은 마땅히 스승을 위해 다행으로 여기고 기쁘게 환송을 해야 할 터인데, 어찌하여 도리어 붙잡으려고 애쓰는가?"

12월 16일에 감원(監院)의 책임자인 관일(貫一) 스님한테 열반재(涅槃齋)를 올리도록 분부하더니, 17일 신시(申時, 오후 3시에서 5시 사이)에 대중들에게 마지막 작별 인사를 하였다.

"나는 어제 이미 문수·관음·대세지 세 보살님을 친견하였다. 오늘은 다시 아미타부처님께서 친히 나를 맞이하여 오셨다. 나는 이제 가련다."

나무아미타불.

衆稱佛號愈勵 師面西端坐合掌曰 稱一聲洪名 見一分相好.
중칭불호유려 사면서단좌합장왈 칭일성홍명 견일분상호.
遂手結彌陀印 安詳而逝. 衆聞異香浮空. 供奉七日 面貌如
수수결미타인 안상이서. 중문이향부공. 공봉칠일 면모여
生 慈和豊滿. 髮白變黑 光潤異常. 二七入龕 三七茶毘 獲
생 자화풍만. 발백변흑 광윤이상. 이칠입감 삼칠다비 획
舍利百餘粒. 門弟子遵遺命 請靈骨葬于普同塔內. 師生于乾
사리백여립. 문제자준유명 청영골장우보동탑내. 사생우건
隆六年十月十四日未時. 終于嘉慶十五年十二月十七日申時.
륭육년십월십사일미시. 종우가경십오년십이월십칠일신시.
世壽七十 僧臘四十九 法臘四十有三. 所著有示禪教律念佛
세수칠십 승랍사십구 법랍사십유삼. 소저유시선교율염불
伽陀行于世.
가타행우세.

 대중들이 부처님 명호를 더욱 큰 소리로 염송하는 가운데, 선사는 서쪽을 향해 단정히 앉아 합장을 하며 이렇게 말했다.
 "위대하고 거룩한 명호(洪名, 아미타부처님의 이름)를 염(念)하면, 한 번 염송(念誦)할 때마다 아미타부처님의 상호(相好)를 친견하게 된다."
 그리고는 마침내 손을 미타인(彌陀印)으로 바꾸어 짓더니, 평안하고 상서롭게 입적하셨다. 그때 대중들은 공중에 특이한 향

기가 가득 퍼짐을 느꼈다. 입적하신 뒤 유해를 칠일 동안이나 받들어 공양하는데도, 얼굴 모습이 마치 살아계신 듯 자애롭고 온화하며 생기가 넘쳤으며, 머리카락이 흰색에서 검은 색으로 바뀌고, 빛과 윤기가 특이하고 비상하게 넘쳤다. 이칠(14일이 지난 후)일에 감실(龕室, 좌관坐棺)에 모시고, 삼칠(21일이 지난 후)일에 다비(화장火葬)를 봉행하자, 사리 백여 과(果)가 나왔다. 이에 문하 제자들이 선사의 유촉을 받들어 영골(靈骨, 사리)을 보동탑(普同塔) 안에 안장하였다.

선사는 청나라 건륭(乾隆) 6년(1741) 10월 14일 미시(未時)에 태어나, 가경(嘉慶) 15년(1810) 12월 17일 신시(申時)에 열반하였다. 세간 나이로는 70세이고, 출가 연령(僧臘)은 49세이며, 정식 비구 수행 연령(法臘)은 43세이다. 저서로는 선종·교종·율종에 관한 법문들과 염불가타(念佛伽陀)가 세상에 전해지고 있다.

나무아미타불.

嘉慶十七年壬申九月旣望 有師之弟子惺聰者 持師之行實
가경십칠년임신구월기망 유사지제자성총자 지사지행실
請敍于余. 余與師相契有年 素蒙開誨 啓迪良多. 師眞過量
청서우여. 여여사상계유년 소몽개회 계적양다. 사진과량
人也. 六根通利 解悟超常. 旣具辯才 兼持苦行 始終如一
인야. 육근통리 해오초상. 기구변재 겸지고행 시종여일
余所目覩. 故此錄不容一字假飾. 愧余不文 特質言之 以傳
여소목도. 고차록불용일자가식. 괴여불문 특질언지 이전
信云爾. 拈花寺慕蓮杜多軆寬申敬敍.
신운이. 염화사모연두다체관신경서.

가경 17년(1812) 임신(壬申) 9월 기망(旣望, 음력16일)에 선사의 제자인 성총(惺聰) 스님이 선사의 행적을 가지고와 간략한 전기(行狀)를 적어 달라고 요청하였다. 나는 선사와 서로 알고 지낸 지가 여러 해 되었고, 평소 일깨움과 가르침을 받아 배우고 얻은 게 참으로 많았다. 선사는 보통 사람을 뛰어넘은 특출한 분이었다. 육근(六根)이 예리하게 통달하였고, 이해와 깨달음이 비상하게 뛰어났으며, 법문을 유창하게 설하는 변재(辯才)를 갖춘 데다, 엄격한 계율로 고행까지 겸비하셨으며, 수행의 기풍이 조금도 흐트러짐이 없이 시종일관 청정하였다.

선사의 행실은 내가 눈으로 직접 본 것들로, 지금까지의 내용은 한 글자도 거짓이나 과장해서 말하지 않았다. 부끄럽게도 나는 글 짓는 솜씨가 없어서, 특별히 소박한 말로 있는 그대로의 사실만 기록하여 후대에게 믿음을 전할 뿐이다.

나무아미타불.

염화사에서 연화세계(極樂世界)를 그리워하며
두타(僧) 체관(體寬) 통신(通申) 씀.

*두타(頭陀) ; 범어 dhuta의 음역으로, 두차(杜茶), 투다(投多), 진후다(塵吼多)등으로 음역되며, 두수(抖擻), 수치(修治), 기제(棄除), 완세(浣洗), 요진(搖振) 등으로 한역된다. 수행의 한 방법으로 의·식·주 등 생활을 극도로 검소하게 하여 탐욕을 제거하여 몸과 마음을 단련하는 방법이다. 또한 두타행(頭陀行), 두타사(頭陀事), 두타공덕(頭陀功德) 등으로 부르기도 한다.

自敍(자서)

余自乾隆癸巳 住持京都廣通寺 領衆參禪 間有東語西話 筆
여자건륭계사 주지경도광통사 영중참선 간유동어서화 필
以記之. 至丁酉歲 以宿業深重 多諸病緣. 因思敎乘五停心
이기지. 지정유세 이숙업심중 다제병연. 인사교승오정심
觀 多障有情 以念佛治. 且此一門 文殊普現等諸大菩薩 馬
관 다장유정 이염불치. 차차일문 문수보현등제대보살 마
鳴龍樹等諸大祖師 智者永明楚石蓮池等諸大善知識
명용수등제대조사 지자영명초석연지등제대선지식
皆悉歸心 我何人斯 敢不歸命.
개실귀심 아하인사 감불귀명.

자 서

　나는 건륭(乾隆) 38년 계사(癸巳, 1773)년부터 수도 북경의 광통사(廣通寺)에서 주지를 맡아 대중을 거느리고 참선 수행을 하면서, 틈틈이 이런 말 저런 말을 지껄이며 붓으로 기록해 두었다. 42년 정유(丁酉, 1777)년에 이르러, 숙세의 두터운 업장으로 말미암아 온갖 질병이 다발처럼 몰려들었다. 그래서 교종의 5정심관(五停心觀)에 '장애가 많은 유정(有情) 중생들에겐 염불 수행이 가장 적절하다.'라고 한 대목을 기억하고, 염불로 마음과 병을 다스리기로 작정하였다. 이 염불 법문은 문수(文殊)·보현(普現) 등 여러 보살님들로부터, 마명(馬鳴)·용수(龍樹) 등 조사(祖師)님들과, 지자(智者)·영명(永明)·초석(楚石)·연지(蓮池) 등 선지식들에 이르기까지, 모두 한결같이 일생을 귀의(歸依)하여 수행하셨던 가르침이다. 그런데 내가 어떤 특별한 사람이라고 감히 생명을 다하여 이 훌륭한 수행법에 귀명(歸命)하지 않을 수 있단 말인가?

*오정심관(五停心觀) ; 번뇌를 물리치는 다섯 가지 수행관법(修行觀法)으로 오관(五觀) 오념(五念) 오정심(五停心) 오도관문(五度觀門) 오문선(五門禪)이라고도 한다.

 1. 부정관(不淨觀) ; 범어는 asubha-smrti이며 욕심과 집착이 많은 사람들이 닦는 관법으로 자기의 몸(色身)이 더럽고 추한 것인 줄 관찰하여 탐욕심을 멈추는 수행법.

 2. 자비관(慈悲觀) ; 범어는 maitri-smrti이며 성격이 거칠고 화를 잘 내는 사람들이 닦는 관법으로 타인에게 자비로운 마음을 가짐으로 인해 자기의 성내는 마음을 다스리는 수행법.

 3. 연기관(緣起觀) ; 범어는 idampratyayata-pratiyasamutpada이며 인연관(因緣觀)이라고도 하는데, 열두 가지 인연법(十二因緣法)을 차례로 또는 역으로 관찰함으로 인해 사물이 실재한다고 집착하는 어리석을 떨쳐버리는 수행법.

 4. 계분별관(界分別觀) ; 범어는 dhatu-prabheda-smrti이며 분석관(分析觀) 또는 무아관(無我觀)이라고도 하는데, 지(地), 수(水), 화(火), 풍(風), 공(空), 식(識)으로 이루어진 모든 만물은 실재하지 않음을 잘 관찰하여 자기집착으로 인해 일어나는 번뇌를 다스리는 수행법.

 5. 수식관(數息觀) ; 범어는 anapana-smrti이며 안나반나관(安那般那觀) 또는 지식관(持息觀)이라고도 한다. 즉 자기의 들숨(入息)과 날숨(出息)을 조용히 따라 셈으로 인하여 정신을 한곳에 집중시켜 산란하고 들뜬 마음을 다스리는 수행법.

또한 오선문경(五禪門經)에는 네 번째 계분별관(界分別觀) 대신 염불관(念佛觀, 범어 buddhanusmrti) 또는 관불관(觀佛觀)을 넣기도 하는데, 부처님의 삼신(三身) 즉 법신(法身), 보신(報身), 응화신(應化身)을 사유함으로 번뇌와 장애를 다스리는 수행법인데, 이는 죄업이 두터워 질병이 많거나 공부에 장애가 많은 사람들이 닦는 관법이다.

於是朝暮課佛 而禪者願隨者頗夥. 因順時機 且便自行 遂
어시조모과불 이선자원수자파과. 인순시기 차편자행 수
輟參念佛. 時門墻見重者 謗燄四起 余以深信佛言不顧也.
철참염불. 시문장견중자 방염사기 여이심신불언불고야.
十餘年來 所有積稿 一旦付之丙丁童子. 不意爲多事禪者
십여년래 소유적고 일단부지병정동자. 불의위다사선자
于灰爐中撥出若干則 然百不存一矣. 嗣後爲業風所吹 歷
우회신중발출약간칙 연백부존일의. 사후위업풍소취 역
主覺生資福兩刹. 爲虛名所誤 往往有請開示索題跋者 迫
주각생자복양찰. 위허명소오 왕왕유청개시색제발자 박
不得已而應之. 日久歲深 復積成卷.
부득이이응지. 일구세심 부적성권.

그래서 나는 아침·저녁 예불시간에 염불하기 시작하였는데, 참선하던 스님들 중에 함께 따라 하기를 원하는 이들이 점점 많아졌다. 그래서 염불이 시절인연과 중생근기에 잘 맞고, 또 혼자 스스로 수행하기에도 편리하다고 생각하고, 마침내 참선을 그만두고 염불에만 전념하였다. 그러자 당시에 법문의 장벽이 두터운 자들이(수행에 우열을 나누어 자기가 하는 수행이 가장 좋고 다른 사람의 수행법을 무시하거나 얕보는 사람들) 사방에서 비방의 불길을 내뿜었다.

그래도 나는 부처님 말씀을 깊이 믿기 때문에 그런 말들은

自敍(자서)

거들떠보지도 않았다. 그리고 참선을 하면서 10여 년 동안 적어 놓았던 원고들을 하루아침에 모두 태워버렸다. 그런데 뜻하지 않게, 참선만이 최고의 수행이라고 여기던 어떤 스님이 그 원고를 아깝게 여겨, 타버린 잿더미 속에서 타고 남은 약간의 원고를 찾아냈다. 그러나 그 분량은 전체의 백분의 일도 못 되었다.

그 뒤로 업력의 바람(業風)에 휩쓸려, 각생사(覺生寺)와 자복사(資福寺)의 두 사찰에서 주지를 역임하였다. 그런데 헛된 명성(虛名)에 소문이 잘못 나서, 가끔씩 나한테 찾아와 법문을 청하거나 무슨 서문이나 발문(跋文)을 써 달라고 요청하는 이들이 적지 않았다. 나는 간청을 거절할 수 없어 마지못해 응하곤 했는데, 날이 가고 해가 지남에 따라 점차 원고가 쌓여 한 권의 책이 만들어 질 만큼 많아졌다. 나무아미타불.

*병정동자(丙丁童子) ; 오행(五行)에서 병(丙)과 정(丁)은 불에 해당하므로 이렇게 부른다. 부병(付丙)은 불에 던져 태운다는 뜻이다.

戊辰夏 逢春李居士在山聽講 聞法有悟. 遂欲付之剞劂. 余曰
무신하 봉춘이거사재산청강 문법유오. 수욕부지기궐. 여왈
不可 身旣隱矣 焉用文爲. 此世間隱者之言尙然 余已棲心
불가 신기은의 언용문위. 차세간은자지언상연 여이서심
淨土 復何文字可留. 居士堅請不已 爰弁數語 用示皆不得
정토 부하문자가류. 거사견청불이 원변수어 용시개부득
已之言也. 嘉慶歲次庚午九月重陽後三日 訥堂道人書于資
이지언야. 가경세차경오구월중양후삼일 눌당도인서우자
福二有丈室.
복이유장실.

自敍(자서)

  그러던 중 가경(嘉慶) 13년 무진(戊辰, 1808)년 여름에, 이봉춘(李逢春) 거사(居士)가 산에 와서 강의를 듣다가 문득 깨달은 바가 있어서 내 글을 책으로 출판하겠다고 자청했다. 그러나 나는 완곡하게 사양했다.
  "안되오. 몸을 산속에 숨기고 수행하는 납자가 어찌 문자를 써서 세상에 알린단 말이오? 은둔하여 조용히 홀로 수양하는 세간의 은사(隱士)들도 오히려 말을 아끼고 조심하는데, 하물며 나같이 세속을 떠나 이미 마음을 극락정토에 둔 수행승이 어떻게 또 다시 문자를 남길 수 있겠소?"
  하지만 거사는 멈추지 않고 집요하게 간청을 했다. 나는 하는 수 없이 그의 뜻에 따르기로 하고, 여기에 몇 마디 말을 덧붙여 이 모두가 사람들의 청에 못 이겨 마지못해 한 것임을 밝혀둔다.

  가경(嘉慶) 15년 경오(庚午, 1810) 9월 중양절(重陽節, 음력 9월 9일)이 지나고 사흘째 되는 날(12일), 자복사 이유장실(二有丈室)에서, 눌당도인(訥堂道人) 씀.
  나무아미타불.

***기궐**(剞劂) ; 조각 하는 칼을 말하는데, 옛날에는 책을 만들기 위해 먼저 나무에 글자를 세긴 후 인쇄를 하였기 때문에 출판한다는 의미로 쓰인다.

示衆法語(시중법어)

一切法門 以明心爲要 一切行門 以淨心爲要. 然則明心
일체법문 이명심위요 일체행문 이정심위요. 연즉명심
之要 無如念佛. 憶佛念佛 現前當來 必定見佛 不假方
지요 무여염불. 억불염불 현전당래 필정견불 불가방
便 自得心開. 如此 念佛非明心之要乎? 復次 淨心之要
편 자득심개. 여차 염불비명심지요호? 부차 정심지요
亦無如念佛. 一念相應一念佛 念念相應念念佛 淸珠下
역무여염불. 일념상응일념불 염염상응염염불 청주하
於濁水 濁水不得不淸 佛號投於亂心 亂心不得不佛.
어탁수 탁수부득불청 불호투어난심 난심부득불불.
如此 念佛非淨心之要乎?
여차 염불비정심지요호?

　진리의 가르침인 일체 모든 성인들의 말씀(法門)은 바로 마음을 밝히는 데(明心)에 그 목적이 있으며, 일체 모든 수행들(行門)은 예외 없이 모두가 마음을 청정하게 맑히는 것(淨心)을 그 목표로 하고 있습니다.
　마음을 밝히는 방법(明心之要)을 열거하자면 셀 수 없이 많지만 그 중에서도 염불(念佛, 아미타부처님만을 오로지 마음속으로 간절히 생각하거나 소리 내어 부르는 것)만큼 확실하고 좋은 방법이 없습니다. 이렇게 아미타부처님(阿彌陀佛)을 잊지 않고 기억하며(憶佛), 아미타부처님을 마음속 깊이 생각하며 쉼 없이 새기고 새긴다면(念佛), 지금 당장이나 아니면 가까운 미래에 틀림없이 부처님을 친견할 수 있습니다. 그러므로 다른 특별한 방법이나 번거로운 수행법을 따로 찾아다닐 필요도 없이 염불수행 하나만 열심히 하면 저절로 마음이 활짝 열려 부처가 될 수 있습니다(豁然開悟 見性成佛). 그러니 염불이야말로 마음을 밝히는 최고의 법문(心要法門)이 아니겠습니까?

또 마음을 밝히는 수행법(淨心之要)에도 다양한 방법들이 있지만 역시 염불(念佛)만한 게 없습니다. 왜냐하면 한 생각 부처님을 생각하여 참마음과 계합(契合, 서로 완전하게 하나가 된다는 뜻이니, 즉 염하는 마음과 대상인 부처님의 이름이 완벽하게 하나가되어 어떤 생각도 중간에 끼어들지 않는 상태를 말한다)하면 바로 그 한 순간 부처님이 되고, 매 순간마다 생각이 끊어지지 않고 부처님을 생각하여 마음이 계합하면 염불하는 동안 내내 부처님이 되기 때문입니다(一念相應一念佛 念念相應念念佛).

예를 들어, 물을 맑히는 구슬을 탁한 물속에 넣어두면(清珠下於濁水), 흐렸던 물이 점점 맑아지지 않을 수 없듯(濁水不得不清), 부처님의 명호를 어지럽고 산란한 마음속에 하나하나 채워간다면(佛號投於亂心), 어지러웠던 마음이 부처님 마음처럼 고요하고 맑게 되지 않을 수 없습니다(亂心不得不佛). 이치가 이러하니 어찌 염불이야말로 마음을 맑히고 안정시키는 최고의 방법이 아니겠습니까(念佛非淨心之要乎)?

나무아미타불.

*무량수경無量壽經에, '칭일성차명호칭一聲此名號 구족무량공덕具足無量功德(아미타부처님의 이름을 한번만 불러도 한량없는 공덕을 얻는다.)' 라고 하였다.

*관무량수경觀無量壽經에, '단문불명但聞佛名 능제무량겁생사지죄能除無量劫生死之罪(아미타부처님의 이름만 들어도 무량겁동안 지어온 사바세계의 죄가 일시에 소멸된다.)' 고 하였다.

*아미타경阿彌陀經에, '염불지행자念佛之行者 가득육방항사지제불호념지可得六方恒沙之諸佛護念之(염불念佛을 하면 동서남북상하東西南北上下에 계시는 항하사와 같이 많은 부처님들이 보호를 해 주신다.)' 라고 하였다.

*능엄경염불원통장楞嚴經念佛圓通章에, '억불념불억불념불憶佛念佛 현전당래現前當來 필정견불必定見佛 불가방편不假方便 자득심개自得心開(지극한 마음으로 아미타부처님을 잊지 않고 염한다면 현재나 미래에 틀림없이 극락세계에 태어나 아미타부처님을 뵐 수 있다. 이렇게 일단 아미타부처님을 뵙기만 하면 다른 특별한 수행을 하지 않아도 자연히 마음이 열려 깨달음을 성취할 수 있다)' 라고 했다.

*나무아미타불南無阿彌陀佛 ; 범어 'namo amitayusbuddhaya 나모 아미따유스 분다야'를 음역音譯한 것으로, 'namo 나모'는 경례敬禮, 귀경歸敬, 귀의歸依, 귀명歸命, 신종信從 등의 뜻을 가지고 있으며, 'amitayus 아미타유스'는 무량수無量壽라는 뜻이며(혹은 amitabha 아미따바 무량광無量光, 'buddhaya 분다야'는 깨달은 자(覺者) 즉 부처님이라는 뜻이다. 즉 namo는 믿고 따른다(歸依)는 뜻이며, 'a 아'는 없다(無)는 의미며, 'mita 미따'는 한계限界란 뜻이며, 'yus 유스'는 수명壽命이란 뜻이며, 'buddhaya 분다야'는 깨달은 사람(覺者)이라는 뜻으로, 이것을 합하면 amitayusbuddhaya가 되는데 '무한한 공덕(수명, 광명, 지혜, 자비, 복덕, 사랑, 희생, 이해, 관용, 방편 등

등)을 가진 깨달은 사람을 항상 믿고 의지한다'는 뜻이다. 여기서 무한한 수명과 무한한 광명이란 바로 우리의 참마음이 가지고 있는 공덕을 말하는 것이다. 이 때문에 염불하는 것은 죽어서 극락세계에 가고자 하는 것이 아니라, 나의 참마음(阿彌陀佛)을 찾아 믿고 따르고자 하는(南無) 바로 지금 현재의 삶인 것이다. 이 여섯 글자(나무아미타불)를 마음속에 항상 지니고 다닌다면 힘들고 복잡하고 불확실한 삶을 살아가는데 있어서 나를 바른길로 인도해주는 등대와 나침반이 되어줄 것이다.

一句佛號 俱攝悟修兩門之要. 擧悟則信在其中 擧修則
일구불호 구섭오수양문지요. 거오즉신재기중 거수즉
證在其中. 信解修證俱攝 大小諸乘一切諸經之要 罄無
증재기중, 신해수증구섭 대소제승일체제경지요 경무
不盡. 然則一句彌陀 非至要之道乎? 吾人現前一念之心
부진. 연즉일구미타 비지요지도호? 오인현전일념지심
全眞成妄 全妄則眞 終日不變 終日隨緣. 夫不隨佛界
전진성망 전망즉진 종일불변 종일수연. 부불수불계
之緣而念佛界 便念九界 不念三乘 便念六凡 不念人天
지연이염불계 편념구계 불염삼승 편념육범 불염인천
便念三道 不念鬼畜 便念地獄.
편념삼도 불염귀축 편념지옥.

'나무아미타불'은 깨달음과 닦음이 포함된 심지법문

한 구절 아미타부처님의 명호(南無阿彌陀佛)를 부르는 지명염불법(持名念佛法)에는 깨달음(悟)과 닦음(修)이라는 두 가지 핵심 법문이 동시에 모두 포함되어 있습니다. 깨달음(悟)을 들어 얘기한다면 믿음(信)은 그 안에 이미 포함되어 있고, 닦음(修)을 들어 얘기해도 증명하여 얻음(證) 역시 그 가운데 포함하고 있습니다(깨달음 안에 이미 믿음이 들어 있고, 수행 안에 이미 증득이 함께 하고 있다). 따라서 아미타부처님의 명호를 부르는 '나무아미타불

示衆法語(시중법어)

(南無阿彌陀佛)'이라는 염불수행법 안에는 믿음(信)과 깨달음(解悟)과 닦음(行)과 증명(證悟)의 네 가지 법문이 모두 함께 원융하게 포함되어 있고, 대승과 소승을 비롯한 팔만사천 법문의 핵심 요체가 빠짐없이 다 망라되어 있습니다. 그런 즉, 간단한 한 구절인 '나무아미타불'이라는 일구명호(一句名號)만을 마음속으로 생각하는 염불법이야말로 지극히 핵심적(宗要)인 심지법문(心地法門)이 아니고 무엇이겠습니까?

지금 현재 누구나가 다 매일 밤낮으로 쓰고 있는 이 마음(現前一念之心)은, 본래는 전체 그대로가 진실한 참마음(眞如實相)이었는데, 잘못된 편견과 헛된 집착으로 인하여 고스란히 망상(虛妄)으로 변해버렸습니다(全眞成妄). 그러나 비록 망상으로 변하긴 했지만, 전체가 망상인 현재 우리들의 마음은 사실 진실한 참마음 그 자체를 떠나 있는 것은 아닙니다(全妄卽眞). 이처럼 이 마음은 진실한 측면에서 살펴본다면 하루 종일 조금도 변함없이 항상 여여 하지만(終日不變, 어떤 대상과 상황이 닥치더라도 마음이 변함없이 고요하다), 이기적인 편견과 집착과 망상의 측면에서 바라본다면 하루 종일 바깥 사물의 형상에 따라 쉴 새 없이 변하고 있습니다(終日隨緣, 자기가 주인이 되지 못하고 사물의 노예가 되어 이것저것에 끌려 다니며 멈추지 않고 마음이 요동치고 있다). 이렇게 우리들의 마음은 바깥세상의 모습들과 스스로 만드는 마음속의 상상들에 의해 한 순간도 멈추지 않고 과거 현재 미래를 오가며 요동을 치고 있습니다. 이러한 이치 때문에 일상의 삶속에서 마음속으로 한순간이라도 부처님의 세계(佛界)를 생각하지 않는다면, 우리의 마음은 즉시 그 아래 단계인 아홉 가지 세계(九界, 보살, 연각, 성문 및 육도 중생)를 생각하게 되며, 만일 삼승(三乘, 보살, 연각, 성문) 성인들의 경계(境界)를 생각하지 않는다면, 즉시 그 아래 여섯 가지 범부 중생(六道, 천상, 인간, 아수라, 축생, 아귀, 지옥)들의 삶을 반연(攀緣, 이리저리 꼬리를 물고 이것저것 생각하는 것)하게 되며, 만일 인간이나 천상의 세계를 생각하지 않는다면, 틀림없이 삼악도(三惡道, 축생, 아귀, 지옥)를 생각하게 되며, 혹 아귀나 축생들의 세계를 생각하지 않는다면, 반드시 지옥세계를 생각하게 되어 있습니다. 이처럼 우리들의 마음은 제어하지 않고 내버려두면 이기적인 생존본능에 따라 아래로만 흘러, 마치 배가 고파 생각이 많은 원숭이처럼 이곳저곳을 뛰어다니며 한 순간도 한 곳에 조용히 있지를 못합니다.

示衆法語(시중법어)

南無阿彌陀佛

염불법문은 처음 시작함에 있어서는 다른 수행법처럼 깨닫고 난 후에 닦아야 하는 과정이 필요하지 않고, 마지막에는 지혜가 따로 열리길 기다릴 필요도 없으며, 반드시 업장을 깨끗이 참회해야 하는 것도 아니며, 번뇌를 말끔히 끊을 필요도 없습니다. 그래서 염불법문은 지극히 간단하고 명료하면서도 지극히 곧고 빠른 길입니다. 그런데 하기가 이렇게 쉬운 것과는 반대로 한번 증득해 들어가면, 그 결과는 지극히 넓고 크면서도 지극히 원만한 구경(至極廣大 至極究竟)의 경지가 펼쳐집니다. 그러므로 공부하는 수행자들은 마땅히 세심히 살피고 음미하여 신중히 선택해야 합니다.
-철오선사

以凡在有心 不能無念 以無念心體 惟佛獨證 自等覺已
이범재유심 불능무념 이무념심체 유불독증 자등각이
還 皆悉有念. 凡起一念 必落十界 更無有念出十界外
환 개실유념. 범기일념 필락십계 갱무유념출십계외
以十法界 更無外故. 每起一念 爲一受生之緣 果知此理
이십법계 갱무외고. 매기일념 위일수생지연 과지차리
而不念佛者 未之有也. 若此心能與平等大慈大悲依正功
이불염불자 미지유야. 약차심능여평등대자대비의정공
德 以及萬德洪名相應 卽念佛法界也. 能與菩提心六道
덕 이급만덕홍명상응 즉염불법계야. 능여보리심육도
萬行相應 卽念菩薩法界也. 以無我心 與十二因緣相應
만행상응 즉염보살법계야. 이무아심 여십이인연상응
卽念緣覺法界也. 以無我心 觀察四諦 卽念聲聞法界也.
즉염연각법계야. 이무아심 관찰사제 즉염성문법계야.

온갖 덕성을 갖춘 위대한 명호

왜냐하면 마음을 가지고(有心) 의식을 하면서 살아가는 존재(衆生)라면 누구를 막론하고 대상인 경계에 따라 생각이 일어나지 않을 수 없으며(不能無念), 이렇게 헛된 생각이 전혀 일어나지 않는 고요한 마음의 본체(無念心體)는 오직 부처님만이 증득할 수 있는 경지이며, 비록 부처님과 거의 동등한 깨달음을 얻은 등각(等覺)보살이라 할지라도 미세한 망상이 아직 남아있습니다. 이처럼 등각보살을 포함한 그 이하의 모든 사람은 다 이런 사념이라는 망상을 벗어날 수 없습니다(有念).

대체적으로 사람들이 마음으로 무엇을 생각하고 있는 순간에는, 열 가지 부류의 세계(十界, 부처님세계부터 지옥세계까지) 가운데 어느 한 곳에 반드시 마음이 가있게 됩니다. 마음을 가지고 있다면 열 가지 세계 가운데 한 곳이라도 생각하지 않을 수는 없습니다. 사람의 의식 안에서 이 열 가지 세계를 빼버린다면 그밖에 어떠한 것도 없기 때문입니다. 그러므로 매번 한 생각을 일으키는 순간마다, 그에 상응(相應, 서로 맞아 하나가 되는 것을 말하는데 즉 두 손바닥이 만나 소리가 나는 것과 같다)하는 세계와 인연을 맺어 자기의 삶도 역시 그 연분(緣分)에 따라 그렇게 변하게 됩니다. 마음과 현재의 삶이 이처럼 밀접한 관련이 있다는 이치를 안다면, 매순간 마음으로 부처님을 생각하지 않을 사람은 결코 없을 것입니다.

만약 부처님의 평등하고 대자 대비한 의보(依報, 부처님의 세계)와 정보(正報, 부처님의 모습)의 공덕을 생각하며 더불어 온갖 덕성을 갖춘 위대한 명호(萬德共名, 아미타부처님의 이름)를 생각하여(염불하여) 마음이 완전히 부처님세계와 하나가 된다면(相應), 바로 부처님의 세계(佛法界)를 생각하는 것입니다. 만일 보리심을 일으켜 육도만행(六度萬行)을 실천하고자 하여 마음속에 오직 이런 생각뿐이라면(相應) 바로 보살의 세계(菩薩法界)를 생각하는 것이며, 자기라는 아집을 버리고 십이 인연법(緣起法)을 사유하여 마음이 여기에 하나가 된다면(相應) 바로 연각의 세계(緣覺法界)를 생각하는 것이며, 무아(無我)의 이치를 깨달아 사제(四諦, 고苦·집集·멸滅·도道)의 도리를 사유하여 이 이치와 마음이 하나가 된다면 바로 성문의 세계(聲聞法界)를 생각하는 것입니다.

나무아미타불.

或與四禪八定 以及上品十善相應 卽念天法界也.
혹여사선팔정 이급상품십선상응 즉염천법계야.
若與五戒相應 卽念人法界也. 若修戒善等法 兼懷瞋慢
약여오계상응 즉염인법계야. 약수계선등법 겸회진만
勝負之心 卽落修羅法界. 若以緩輭心 念下品十惡 卽墮
승부지심 즉락수라법계. 약이완연심 염하품십악 즉타
畜生法界. 或以緩急相半心 與中品十惡相應 卽便墮
축생법계. 혹이완급상반심 여중품십악상응 즉편타
餓鬼法界. 若以猛熾心 與上品十惡相應 卽墮地獄
아귀법계. 약이맹치심 여상품십악상응 즉타지옥
法界也.
법계야.

示衆法語(시중법어)

　마음이 만일 사선팔정(四禪八定)과 열 가지 최고의선(上品十善)을 생각하여 이들과 완전히 하나가 된다면(相應) 바로 천상의 세계(天上法界)를 생각하는 것이며, 만일 계율을 잘 지키며 인의예지(仁義禮智)를 닦는다면 인간세계(人法界)를 생각하는 것이며, 선행을 열심히 닦기는 하지만 그러나 성내거나(瞋) 교만하거나 자기 고집만 앞세워 남을 이기려는 마음을 아직 버리지 못한다면 바로 아수라의 세계(阿修羅法界)에 떨어지게 됩니다.

　만일 지혜가 부족하여 사리판단이 흐린 모호한 마음으로 가벼운 죄악들(下品十惡)을 생각하거나 짖는다면 바로 축생의 세계(畜生法界)에 떨어지게 되며, 만일 아주 어리석어 옳고 그름을 구분하지 못하고 열 가지 중간정도의 악(中品十惡)을 생각하거나 짖는다면 바로 아귀의 세계(餓鬼法界)에 떨어지게 되며, 만일 사납고 성급한 마음을 버리지 못하고 무겁고 큰 죄악(上品十惡)을 생각하거나 짖는다면 바로 지옥의 세계(地獄法界)에 떨어집니다.
　나무아미타불.

＊**사선팔정四禪八定** ; 색계천色界天의 사선四禪과 무색계천無色界天의 사무색정四無色定을 말하는데 이 둘을 합하여 이렇게 부른다. 욕계欲界의 중생들은 산란散亂한 마음으로 선을 닦기 때문에 산선散禪이라고 하는데, 여기에 상대해서 색계色界와 무색계無色界의 선정은 이보다 더 고요하기 때문에 정정이라고 하며, 또 색계色界에서 닦는 것을 선禪이라고 하며 무색계無色界에서 닦는 것을 정定이라고 한다.

十惡者 卽 殺 盜 婬 妄言 綺語 惡口 兩舌 貪 瞋 邪見
십악자 즉 살 도 음 망언 기어 악구 양설 탐 진 사견
是 反此則爲十善. 當密自檢點日用所起之念 與何界相
시 반차즉위십선. 당밀자검점일용소기지념 여하계상
應者多 與何界相應者猛 則他日安心立命之處 不勞更
응자다 여하계상응자맹 즉타일안심입명지처 불로갱
問人矣.
문인의.

매순간 무슨 생각을 하며 살고 있는지 점검하자

십악(十惡)이란, 즉 살생(殺生, 생명을 함부로 죽이는 일)·도둑질(盜)·간음(婬, 분에 넘치는 지나친 행동)·망언(妄言, 거짓말)·기어(綺語, 사실과 다르게 미사여구로 꾸미는 말)·악구(惡口, 욕설이나 험담)·양설(兩舌, 이간질)·탐욕(貪)·성냄(瞋)·사견(邪見, 잘못된 생각 또는 자기만이 옳다는 편견) 등의 열 가지 죄악을 뜻합니다. 이와 반대가 바로 십선(十善)입니다.

그러므로 우리는 자기가 무슨 생각을 하며 살고 있는지 매일매일 스스로를 세밀하고 깊이 점검하고 관찰해야 합니다. 날마다 매 순간 일상생활 속에서 무슨 생각을 하고 살아가는지를 세심히 놓치지 말고 살펴야 한다는 것입니다. 과연 현재의 나의 이 마음이 열 가지 세계 가운데 어느 세계를 더 많이 생각하고 있는지, 또한 어느 세계를 더 강렬하게 갈망하고 있는지를 스스로 묻고 점검해 본다면, 미래에 닥쳐올 자기의 삶이 어떤 모습일지, 또는 나중(내생)에 자신이 몸을 받고 목숨을 이어갈 세계는 어떤 세계가 될지는 수고롭게 남에게 물어볼 필요도 없이 자명해질 것입니다.
나무아미타불.

一切境界 惟業所感 惟心所現 卽其現處 當體卽心. 凡
일체경계 유업소감 유심소현 즉기현처 당체즉심. 범
在有心不能無境. 不現佛境 便現九界之境. 不現三乘之
재유심불능무경. 불현불경 편현구계지경. 불현삼승지
境 便現六凡之境. 不現天人鬼畜之境 便現地獄境界. 佛
경 편현육범지경. 불현천인귀축지경 편현지옥경계. 불
及三乘所現境界 雖有優降不同 要皆受享法樂而已. 三
급삼승소현경계 수유우강부동 요개수향법락이이. 삼
界諸天所現之境 但有受用禪定五欲之樂. 人道之境 苦
계제천소현지경 단유수용선정오욕지락. 인도지경 고
樂相間 各隨其業 多少不同. 鬼畜之境 苦多樂少. 至於
락상간 각수기업 다소부동. 귀축지경 고다락소. 지어
地獄 則純一極苦.
지옥 즉순일극고.

눈앞의 삶은 자기 마음이 드러난 것

자신에게 닥쳐오는 모든 삶의 현상(一切境界)은 오직 자기가 지은 행위인 업(業, 선업善業과 악업惡業)에 의해 결정이 되며(惟業所感), 또한 오직 자기가 마음을 어떻게 쓰느냐에 따라 그렇게 만들어지는 것입니다(惟心所現). 따라서 지금 현재 눈앞에 벌어지고 있는 삶의 현상들은 그대로가 바로 다름 아닌 자기 마음의 전체적인 드러남입니다(卽其現處 當處卽心).

그러기 때문에 무릇 마음을 가지고 생각을 하며 살고 있는 존재라면 어느 누구도 자기가 만들어낸 삶의 모습이 없을 수 없습니다. 그러므로 부처님의 세계(佛界)를 나타내지(만들어내지) 못하면 바로 나머지 아홉 가지 세계가 나타나게 되고, 삼승(三乘)인 성인의 세계를 나타내지 못하면 즉 아래 단계인 여섯 가지 범부 중생의 세계(六道凡夫)가 나타나게 됩니다. 또한 천상이나 인간이나 아귀 축생의 세계조차도 나타내지 못한다면 결국은 지옥의 세계가 나타나게 됩니다.

부처님과 그리고 보살(菩薩) 연각(緣覺) 성문(聲聞)의 삼승(三乘) 성인들이 나타내서 살아가는 삶에는 비록 그 우열의 차이는 있지만, 요컨대 법락(法樂)을 즐기며 살아가고 있다는 점에서는 동일합니다. 또 삼계(三界)의 여러 천상의 중생들이 나타내서 사는 세계에는 단지 선정(禪定)과 오욕의 즐거움만 있을 뿐입니다.

한편 우리 인간 세상의 삶은 괴로움과 즐거움이 서로 뒤섞여 있는데, 각자 개인이 지은 업에 따라 그 혼합 비율이 같지 않습니다. 그리고 아귀와 축생의 삶은 괴로움이 훨씬 많고 즐거움은 얼마 되지 않으며, 마지막 지옥에 떨어지면 완전하게 한결 같이 극심한 고통만 있을 뿐입니다.
나무아미타불.

如人夢中所見山川人物 皆依夢心所現 若無夢心 必無
여인몽중소견산천인물 개의몽심소현 약무몽심 필무
夢境 設無夢境 亦無夢心. 故知心外無境 境外無心 全
몽경 설무몽경 역무몽심. 고지심외무경 경외무심 전
境卽心 全心卽境. 若於因中察果 當須觀心 設於果處驗
경즉심 전심즉경. 약어인중찰과 당수관심 설어과처험
因 當須觀境. 故曰 未有無心境 曾無無境心. 果必從因
인 당수관경. 고왈 미유무심경 증무무경심. 과필종인
因必剋果. 苟眞知此心境因果一如不二之理 而猶不念佛
인필극과. 구진지차심경인과일여불이지리 이유불염불
求生淨土者 吾不信也.
구생정토자 오불신야.

    비유하면, 마치 사람이 꿈속에서 보는 산천이나 인물 등의 경계들이 모두 꿈꾸는 사람의 마음(夢心) 안에서 나타나는(만들어내는) 것과 같습니다. 만약 꿈꾸는 마음이 없다면(꿈을 꾸지 않는다면), 틀림없이 꿈속의 현상들도 없을 것입니다(若無夢心 必無夢境). 반대로 가령 꿈속의 경계가 전혀 나타나지 않는다면, 이는 꿈꾸는 마음이 아예 없다는 반증입니다(設無夢境 亦無夢心).
    그러므로 우리는 '마음을 떠나서 따로 현상이 있을 수 없고(心外無境), 현상을 떠나서 따로 마음이 있을 수 없다(境外無心)'는 이치를 알 수 있습니다. 이런 이치 때문에 눈앞에

示衆法語(시중법어)

나타나는 삶의 현상은 전체 그대로가 바로 자기 마음의 나타남이며(全境卽心), 현재 자기의 마음은 전체 그대로가 바로 온전히 삶의 현상이 만들어낸 것입니다(全心卽境). 그러므로 만약 원인(마음)을 통해서 결과(자기의 현재 삶의 모습)를 알고자 한다면 모름지기 현재 자기가 어떤 마음을 가지고 살고 있는지 살펴보면 될 것이요, 반대로 가령 결과가 나타난 곳(현재의 삶)에서 원인(마음)이 어떤 상태인가를 점검하고 확인하려면, 모름지기 지금 자기가 어떻게 살아가고 있는지를 잘 관찰하면 되는 것입니다. 왜냐하면 원인인 마음과 결과인 삶은 둘이 아니기 때문입니다(因果不二 心境不離).

그래서 '마음이 없는 경계(삶)는 있지 않으며(未有無心境), 경계가 없는 마음도 또한 있을 수 없다(曾無無心境)'고 말하는 것입니다. 결과는 반드시 원인으로부터 생겨나고(果必從因) 원인은 또한 틀림없이 결과를 만들어 냅니다(因必剋果). 만약 우리가 정말로 자기의 마음과 자기의 삶이 이렇게 직접적인 관계가 있으며, 그리고 원인과 결과가 결코 둘이 아니라 본래 하나라는 이치를 분명히 안다면, 그러고도 염불하여 극락정토에 왕생하길 바라지 않는 자가 있으리라고는 나는 절대 믿지 않습니다. 왜냐하면 마음은 원인인 씨앗(因)이며, 나타난 삶의 현상들은 그 결과물인 열매(果)이기 때문입니다. 그래서 마음 밭(心田)에 부처님을 생각하는 씨앗을 뿌리면 틀림없이 부처님의 세계가 그 결과로 찾아오는 것입니다. 이치가 이러한데도 자기의 마음 밭에 부처님의 씨앗을 심지 않을 사람이 있겠습니까? 나무아미타불.

眞爲生死 發菩提心 以深信願 持佛名號. 十六字 爲念
진위생사 발보리심 이심신원 지불명호. 십육자 위염
佛法門一大綱宗. 若眞爲生死之心不發 一切開示 皆爲
불법문일대강종. 약진위생사지심불발 일체개시 개위
戱論. 世間一切重苦 無過生死 生死不了 生死死生 生
희론. 세간일체중고 무과생사 생사불료 생사사생 생
生死死 出一胞胎 入一胞胎 捨一皮袋 取一皮袋 苦已
생사사 출일포태 입일포태 사일피대 취일피대 고이
不堪. 況輪廻未出 難免墮落 猪胞胎 狗胞胎 何所不鑽
불감. 황윤회미출 난면타락 저포태 구포태 하소불찬
驢皮袋 馬皮袋 何所不取. 此個人身 最爲難得 最易打失
려피대 마피대 하소불취. 차개인신 최위난득 최이타실
一念之差 便入惡趣. 三途易入而難出 地獄時長而苦重.
일념지차 편입악취. 삼도이입이난출 지옥시장이고중.

『절실하고 간절한 마음으로 삶과 죽음의 고통스러운 윤회(生死輪廻)를 벗어나기 위해(眞爲生死), 보리심을 내어(發菩提心), 깊고 독실한 믿음과 발원을 가지고(以深信願), 일심으로 아미타부처님의 명호를 지송하라(持佛名號).』

이 16글자는 정말로 염불 법문의 강령(綱領)이자 핵심 종지(宗旨)입니다. 만약 진실로 생사윤회를 벗어나겠다는 마음을 내지 않는다면, 일체의 법문이나 가르침이 다 말장난(戱論)에 지나지 않습니다.

세간의 어떤 괴로움도 생사윤회의 고통보다 더 큰 것은 없습니다. 생사윤회를 끝내지 못하면, 태어났다 죽고 죽었다 다시 태어나면서 태어남과 죽음을 끊임없이 되풀이 합니다. 즉 한 모태를 벗어나면 다른 모태로 들어가고, 한 살가죽부대를 벗어버리면 즉시 또 다른 살가죽부대를 뒤집어쓰게 되어, 그 고통은 형언할 수 없을 정도로 큽니다.

윤회를 벗어나지 못하면 육도(六途, 천상天上, 인간人間, 아수라阿修羅, 축생畜生, 아귀餓鬼, 지옥地獄)에 떨어지게 되는 것을 면하기 어렵습니다. 이렇게 되면 돼지의 자궁이나 개의 자궁 등 어느 곳인들 뚫고 들어가지 않겠으며, 당나귀의 살가죽이나 말의 살가죽 등 어느 살가죽부대를 뒤집어쓰지 않을 수 있겠습니까?

지금 우리가 얻어 쓰고 있는 사람의 육신은 가장 얻기 어려우면서도, 또한 가장 잃어버리기 쉬운 것입니다. 무심코 한 생각 잘못 일으킴으로 인해 한순간에 지옥(地獄), 아귀(餓鬼), 축생(畜生)의 삼악도(三惡道)에 떨어지게 됩니다. 이렇게 삼악도(三惡途)에 한번 떨어지면, 들어가는 것은 한 순간인데 이곳에서 벗어나기는 참으로 어렵습니다. 특히 지옥에 떨어지면 아주 길고 긴 시간동안 고통을 받게 되며, 받는 고통과 괴로움의 정도도 역시 엄청나게 큽니다. 나무아미타불.

철오선사법어

七佛已來 猶爲蟻子 八萬劫後 未脫鴿身 畜道時長已極
칠불이래 유위의자 팔만겁후 미탈합신 축도시장이극
鬼獄時長尤倍 久經長劫 何了何休 萬苦交煎 無歸無救
귀옥시장우배 구경장겁 하료하휴 만고교전 무귀무구
每日言之 衣毛卓竪 時一念及 五內如焚. 是故卽今 痛
매일언지 의모탁수 시일념급 오내여분. 시고즉금 통
念生死 如喪考妣 如救頭然也. 然我有生死 我求出離
념생사 여상고비 여구두연야. 연아유생사 아구출리
而一切衆生 皆在生死 皆應出離. 彼等與我 本同一體
이일체중생 개재생사 개응출리. 피등여아 본동일체
皆是多生父母 未來諸佛 若不念普度 唯求自利 則於理
개시다생부모 미래제불 약불념보도 유구자리 즉어리
有所虧 心有未安.
유소휴 심유미안.

예를 들면, 장엄겁(莊嚴劫)과 현겁(賢劫)동안 일곱 부처님께서 출현하셨는데, 이 긴긴 세월동안 축생의 몸을 벗지 못하고 내내 개미 노릇만 하고 있는 경우가 있는가 하면, 8만겁이라는 오랜 시간이 지나도 비둘기 몸을 벗어나지 못하는 경우도 있습니다. 이와 같이 축생으로 한번 태어나게 되면 축생의 몸을 벗어나지 못하고 이처럼 긴 시간을 보내야 합니다. 그런데 만일 아귀나 지옥에 떨어지게 되면 그보다 몇 배나 더 긴 시간을 보내야 할지 모릅니다. 삼악도(三惡道)에 일단 떨어지면 장구한 세월이 흐르도

示衆法語(시중법어)

록 고통이 어느 때나 끝날 것이며 어느 때나 쉬게 될지 그 끝을 알 수 없으며, 천만 가지 고통이 뒤섞여 지지고 볶을 때, 의지할 곳 하나 없고 구해줄 사람도 없습니다.

　나는 이런 이치를 한 번 말할 때마다, 오장육부 마음속까지 온통 불타듯 들끓어 올라 비통하고 안타까운 마음을 금할 수 없습니다. 이런 까닭에 지금 당장 생사윤회의 괴로움을 생각하기를 마치 부모님이 돌아가신 듯 비통하게 여기고, 또한 생사를 벗어나고자 갈망하기를 마치 머리에 붙은 불을 끄듯 황급히 서둘러야 합니다.

　나아가서는 나는 현재 생사윤회에 떨어져있어 여기서 어서 빨리 벗어나기를 바라는 것처럼, 일체 중생들도 모두 생사윤회를 하고 있으므로 또한 모두 다 고통에서 당연히 벗어나야 합니다. 저 중생들은 본래가 나와 똑같은 한 몸이며, 오랜 과거 전생 동안 나의 부모이기도 했었고, 또한 미래에 부처님이 되실 분들입니다. 만약 저들을 모두 제도할 생각은 안 하고, 오직 자신 홀로만의 이로움만 추구한다면, 이치로 보아도 맞지 않을 뿐 아니라 자기 스스로의 마음도 편안하지 못할 것입니다.

　나무아미타불.

＊칠불七佛 ; 과거칠불過去七佛이라고도 하는데, 즉 석가모니부처님을 포함해서 그 이전에 출현하신 일곱 분의 부처님을 말한다. 장엄겁莊嚴劫시기에 출현하신 비파시불毘婆尸佛, 시기불尸棄佛, 비사부불毘舍浮佛과, 현겁賢劫시기에 출현하신 구류손불拘留孫佛, 구나함모니불拘那含牟尼佛, 가섭불迦葉佛, 석가모니불釋迦牟尼佛 등 일곱 분의 부처님을 말하며, 다음에는 미륵부처님彌勒佛이 오신다. 과거 장엄겁莊嚴劫의 천 분과 현재 현겁賢劫 동안의 천 분과 미래 성숙겁星宿劫의 천 분의 부처님으로 나눈다.

況大心不發 則外不能感通諸佛 內不能契合本性. 上不
황대심불발 즉외불능감통제불 내불능계합본성. 상불
能圓成佛道 下不能廣利群生. 無始恩愛 何以解脫 無始
능원성불도 하불능광리군생. 무시은애 하이해탈 무시
冤怨 何以解釋. 積劫罪業 難以懺除 積劫善根 難以成
원건 하이해석. 적겁죄업 난이참제 적겁선근 난이성
熟. 隨所修行 多諸障緣 縱有所成 終墮偏小. 故須稱性
숙. 수소수행 다제장연 종유소성 종타편소. 고수칭성
發大菩提心也. 然大心旣發 應修大行 而於一切行門之中
발대보리심야. 연대심기발 응수대행 이어일체행문지중
求其最易下手 最易成就 至極穩當 至極圓頓者 則無如
구기최이하수 최이성취 지극온당 지극원돈자 즉무여
以深信願 持佛名號矣.
이심신원 지불명호의.

지극히 원만하고 빠른 수행법 '칭명염불'

　하물며, 큰마음(대승심大乘心, 사홍서원四弘誓願)인 보리심(菩提心)을 내지 않는다면, 밖으로는 시방세계 모든 부처님을 감동시켜 가피(加被, 부처님의 음덕을 받는 것을 말함)를 얻을 수 없고, 안으로는 자신의 본래 마음과 딱 들어맞을(契合) 수 없을 뿐 아니라, 위로는 부처님의 도를 원만히 성취할 수 없고, 아래로는 모든

示衆法語(시중법어)

중생을 널리 이롭게 할 수 없습니다. 그렇다면 시작도 알 수 없는 오랜 세월동안 입은 은혜와 사랑은 어떻게 보답하여 갚으며, 또 시작도 알 수 없는 오랜 세월동안 맺은 원한과 허물은 어떻게 풀어 없앨 수 있겠습니까.

뿐만 아니라, 오랜 겁 동안 쌓은 죄악의 업장을 참회하여 소멸하기도 어렵고, 오랜 겁 동안 쌓아온 선근 공덕을 성장시켜 무르익게 하기도 어렵습니다. 게다가 하는 일이나 닦는 수행마다 온갖 장애에 부딪치고, 설사 뭔가 조금 성취하는 바가 있더라도, 끝내는 편협하고 협소한 소견에 떨어지고 맙니다. 그러므로 모름지기 자기의 본래 마음에 걸 맞는 커다란 보리심을 내야 합니다.

이렇게 큰마음(大乘心)을 일단 내었다면, 다음에는 큰 수행(大行)을 해야 하는데, 마음수행 가운데 그 어떤 방법보다 시작하기 쉬우며 성취하기도 쉽고, 지극히 온당하고 안전하면서(至極穩當), 지극히 원만하고 빠른 방법(至極圓頓)을 찾는다면, 바로 독실한 믿음(信)과 발원(發願)으로 부처님의 명호를 지송하는 '칭명염불(稱名念佛)' 보다 더 좋은 방법은 없습니다.
나무아미타불.

所謂深信者 釋迦如來梵音聲相 決無誑語 彌陀世尊大
소위심신자 석가여래범음성상 결무광어 미타세존대
慈悲心 決無虛願. 且以念佛求生之因 必感見佛往生之
자비심 결무허원. 차이염불구생지인 필감견불왕생지
果 如種瓜得瓜 種豆得豆 響必應聲 影必隨形 因不虛
과 여종과득과 종두득두 향필응성 영필수형 인불허
棄 果無浪得 此可不待問佛而能自信者也. 況吾人現前一
기 과무랑득 차가부대문불이능자신자야. 황오인현전일
念心性 全眞成妄 全妄卽眞 終日隨緣 終日不變 橫徧竪
념심성 전진성망 전망즉진 종일수연 종일불변 횡변수
窮 當體無外 彌陀淨土 總在其中. 以我具佛之心 念我心
궁 당체무외 미타정토 총재기중. 이아구불지심 염아심
具之佛 豈我心具之佛 而不應我具佛之心耶?
구지불 기아심구지불 이불응아구불지심야?

이른바 '깊은 믿음(深信)'이란, 석가여래께서 32상 가운데 하나인 범음목소리(梵音聲相)로 친히 설하신 가르침은 결코 거짓이나 속임이 없으며, 또한 아미타부처님께서 대자대비심(大慈大悲心)으로 세우신 중생을 위한 48가지의 커다란 서원(四十八大願) 역시 결코 헛된 것이 아님을 독실하게 믿는 것입니다. 또 극락왕생하는데 씨앗이 되는 염불수행은, 마치 콩 심은데 콩 나고 팥 심은데 팥 나듯, 틀림없이 부처님을 친견하고 반드시 왕생하는 공덕의 결과를 가져온다는 것을 확신하는 것입니다. 또 골짜기에서 소리치면 메

아리가 화답하고, 햇빛 아래에 있는 사물에는 틀림없이 그림자가 나타나는 것과 같습니다. 씨앗은 한번 뿌려지면 결코 헛되이 사라지지 않으며(因不虛棄), 열매는 전혀 까닭 없이 그저 아무렇게나 얻어지는 게 아닙니다(果無浪得). 이러한 이치는 부처님께 여쭈어 볼 필요도 없이 스스로 알고 믿을 수 있는 일입니다.

하물며 우리들이 매 순간 쓰고 있는 현재 이 마음의 본래모습(一念心性)은, 전체 그대로가 진실한 모습(實相)이었지만 욕심과 어리석음으로 인하여 고스란히 망상(虛妄)이 되어 버렸으며(全眞成妄), 비록 전체가 망상이 되었다 하더라도 이 망상 자체가 다른 곳에서 온 것이 아니라 바로 참마음인 진여 그 자체에서 나타난 것입니다(全妄卽眞). 마음의 오묘한 작용(현상)으로 보면 하루 종일 바깥 사물의 인연에 따라 갖가지로 변화하지만(終日隨緣), 진여(본체) 자체인 본마음은 하루 종일 조금도 변함이 없습니다(終日不變). 우리의 참마음은 횡(橫, 공간적)으로는 시방세계에 두루 미치고, 종(縱, 시간적)으로는 과거 현재 미래의 삼세(三世)를 관통하여, 우주 전체가 진여의 본체 그 자체이며, 이 참마음인 진여를 떠나서는 따로 존재하는 것은 아무것도 없습니다.

그러므로 아미타불의 극락정토도 다른 곳에 있거나 멀리 있는 것이 아니라 바로 진여인 우리들의 참 마음 안에 있는 것입니다. 본래부터 부처님을 갖추고 있는 나의 이 마음을 가지고(以我具佛之心), 내 마음 안에 본래 계시는 부처님을 생각하는데(念我心具之佛), 어찌 내 마음 안에 본래 계시는 부처님께서(豈我心具之佛), 본래부터 부처님과 함께하고 있는 이 마음에 호응해 주시지 않겠습니까(不應我具佛之心耶)? 나무아미타불.

往生傳載臨終瑞相 班班列列 豈欺我哉? 如此信已 願樂
왕생전재임종서상 반반열열 기기아재? 여차신이 원락
自切. 以彼土之樂 回觀娑婆之苦 厭離自深 如離厠坑
자절. 이피토지락 회관사바지고 염리자심 여리측갱
如出牢獄. 以娑婆之苦 遙觀彼土之樂 欣樂自切 如歸故
여출뇌옥. 이사바지고 요관피토지락 흔락자절 여귀고
鄕 如奔寶所. 總之如渴思飮 如饑思食 如病苦之思良藥
향 여분보소. 총지여갈사음 여기사식 여병고지사양약
如嬰兒之思慈母 如避冤家之持刀相迫 如墮水火而急
여영아지사자모 여피원가지지도상박 여타수화이급
求救援. 果能如此懇切 一切境緣 莫能引轉矣.
구구원. 과능여차간절 일체경연 막능인전의.

길 잃은 어린아이가 어머니 찾듯 왕생 발원을

그리고 이미 극락세계에 왕생하신 분들의 임종할 때의 상서로운 모습들이 『왕생전(往生傳)』에 하나하나 또렷하게 전해지고 있는데, 이들 실록(實錄)이 어찌 우리를 속이겠습니까?

이와 같이 확신을 하고 나면, 극락왕생의 발원이 저절로 간절해질 것입니다. 만약 저 극락세계의 즐거움을 가지고 이 사바세계의 괴로움을 되돌아본다면, 마치 똥구덩이를 벗어나고 감

示衆法語(시중법어)

옥에서 빠져나오고 싶은 것만큼이나, 이 사바 고해를 싫어하고 떠나려는 마음이 저절로 절실해질 것입니다.

반대로 이 사바세계의 괴로움을 가지고, 저 극락국토의 즐거움을 비교해본다면, 마치 고향에 돌아가고 보물창고를 찾아 달려가는 것만큼이나, 극락세계를 기뻐하고 왕생하고 싶은 마음이 저절로 간절해질 것입니다.

요컨대, 목마른 자가 물 마시길 원하듯(如渴思飮), 굶주린 자가 먹을 것을 구하듯(如飢思食), 병들어 고통을 당하고 있는 사람이 좋은 약을 먹고 빨리 낫기를 간절히 원하듯(如病苦之思良藥), 길을 잃은 어린아이가 어머니를 찾아 헤매듯(如嬰兒之思慈母), 이런 마음을 가지고 극락왕생을 발원해야 합니다.

그리고 마치 칼을 들고 쫓아오는 적을 피해 달아나듯(如避冤家之持刀相迫), 물속이나 불 속에 빠져 허우적대며 구해주기를 바라듯(如墮水火而急求救援), 이렇게 절실하게 사바 고해에서 벗어나기를 발원해야 합니다. 정말로 이렇게 간절히 발원한다면, 어떠한 경계나 장애도 결코 우리 마음을 끌어당겨 뒤흔들지 못할 것입니다.

나무아미타불.

然後 以此信願之心 執持名號 持一聲是一九蓮種子 念
연후 이차신원지심 집지명호 지일성시일구연종자 염
一句是一往生正因 直須心心相續 念念無差 唯專唯勤
일구시일왕생정인 직수심심상속 염염무차 유전유근
無雜無間 愈久愈堅 轉持轉切 久之久之 自成片段 入
무잡무간 유구유견 전지전절 구지구지 자성편단 입
一心不亂矣. 誠然如此 若不往生者 釋迦如來便爲誑語
일심불란의. 성연여차 약불왕생자 석가여래편위광어
彌陀世尊便爲虛願 有是理乎哉! 觀經是心作佛 是心
미타세존편위허원 유시리호재! 관경시심작불 시심
是佛二語 較之禪宗直指人心 見性成佛 尤爲直截痛
시불이어 교지선종직지인심 견성성불 우위직절통
快. 何也? 以見性難而作佛易故.
쾌. 하야? 이견성난이작불이고.

그런 다음 확고한 믿음과 커다란 발원을 세워, '나무아미타불'이라는 명호를 단단히 붙잡고 지송(持誦)하면, 부처님 명호를 한 번 지송할 때마다 구품연화(九品蓮華)로 태어날 종자가 하나씩 심어지며, 한 구절 염송할 때마다 극락왕생의 올바른 씨앗(正因)이 마음의 밭에 확실하게 심어지는 것입니다.

이렇게 부처님 명호를 염송할 때는, 모름지기 마음과 마음이 계속 이어지고, 생각과 생각이 조금도 끊어지지 않도록 해야 하며, 오직 전념(專念)하고 간절하게 하여, 잡념이나 망상이 끼

示衆法語(시중법어)

어들지 않도록 해야 합니다. 염불을 오래할수록 믿음이 더욱 견고해지고, 지송을 계속할수록 발원이 더욱 간절해져서, 이렇게 오래오래 지속하다 보면, 저절로 염하는 마음과 부처님의 명호가 한 덩어리가 되어 흐트러지지 않는 일심불란(一心不亂)의 경지에 들게 됩니다. 진실로 이와 같이 염불하고도 극락정토에 왕생하지 못하는 사람이 있다면, 석가여래는 거짓말쟁이고, 아미타부처님은 이룰 수 없는 거짓 발원을 하신 것이 됩니다. 과연 그럴 리가 있겠습니까?

『관무량수경(觀無量壽經)』에 "이 마음으로 부처님이 되고, 이 마음이 바로 부처님이다(是心作佛, 是心是佛)"라고 하신 말씀은, 선종(禪宗)에서 말하는 "마음의 본 모습을 직접 가리켜, 본래 성품을 보아 부처가 된다(直指人心, 見性成佛)"는 법어(法語)보다 더욱 간단명료하고 통쾌합니다. 왜 그런가 하면, 모양도 없는 본래 자기의 성품을 보는 것(見性)은 참으로 어렵지만, 형체와 이름이 분명하게 있으신 부처님을 만들어 가는 것(作佛)은 더 쉽기 때문입니다. 나무아미타불.

＊직지인심直指人心 견성성불見性成佛 ; 직지인심直指人心은 진리를 밖에서 찾지 않고 안으로 자기의 본마음(自心)과 자기의 본모습(自性)을 곧바로 직관直觀한다는 의미이며, 견성성불見性成佛은 분석이나 사려를 통하지 않고 자기 마음속에 본래 갖추고 있는 불성을 철저하게 깨달아 부처가 된다는 의미이다. 불립문자不立文字 교외별전敎外別傳과 더불어 선종에서 투철한 깨달음의 경지를 표현할 때 쓰는 용어들이다. 이 밖에도 관무량수경觀無量壽經에서 말하는 시심작불是心作佛 시심시불是心是佛이 있고, 화엄경華嚴經에서 말하는 삼계유일심三界唯一心 심외무별법心外無別法 등이 있다.

何爲見性? 離心意識 靈光迸露 始爲見性 故難. 何爲作
하위견성? 이심의식 영광병로 시위견성 고난. 하위작
佛? 持佛名號 觀佛依正 卽爲作佛 故易. 經云 汝等心
불? 지불명호 관불의정 즉위작불 고이. 경운 여등심
想佛時 是心卽是三十二相 八十種好. 豈非以想念於佛
상불시 시심즉시삼십이상 팔십종호. 기비이상념어불
卽爲作佛耶? 夫成佛是佛 理無二致 而見性作佛 難易
즉위작불야? 부성불시불 이무이치 이견성작불 난이
相懸若是. 豈非念佛較之參禪 尤爲直截痛快也哉! 一是
상현약시. 기비염불교지참선 우위직절통쾌야재! 일시
祖語 一是佛言 何重何輕 何取何捨? 學者但當盡捨舊
조어 일시불언 하중하경 하취하사? 학자단당진사구
習 虛其心 平其氣 試一玩味而檢點之 當必首肯是說
습 허기심 평기기 시일완미이검점지 당필수긍시설
爲不謬矣.
위불류의.

무엇을 '견성(見性)'이라고 하는가?
즉 대상을 반연하는 마음의 의식(心意識)을 완전히 떠나 미묘한 참 마음의 빛이 어떤 것에도 막히거나 걸림이 없이 완전하게 그대로 드러나는 것을 말합니다(見性), 그래서 견성(見性)하기는 어렵다고 하는 것입니다.

무엇을 '작불(作佛)'이라고 하는가?
즉 부처님 명호를 지송하며 부처님의 의보(依報)와 정보(正報)

의 공덕을 마음속으로 깊이 관조(觀照)하면 그 순간순간 마다 바로 부처님이 되어가는 것을 말합니다. 그래서 작불(作佛)이 쉽다고 하는 것입니다.

『관무량수불경(觀無量壽佛經)』에 "그대들이 지극한 마음으로 부처님을 생각할 때, 이 지극하게 생각하는 그 마음이 바로 부처님의 32상과 80종호가 된다(汝等心想佛時, 是心卽是 三十二相 八十種好)"고 하셨습니다. 그러니 부처님을 간절하게 생각(想念)하면 어찌 부처님이 되지 않을 수 있겠습니까? 무릇 선종(禪宗)에서 말하는 '성불(成佛)'이라는 말과 『관무량수경(觀無量壽經)』에서 말씀하신 '시불(是佛)'이라는 말은, 이치상으로는 보면 그 의미가 전혀 다르지 않습니다. 그러나 선종의 '견성(見性)'과 『관무량수경(觀無量壽經)』의 '작불(作佛)'은 수행함에 있어서는 그 난이(難易)가 이처럼 현격하게 차이가 납니다. 그러니 염불하는 것이 참선하는 것보다 훨씬 더 간단명료하고 통쾌하다고 어찌 말하지 않을 수 있겠습니까?

그리고 '직지인심 견성성불(直指人心 見性成佛)'이라는 말은 조사(祖師)의 말씀이고, '시심시불 시심작불(是心作佛 是心是佛)'이라는 말은 부처님의 말씀입니다. 어느 것이 중요하고 어느 것이 가볍습니까? 그리고 어느 것을 선택해야 하고 어느 것을 버려야 하겠습니까? 공부하는 사람이라면 다만 타성과 편견을 버리고, 마음을 텅 비우고 심기(心氣)를 평정하게 가라앉힌 다음, 이 두 가지를 잘 음미해 보고 비교해 보아야 할 것입니다. 그러면 적어도 제 말이 틀리지 않음을 기꺼이 수긍할 것입니다. 나무아미타불.

* 관무량수경觀無量壽經에, "제불여래諸佛如來 시법계신是法界身 입일체중생심상중入一切衆生心想中. 시고여등심상불시是故汝等心想佛時 시심즉시삼십이상 팔십수형호是心卽是三十二相 八十隨形好. 시심작불시心作佛 시심시불是心是佛 제불정변지해 종심상생諸佛正徧知海 從心想生. 시고응당일심계념是故應當一心繫念 체관피불다타아가도 아라하 삼막삼불타諦觀彼佛多陀阿伽度 阿羅訶 三藐三佛陀(일체의 모든 부처님들께서는 법계 자체를 자기의 몸으로 하고 있으므로 낱낱 중생들의 마음속에 평등하게 항상 함께 하고 계신다. 그러므로 누구를 막론하고 마음으로 부처님을 생각하면 그 순간 바로 자기 마음이 32상과 80수형호와 하나가 된다. 즉 자기 마음으로 부처를 만들어가고 자기 마음이 바로 부처가 되는 것이다. 모든 부처님들의 바다와 같은 넓은 지혜는 바로 이 마음속에서 나오는 것이다. 그러므로 중생들은 마땅히 최고의 깨달음을 이루신 부처님을 한 순간이라도 잊지 말고 항상 마음속으로 생각해야 한다.)"라고 하였다.

示衆法語(시중법어)

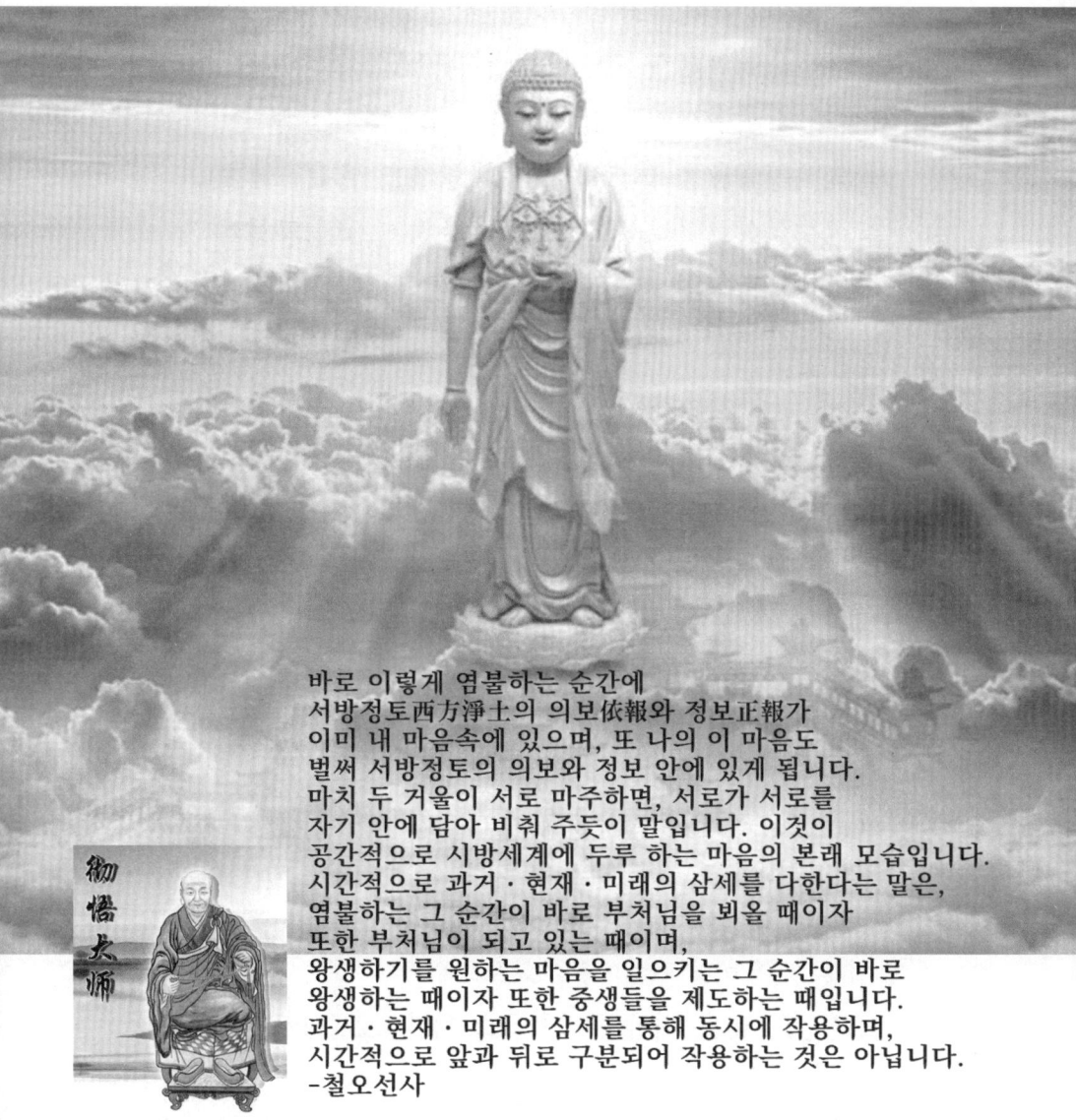

바로 이렇게 염불하는 순간에
서방정토西方淨土의 의보依報와 정보正報가
이미 내 마음속에 있으며, 또 나의 이 마음도
벌써 서방정토의 의보와 정보 안에 있게 됩니다.
마치 두 거울이 서로 마주하면, 서로가 서로를
자기 안에 담아 비춰 주듯이 말입니다. 이것이
공간적으로 시방세계에 두루 하는 마음의 본래 모습입니다.
시간적으로 과거·현재·미래의 삼세를 다한다는 말은,
염불하는 그 순간이 바로 부처님을 뵈올 때이자
또한 부처님이 되고 있는 때이며,
왕생하기를 원하는 마음을 일으키는 그 순간이 바로
왕생하는 때이자 또한 중생들을 제도하는 때입니다.
과거·현재·미래의 삼세를 통해 동시에 작용하며,
시간적으로 앞과 뒤로 구분되어 작용하는 것은 아닙니다.
-철오선사

石霜遷化 衆擧泰首座繼席住持 時九峯虔爲侍者 乃曰 若
석상천화 중거태수좌계석주지 시구봉건위시자 내왈 약
繼住持 須明先師意. 泰曰 先師有什麼意 我會不得. 虔
계주지 수명선사의. 태왈 선사유십마의 아회부득. 건
曰 先師尋常敎人 休去歇去 冷湫湫地去 古廟香爐去
왈 선사심상교인 휴거헐거 냉추추지거 고묘향로거
一條白練去 萬年一念去 其餘則不問 如何是一條白練
일조백련거 만년일념거 기여즉불문 여하시일조백련
去? 泰云 此但明色一邊事. 虔云 原來未會先師意. 泰云
거? 태운 차단명색일변사. 건운 원래미회선사의. 태운
裝香來 香煙盡處 我若去不得 卽不會先師意. 左右卽裝
장향래 향연진처 아약거부득 즉불회선사의. 좌우즉장
香 香煙未盡 泰卽化去.
향 향연미진 태즉화거.

 석상경제(石霜慶諸) 선사(禪師)께서 입적하신 뒤, 대중들이 남악(南嶽) 현태(玄泰) 수좌한테 그 뒤를 이어 주지를 맡으라고 추천하였습니다. 당시에 구봉(九峯) 도건(道虔) 스님이 시자였는데, 그 말을 듣고 이렇게 제의했습니다.
 "스승님의 뒤를 이어 주지를 맡으려면, 모름지기 스승님(先師)의 뜻을 분명히 알아야 합니다."
 그러자 현태 수좌가 반문했습니다.

"스승님한테 무슨 뜻이 계셨소? 나는 뭔지 잘 모르겠소."

이에 도건 스님이 대답했습니다.

"스승님께서는 평소에 사람들한테 늘 이렇게 가르치셨습니다, 즉 '쉬는 듯이 그친 듯이 그렇게 마음을 텅 비우고 닦아가라(休去歇去). 싸늘하게 식은 듯 그 마음을 고요히 닦아가라(冷湫湫地去), 오래된 절의 향로처럼 그렇게 오래오래 닦아가라(古廟香爐去). 한 폭의 흰 비단처럼 그렇게 깨끗하고 올곧게 닦아가라(一條白練去). 한 생각에 만 년이 스쳐지나 듯 간절하고 집중해서 닦아가라(一念萬年去).'라고 하셨는데, 다른 것은 그만 두더라도 '한 폭의 흰 비단처럼 그렇게 깨끗하고 올곧게 닦아가라'는 것이 무슨 뜻인지 말해 보십시오."

그러자 현태 수좌가 말했습니다.

"이는 다른 깊은 도리가 있는 것이 아니라 단순히 평상적인 물건으로 비유하여 대중들에게 책려하신 것뿐이오."

이에 도건 스님이 대꾸했습니다.

"원래 스승님의 뜻이 어디에 있는지 정말로 모르셨군요."

그러자 현태 수좌가 말했습니다.

"그대가 나를 우습게 보는데, 향로에 향을 담아 오시오. 향 연기가 다할 때까지 내가 만약 가지(입적하지) 못한다면, 그때는 정말로 스승님의 뜻을 모른다고 하는 말을 인정하겠소."

좌우에 있던 스님들이 곧바로 향로에 향을 담아 불을 붙였는데, 향 연기가 다 사라지기도 전에, 현태 수좌는 앉은 채로 입적해 버렸습니다.

*석상경제石霜慶諸(807~888) ; 唐代의 스님으로 청원행사靑原行思의

4대 법손이다. 강서성江西省에서 태어났으며 속성은 진陳씨다. 12살에 출가하고 23살에 숭산嵩山에서 구족계를 받은 후 계율을 공부하였다. 나중에는 오로지 참선에만 뜻을 두어 위산영우潙山靈祐 선사의 문하에 들어가 대중들을 위해 후원에서 갖은 어려운 일들을 하였다. 나중에 담주 운암산潭州 雲巖山에 있는 도오道悟 선사를 뵙고는 언하에 깨달음을 얻었다. 후에 장사長沙에서 종적을 감추고 속인들과 함께 생활을 하여 스님을 아는 사람이 아무도 없었다. 후에 조동종曹洞宗의 창시자인 동산양개洞山良价선사가 사람을 보내 수소문하여 마침내 선사의 모습이 세상에 알려지기 시작하였고 그로 인해 석상산石霜山에 들어가 안거하였다. 그 후 도오道悟 선사가 열반에 들기 전 직접 석상산에 찾아와 자기의 뒤를 이어 줄 것을 부탁하였다. 도오道悟 선사가 열반하는 날 모인 대중들이 500여명이나 되어 선사께서는 어쩔 수 없이 대중들과 조석으로 선문답을 하였다. 선사가 석상산에 20년 머무는 동안 운집한 대중들이 많았는데 그 가운데는 죽은 고목처럼 꼿꼿이 앉아 장좌불와長坐不臥하는 사람이 많았다. 그래서 세간에서는 이를 '석상고목중石霜古木衆'이라고 불렀다. 선사의 명성이 전해지자 사실을 안 당나라 왕인 희종僖宗이 자색가사紫色袈裟를 하사하였으나 극구 사절하였다.

示衆法語(시중법어)

무엇을 작불作佛이라고 하는가?
즉 부처님 명호를 지송하며 부처님의 의보依報와 정보正報의 공덕을 마음속으로 깊이 관조觀照하면 그 순간순간 마다 바로 부처님이 되어가는 것을 말합니다. 그래서 작불作佛이 쉽다고 하는 것입니다.
관무량수불경觀無量壽佛經에 "그대들이 지극한 마음으로 부처님을 생각할 때 이 지극하게 생각하는 그 마음이 바로 부처님의 32상과 80종호가 된다 (汝等心想佛時 是心卽是 三十二相八十種好)"고 하셨습니다. 그러니 부처님을 간절하게 생각想念하면 어찌 부처님이 되지 않을 수 있겠습니까?
-철오선사

虔撫其背曰 坐脫立亡卽不無 先師意未夢見在. 曹山堂
건무기배왈 좌탈입망즉불무 선사의미몽견재. 조산당
上坐 紙衣道者從堂下過. 山曰 莫是紙衣道者麼? 衣曰
상좌 지의도자종당하과. 산왈 막시지의도자마? 의왈
不敢. 山曰 如何是紙衣下事? 衣曰 一裘纔掛體 萬法悉
불감. 산왈 여하시지의하사? 의왈 일구재괘체 만법실
皆如. 山曰 如何是紙衣下用? 衣曰 諾 便化去. 山曰 汝
개여. 산왈 여하시지의하용? 의왈 락 편화거. 산왈 여
祗解恁麼去 不解恁麼來. 衣復開目問曰 一靈眞性 不假
지해임마거 불해임마래. 의부개목문왈 일령진성 불가
胞胎時如何? 山曰 未是妙 夫坐脫立亡 未明大法 固非
포태시여하? 산왈 미시묘 부좌탈입망 미명대법 고비
了事 然其造詣工夫 殊非易易.
료사 연기조예공부 수비이이.

가장 큰일은 생사윤회를 벗어나는 것

그러자 도건 스님이 현태 수좌의 등을 어루만지며 이렇게 탄식했습니다. "앉은 채로 해탈하거나 선 채로 입적(坐脫立亡)하는 것이야, 물론 훌륭한 일이 아닐 수 없지만, 스승님의 뜻은 아직 꿈도 꾸지 못했구려(未夢見在)!"

한 번은 조산본적(曹山本寂) 선사께서 당(堂)에 앉아 계시는데, 지의(紙衣) 도자(道者)가 당(堂) 아래를 지나갔습니다. 그때 이를 보신 조산 선사께서 이렇게 말문을 여셨습니다.

"아니, 지의 도자가 아니시오?"

그러자 지의 도자는 "예, 황송합니다." 라고 대답했습니다.

이에 조산 선사께서 물으셨습니다.

"대체 무엇이 종이옷(紙衣) 속의 일이오(종이옷이 뜻하는 의미는 무엇이요)?"

지의 도자가 답변했습니다.

"한 겹 가죽 옷(살갗)을 몸에 걸쳤다 하면 모든 법(萬法)이 죄다 그러합니다."

다시 조산 선사께서 물으셨습니다.

"그러면 대체 종이옷(紙衣) 속에서는 무엇을 하고 있소(무슨 일이 일어나고 있소)?"

그러자 지의 도자는 "좋습니다." 고 말을 받더니, 그 자리에 선 채로 곧장 입적해 버렸습니다.

이에 조산 선사께서 말씀하셨습니다.

"그대는 그렇게 갈 줄만 알았지, 이렇게 올 줄은 모르는구먼!"

그러자 지의 도자는 다시 눈을 크게 뜨고는 물었습니다.

"하나의 신령스런 진실한 성품이 아기보(자궁)를 빌리지 않을 때는 어떠합니까(一靈眞性, 不假胞胎時 如何)?"

그 말을 들은 조산 선사는 실망스럽게 대답했습니다.

"아직 미묘한 경계엔 이르지 못하였소(未是妙)."

무릇 앉은 채로 해탈하거나 선 채로 입적하긴 했지만(坐脫立亡), 아직 진짜 큰 법(大法, 위대한 진리)을 훤히 밝히지 못했으니 큰일(大事, 생사윤회를 벗어나는 일)을 끝마친 것은 결코 아닙니다. 그러나 수행하여 이런 경지에 이를 수 있는 것은 물론 그리 간단하고 쉬운 일은 아닙니다.

나무아미타불.

*지의도자紙衣道者 ; 본래 이름은 극부克符인데 평소 종이로 만든 옷을 즐겨 입었기 때문에 사람들이 이렇게 불렀다. 유비劉備가 태어난 곳인 탁주涿州(지금의 하북성河北省 고안현固安縣)가 고향이며, 후에 임제의현臨濟義玄스님의 사료간四料揀을 참구參究하여 깨달음을 얻었다.

*조산본적曹山本寂(840~901) ; 복건성福建省 고전古田 사람으로 속성은 황黃씨다. 어릴 때 유학을 공부하였고 19세에 출가를 하여 25세에 구족계를 받았다. 함통년간咸通年間(860~873)에 선풍이 극도로 번성하였는데 그 무렵 동산양개洞山良价 선사를 자주 뵙고 마침내 깨달음을 얻었다. 조산曹山은 강서성江西省 의황현宜黃縣 북쪽 20㎞정도에 위치하고 있다. 전에는 길수吉水 하옥산荷玉山 매산梅山 등으로도 불렸다. 선사께서 당나라 말기에 이 산에서 주석하였기 때문에 이렇게 부른다. 스님은 동산양개洞山良价 선사에게 법을 전해 받고 조동종曹洞宗을 크게 번창시켰다. 후에 6조혜능六祖慧能 선사를 앙모하여 마침내 거처를 조계曹溪로 옮겨 그곳 산을 조산曹山이라고 바꾸기까지 하였다.

示衆法語(시중법어)

본래부처 단박에
회복하는 지름길

―철오선사

더 좋은 것이 없기 때문입니다. 부처님의 공덕을 생각하는 지명염불(持名念佛)보다 그 방법으로는 '아미타부처님'의 이름을 지송(持誦)하며 부처님에 성취하는 방법(至頓至圓)을 찾는다면, 단박에 성취하는 방법(至頓至圓)을 찾는다면, 빠르면서도 참으로 통쾌하며 (直捷痛快) 지극히 완전하고 마음을 깨달아 부처님이 되는 방법 가운데 참으로 살기를 원한다면, 바로 염불을 하면 됩니다. 본래 자신인 부처님이 되어 청정하고 깨달은 삶을 본래 갖추어진 선한 공덕을 닦아, 본래 있는 진실한 참마음을 깨달아 알며 원래 실체가 없이 텅 빈 허망한 마음을 끊어버리고,

73

果能回此一段精神 專心念佛求生淨土 當必穩得上品
과능회차일단정신 전심염불구생정토 당필온득상품
上生 豈更遭人檢點哉? 如紙衣進問 如何是妙 山答云
상생 기갱조인검점재? 여지의진문 여하시묘 산답운
不借借 衣便珍重化去. 噫 與其不借而借臭穢胞胎 何如
불차차 의편진중화거. 희 여기불차이차취예포태 하여
不借而借香潔蓮花? 直以胞胎臭穢 蓮花香潔而論 已自
불차이차향결연화? 직이포태취예 연화향결이논 이자
勝劣懸殊. 況出胎隔陰 作主人難 而蓮胞一敷 勝緣具
승열현수. 황출태격음 작주인난 이연포일부 승연구
足. 此則日劫相懸 天地不足以喩其否 泰矣.
족. 차즉일겁상현 천지부족이유기부 태의.

아기보의 고통과 극락세계 연꽃의 즐거움

  그러나 정말로 앞에 인용한 두 일화에 나오는 그런 정신을 가지고 염불 수행에 마음을 다하고(專心) 힘을 다하여(盡力) 극락정토에 왕생하길 발원한다면, 틀림없이 안전하게 상품상생(上品上生)할 것입니다. 그러면 더 이상 다른 사람을 만나 굳이 자신의 공부를 점검해 볼 필요도 없습니다.

  예컨대, 지의 도자가 바로 이어 "그러면 어떤 것이 진짜 미

示衆法語(시중법어)

묘한 경계입니까?"라고 묻자, 조산 선사께서 "빌리지 않으면서 (빌린다는 생각조차 없이) 빌리는 것이오(不借借)."라고 대답하니, 그때서야 지의 도자는 진중하고 조용하게 입적했습니다.

오호라! 여기서 빌린다는 생각 없이 사바세계의 피비린내 나고 불결한 아기보(자궁)를 빌릴 바에야, 차라리 똑같이 빌린다는 생각 없이 극락정토의 향기롭고 정결한 연꽃을 빌리는 게 훨씬 낫지 않겠습니까? 아기보가 피비린내 나고 불결하기 짝이 없는 것과, 극락정토의 연꽃이 향기롭고 정결한 것만 놓고 논한다 해도, 그 우열의 차이는 너무도 현격하여 더 이상 말할 수 없을 정도입니다.

그런데 하물며, 한번 중음(저승)을 거쳐 아기보에 들어갔다 나오게 되면, 자기 스스로 주인 노릇하기가 참으로 어렵지만(중음신의 과정을 겪으면서 정신이 업력에 휩쓸려 자신의 뜻대로 원하는 곳에 태어나기 어렵다), 반면 극락세계의 연꽃을 모태로 한번 피어나기만 하면, 저절로 수승한 인연들이 모두 갖추어집니다(부처님의 인도와 염불의 힘으로 업력을 이기고 원하는 극락세계에 편안하게 태어난다). 시간으로 비유하자면, 하루와 1겁(劫)처럼 차이가 나며, 공간으로 비교하자면 하늘과 땅의 차이로도 사바세계의 냄새나는 아기보의 고통과 극락세계의 향기로운 연꽃의 즐거움을 이루 다 비유할 수 없습니다.

나무아미타불.

無怪乎永明大師謂 有禪無淨土 十人九蹉路 無禪有淨
무괴호영명대사위 유선무정토 십인구차로 무선유정
土 萬修萬人去. 此眞語也 實語也 大慈悲心淚出痛脹
토 만수만인거. 차진어야 실어야 대자비심루출통창
之語也 學者幸勿忽諸. 最初迷眞起妄 則曰一念妄動
지어야 학자행물홀제. 최초미진기망 즉왈일념망동
末後返妄歸眞 則曰一念相應. 是則起妄之後 歸眞之前
말후반망귀진 즉왈일념상응. 시즉기망지후 귀진지전
更有何法 能外此一念乎? 是故一念悟 隨淨緣 卽佛法
갱유하법 능외차일념호? 시고일념오 수정연 즉불법
界 迷隨染緣 卽九法界.
계 미수염연 즉구법계.

만 사람이 닦으면 만 사람이 모두 윤회를 벗어난다

그러니 영명(永明) 대사께서 사료간(四料揀)을 읊어 수행자들을 일깨워 주신 가르침이 전혀 지나친 말씀이 아닙니다.

有禪無淨土 참선하여 견성했다 해도 염불 공덕이 없으면
十人九蹉路 열 사람 중 아홉은 잘못된 길로 빠지지만
無禪有淨土 비록 참선 수행은 안했지만 염불 공덕이 있으면
萬修萬人去 만 사람이 닦으면 만 사람 모두 왕생한다.

示衆法語(시중법어)

이 법문은 진리의 말씀(眞語)이고 진실한 말씀(實語)이며, 큰 자비심으로 창자가 끊어지듯 비통하게 눈물을 흘리시며 토하신 말씀입니다. 공부하는 수행인이라면, 이 말씀을 소홀히 여기지 말아야 합니다.

맨 처음 진짜(진리)를 헤매어(잃어) 가짜(망상)를 일으켰던 것(迷眞起妄)은 잘못된 한 생각이 홀연히 일어났기 때문이요(一念妄動), 나중에 가짜를 돌이켜 진짜로 돌아 온 것(返妄歸眞)은 올바른 한 생각이 자기의 본마음과 딱 들어맞았기 때문입니다(一念相應).

그런 즉, 진짜를 잃어버리고 가짜인 허망한 생각을 일으킨 이후(迷眞起妄後)와, 가짜에서 벗어나 진짜로 되돌아오기 이전(返妄歸眞前)의 그 중간에 있는 마음이야말로 중생들의 일상적인 보통의 마음이요 삶의 전부라고 할 수 있습니다. 그러니 그 어떤 사람이(물건이) 이 중간에 있는 중생의 마음(衆生心)을 벗어날 수 있겠습니까?

결국 깨달아 부처님이 되지 않는 이상 이 전과 후의 사이에서 빠져나올 수 있는 사람(것)은 아무도 없습니다. 그런 까닭에 마음을 어떻게 쓰느냐에 따라 그 사람의 삶이 부처의 길과 중생의 길로 갈라집니다. 한 생각 깨달아 맑은 인연을 따르면 부처님의 세계가 나타나게 되며, 한 생각을 잘못 일으켜 욕망과 번뇌의 인연을 따르면 나머지 아홉 가지 세계(보살 이하 육도六途 중생) 가운데 어느 한 곳에 떨어지게 되는 것입니다.

나무아미타불.

* **요간(料簡)** ; 요간(料揀), 요간(了簡), 양간(量簡), 양견(量見), 요견(料

見) 등이라고도 하는데, 본래 의미는 정법(正法)을 잘 분별하고 선택할 줄 안다는 뜻이다(善能分別選擇正法). 조사(祖師)들의 설법이나 저술(著述)중에 자주 나타나며 쓰는 사람에 따라 그 용법과 내용이 서로 다르다. 일반적으로 문답방식(問答方式)을 쓴다든지 또한 서로 토론하고 분석하여 이치를 더 정밀하고 깊게 찾아가는 것을 말한다.

* **연수선사(延壽禪師)** ; 당말 오대(唐末五代) 송(宋) 나라 때의 스님 (904-975)으로, 정토종(淨土宗)의 제 6대 조사(第六代祖師)이며, 법안종(法眼宗)의 제 3대 조사(第三代祖師)이다. 육조혜능(六祖慧能) 스님 이후 최고의 스님으로 추앙받으며 미륵의 화신으로 불린다. 자은종(慈恩宗), 현수종(賢首宗), 천태종(天台宗)의 스님들을 불러 모아 인도와 중국의 유명한 스님 200명의 저술을 한데 모아 종경록(宗鏡錄) 100권을 완성하여 당시 종파간의 다툼과 알력을 조화시키는데 힘썼다. 당시 고려의 왕이 사신을 보내 제자의 예를 갖추고 36명의 스님들을 파견하여 법을 배우게 했으니 이로써 우리나라에 법안종(法眼宗)의 선풍(禪風)이 크게 떨치게 되었다. 저서로는 만선동귀법(萬善同歸集) 6권, 신서안양부(神棲安養賦) 1권, 유심결(唯心訣) 1권 등 60여부(六十餘部)가 전해지고 있다. '천 가지 수행의 길과 만 가지 설법들은 결국 하나로 돌아가고(千途異說歸於一法), 일체만법은 일심으로 돌아간다(萬法歸於一心).'고 주장하였다.

示衆法語(시중법어)

수행력이 지극하면 자연히 성스러운 경지가 바야흐로 밝아지나니,
착한 인연으로 난 제법諸法의 이치가 스스로 본디부터 그러하기
때문이다. 따라서 십지보살의 경지를 증득하게 되면 지地마다
상相이 모두 현전하는데, 이런 까닭에 "뜻이 간절하면 그윽히
가피를 느끼기에 도가 높으면 마魔도 치성한다"고 하는 것이다.
예컨대 혹 선정의 생각이 미묘하게 들다 보면 다른 모양으로도
변해 보이며, 혹 예배나 경을 독송함에 뜻이 간절하다 보면
잠시 상서로운 모양을 보기도 하는 것 등이다.
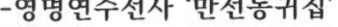
그러나 이 모든 경계들이 오직 마음의 그림자인 줄 깨닫는다면
보아도 보는 바가 없으려니와, 그렇지 않고 만일 이런 것들을
탐착해 취한다면 마음 밖에 따로 경계가 생겨서 곧 마사魔事를
이루고 마는 것이다. 그렇다고 또한 버리기에만 몰두한다면
좋은 공덕과 재능까지 버려서 닦아 나아갈 문이 없어지고 만다.
-영명연수선사 '만선동귀집'

十方虛空 是此一念迷昧. 一切國土 是此一念澄凝. 四
시방허공 시차일념미매. 일체국토 시차일념징응. 사
生正報 是此一念情想合離. 四大依報 是此一念動靜違順.
생정보 시차일념정상합리. 사대의보 시차일념동정위순.
唯依此念 變現諸法 離此念外 無法可得. 原此一念 本
유의차념 변현제법 이차념외 무법가득. 원차일념 본
是法界 從緣而起 緣無自性 全體法界. 故得橫徧十方
시법계 종연이기 연무자성 전체법계. 고득횡변시방
竪窮三際 離過絶非 不可思議 法爾具此威神 法爾具
수궁삼제 이과절비 불가사의 법이구차위신 법이구
此功用. 今以此念 念於西方阿彌陀佛 求生極樂淨土.
차공용. 금이차념 염어서방아미타불 구생극락정토.

한량없는 공덕과 능력 가진 참마음으로 염불하면

 시방(十方)에 있는 모든 허공은 이 한 생각이 흐리고 어두워져 이루어진 것이며, 일체의 모든 국토는 이 한 생각이 서로 탁하게 엉겨 응집되어 이루어진 것입니다(妄想澄寂凝結而成頑鈍無情之國土). 태생(胎生)·난생(卵生)·습생(濕生)·화생(化生)의 네 가지 종류의 생명(正報)은 이 한 생각의 감정(情)과 생각(想, 의지)과 합쳐짐(合)과 흩어짐(離)으로 인하여 나타나는 현상이요, 땅(地)·물(水)·불(火)· 바람(風)의 네 가지 요소로 이루어진 환경(依報)은 이 한 생각이 움직이고(動, 풍風) 멈추고(靜, 지地)

示衆法語(시중법어)

거슬리고(違, 화火) 순응함(順, 수水)으로 인하여 일어나는 현상들일 뿐입니다. 오직 이 한 생각에 의지하여 모든 법이 이렇게 바뀌어 나타날 뿐이요(唯依此念 變現諸法), 이 한 생각을 떠나서는 어떠한 법도 있을 수 없습니다(離此念外 無法可得).

원래 이 한 생각은 본질상 전체 법계(法界) 그 자체입니다. 그러므로 사실 법계 전체는 다름 아닌 한 생각 마음이 인연을 따라 만들어내는 것입니다(從緣而起). 따라서 인연을 따라 일어났다 사라지며 변하는 모든 현상들(法界)은 실제로는 자기 본래의 고정된 실체(自性)가 따로 있는 것이 아닙니다(緣無自性). 왜냐하면 나타나는 모든 현상계(法界)는 한 생각 마음속에서 나타나는 것으로 전체 그대로가 바로 동일한 하나의 마음이기 때문입니다(法界全體).

이처럼 본래의 참마음은 가로(橫)로는 시방세계를 두루 감싸고 있으며, 세로(縱)로는 과거·현재·미래의 삼세(三世)를 다 아우르면서, 일체의 허물을 떠나 있으며 모든 시시비비도 초월하여(離過絶非) 참으로 불가사의 한 것입니다. 우리의 참 마음은 본래부터 이렇게 한량없는 능력을 갖추고 있으며, 처음부터 이러한 미묘한 작용들을 온전하게 빠짐없이 다 가지고 있습니다.

이제 이렇게 미묘하고 한량없는 공덕과 능력을 가지고 있는 마음으로 서방정토에 계시는 아미타부처님을 간절하게 생각하며(念佛) 극락정토에 왕생하기를 지극히 원한다면 어찌 이루지 못할 리가 있겠습니까.

나무아미타불.

*__능엄경(楞嚴經)__ ; 회매위공(晦昧爲空) 공회암중(空晦暗中) 결암위색(結暗爲色) 색잡망상(色雜妄想) 상상위신(想相爲身).
· 태란습화(胎卵濕化) 수기소응(隨其所應) 란유상생(卵惟想生) 태인정유(胎因情有) 습이합감(濕以合感) 화이리응(化以離應) 정상합리(情想合離) 갱상변역(更相變易).

*__능엄경楞嚴經에__, '비여허공譬如虛空 체비군상體非群相 이불거피제상발휘而不拒彼諸相發揮(비유하면 허공 자체는 아무런 형상을 가지(하)고 있지는 않지만 모든 형상들이 자유롭게 활동하는데 아무런 방해도 하지 않는 것과 같이 우리의 참마음도 바로 이와 같다.)' 라고 하였다.

示衆法語(시중법어)

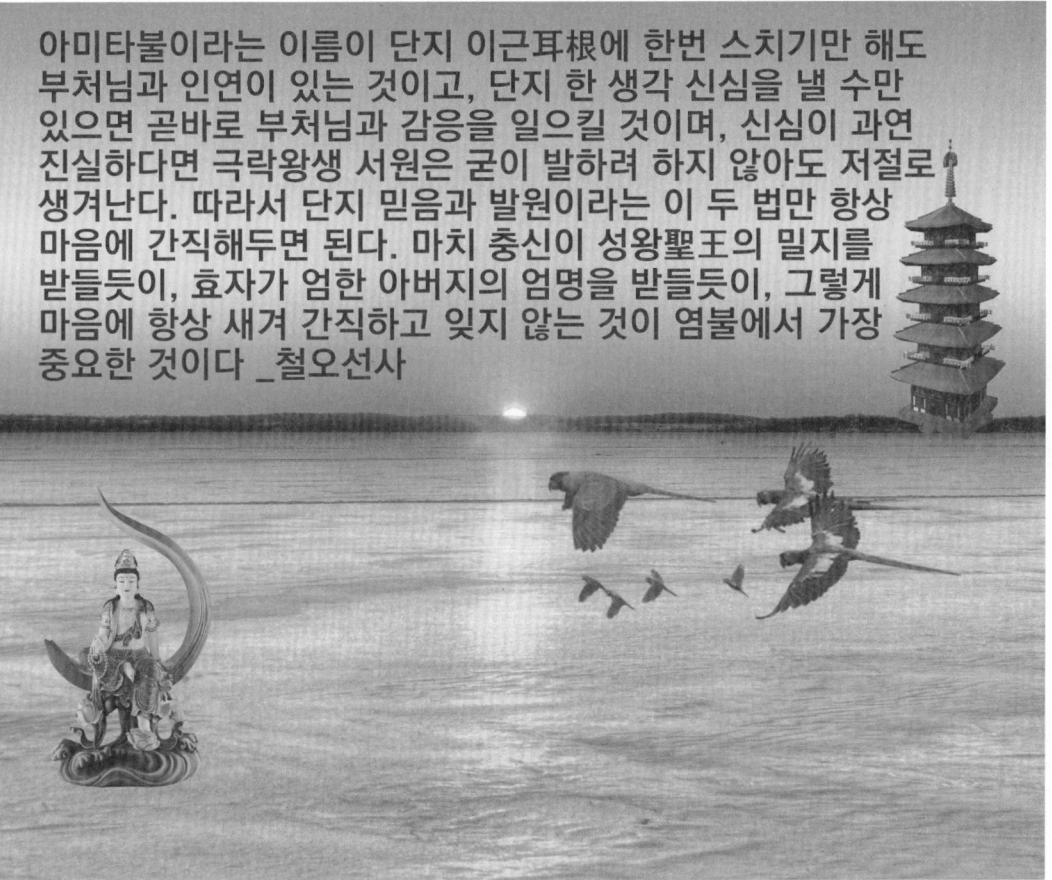

아미타불이라는 이름이 단지 이근耳根에 한번 스치기만 해도 부처님과 인연이 있는 것이고, 단지 한 생각 신심을 낼 수만 있으면 곧바로 부처님과 감응을 일으킬 것이며, 신심이 과연 진실하다면 극락왕생 서원은 굳이 발하려 하지 않아도 저절로 생겨난다. 따라서 단지 믿음과 발원이라는 이 두 법만 항상 마음에 간직해두면 된다. 마치 충신이 성왕聖王의 밀지를 받들듯이, 효자가 엄한 아버지의 엄명을 받들듯이, 그렇게 마음에 항상 새겨 간직하고 잊지 않는 것이 염불에서 가장 중요한 것이다 _철오선사

正當念時 西方依正 在我心中 而我此心 已在西方依
정당염시 서방의정 재아심중 이아차심 이재서방의
正之內 如兩鏡交光 相含互照 此橫偏**十方之相也. 若**
정지내 여양경교광 상함호조 차횡변시방지상야. 약
約竪窮三際 則念佛時 卽見佛時 亦卽成佛時 求生時
약수궁삼제 즉염불시 즉견불시 역즉성불시 구생시
卽往生時 亦卽度生時. 三際同時 更無前後 帝網珠光
즉왕생시 역즉도생시. 삼제동시 갱무전후 제망주광
難齊全體 南柯夢事 畧類一班. 此理 悟之最難 信之最
난제전체 남가몽사 약류일반. 차리 오지최난 신지최
易. 但能直下乘當 終必全身受用 可謂參學事畢 所作
이. 단능직하승당 종필전신수용 가위참학사필 소작
已辦矣. 如或未能 但當任便觀察 隨分受用耳.
이판의. 여혹미능 단당임편관찰 수분수용이.

바로 이렇게 염불하는 순간에, 서방정토(西方淨土)의 의보(依報)와 정보(正報)가 이미 내 마음속에 있으며(만들어지고 있으며), 또 나의 이 마음도 벌써 서방정토의 의보와 정보 안에 있게 됩니다. 마치 두 거울이 서로 마주하면, 서로가 서로를 자기 안에 담아 비쳐 주듯이 말입니다. 이것이 공간적으로 시방세계에 두루 하는 마음의 본래 모습입니다.

그리고 시간적으로 과거·현재·미래의 삼세를 다한다는 말은, 염불하는 그 순간이 바로 부처님을 뵈올 때이자 또한 부처님이 되고 있는 때이며, 왕생하기를 원하는 마음을 일으키는 그 순간이 바로 왕생하는 때이자 또한 중생들을 제도하는 때입니다. 과거·현재·미래의 삼세를 통해 동시에 작용하며, 시간적으로 앞과 뒤로 구분되어 작용하는 것은 아닙니다. 이런 이치는 제석천궁에 있는 그물(帝網)의 구슬이 서로 끝이 없이 비추는 것으로도 이 전체의 도리를 고스란히 다 비유하기 어렵고, 남가일몽(南柯一夢)의 고사로도 겨우 빙산의 일각만큼 밖에 비유할 수 없을 것입니다.

이러한 이치는 자기 혼자 스스로 깨닫기란 참으로 어렵습니다. 그러나 부처님의 말씀을 믿고 의지한다면 누구라도 이런 이치를 한 순간에도 쉽게 믿을 수 있습니다. 만약 당장 이 자리에서 이러한 이치를 믿어 받아드릴 수만 있다면, 자기 몸 전체로 이 모든 공덕을 다 자기 것으로 받아 쓸 수 있습니다. 이렇게만 할 수 있다면 공부를 다 끝내고 할 일을 다 마친(參學事畢 所作已辦) 그야말로 한가로운 도인이 되는 것입니다. 만약 이렇게까지 할 수는 없더라도 자기의 능력과 처지에 맞게 힘 닿는 대로 꾸준히 공부해 간다면 애쓴 만큼씩 마음의 공덕을 찾아 쓰게 될 것입니다.

***인다라망(因陀羅網)**; 범어 indra-jala의 음역으로, 제석망(帝釋網), 제망(帝網)이라고도 한다. 즉 제석천(帝釋天)의 보배 그물망(寶網)이라는 뜻으로 제석천의 궁전을 장엄하고 있는 그물망을 가리킨다. 이 그물망은 매듭마다 보배구슬이 달려 있으며 각각 구슬마다 서로 비추어 그 빛이 무궁무진하다. 그래서 화엄경에서는 이 현상을 일체만법이 서로 엉켜 하나가 되어 끝이 없이 펼쳐지는 이치(諸法之一與多相卽相入)에 비유하기도 한다.

***남가일몽(南柯一夢)**; 당(唐) 나라 때 순우분(淳于棼)이라는 사람이 자기 집 남쪽에 있는 늙은 회화나무 밑에서 술에 취하여 자고 있었는데, 꿈에 왕이 되어 대괴안국(大槐安國)의 남가군(南柯郡)이라는 곳을 다스리며 20년 간이나 부귀(富貴)를 누리다가 꿈에서 깨어났다는 고사(故事). 인간세상의 부귀영화는 마치 순우분이 꾸는 꿈과 같다는 것을 비유함.

心能造業 心能轉業 業由心造 業隨心轉. 心不能轉業
심능조업 심능전업 업유심조 업수심전. 심불능전업
卽爲業縛 業不隨心轉 卽能縛心. 心何以能轉業? 心與
즉위업박 업불수심전 즉능박심. 심하이능전업? 심여
道合 心與佛合 卽能轉業. 業何以能縛心? 心依常分 任
도합 심여불합 즉능전업. 업하이능박심? 심의상분 임
運作受 卽爲業縛. 一切現前境界 一切當來果報 皆唯
운작수 즉위업박. 일체현전경계 일체당래과보 개유
業所感 唯心所現. 唯業所感故 前境來報 皆有一定 以
업소감 유심소현. 유업소감고 전경래보 개유일정 이
業能縛心故. 唯心所現故 前境來報 皆無一定 以心能
업능박심고. 유심소현고 전경래보 개무일정 이심능
轉業故.
전업고.

마음이란 참으로 신비하여 그야말로 마음만 먹으면 그 어떠한 것도 만들어낼 수(할 수) 있으며(心能造業), 또한 **이 마음은 모든 것을 자기 마음대로 변화시켜 바꿀 수도 있습니다**(心能轉業). 이처럼 모든 행위는 마음으로 말미암아 이루어지고(業由心造), 역시 마음 따라 바뀌기도 합니다(業隨心轉). 그런데 만일 마음이 행위를 바꿀 수 없다면 이는 주인인 마음이 손님인 행위에 종노릇을 하는 꼴이 되는 것이고, 또한 행동이 마음에 의해 바뀌지 않는다면, 이것이 바로 행위(업)에 마음이 얽매어 자유를 잃어버린 중생이

示衆法語(시중법어)

되는 것입니다(아무런 생각 없이 욕망이 시키는 대로 살아가는 대부분의 사람들이 여기에 해당한다).

그렇다면 마음을 어떻게 조절해야 자기의 업(삶)을 바꿀 수 있는가? 즉 마음이 진리(道)와 하나가 되며(일상으로 쓰는 마음이 자기의 참마음과 일치가 되며), 부처님의 마음과 하나로 계합한다면, 자기의 삶을 바꿀 수 있습니다.

업은 어떤 식으로 자기의 마음을 얽매는가? 즉 마음이 일상 인습에 젖어 욕망이 시키는 대로 행하며 진리나 궁극적인 삶의 진정한 모습을 추구하지도 않고 되는 대로 살아간다면, 바로 업의 굴레에 얽매이는 것입니다.

그러므로 현재 자기 눈앞에 벌어지는 모든 경계와 미래에 일어날 모든 과보는, 오직 자기의 행위에 의해 만들어진 것이며(唯業所感), 또한 오직 자기 마음의 조화(造化)일 뿐입니다(唯心所現).

이처럼 행동에 의해 자기의 참마음이 지배를 당하여 구속되기 때문에 현재 일어나는 삶(境界)과 미래에 닥쳐올 결과들(果報)이 이미 정해지게 되는데, 이는 무의식적인 행동들이 자기의 참마음을 얽매기 때문입니다(業能縛心)(의지가 부족하고 사주나 점을 좋아해 철학관을 즐겨 찾는 사람은 대부분 이런 부류에 속한다). 또 모든 것은 오직 마음이 만들어내기 때문에 현재의 삶과 미래에 일어날 결과는 미리 정해진 것이 아니고 마음을 어떻게 쓰느냐에 따라 모든 것(현재의 삶과 미래의 운명)이 바뀌게 되는데, 이는 마음을 어떻게 쓰느냐에 따라서 얼마든지 자기의 운명을 바꿀 수 있기 때문입니다(心能轉業)(의지가 강해 자기의 운명을 스스로 개척해가는 사람들이 이런 부류에 속한다). 나무아미타불.

若人正當業能縛心 前境來報一定之時 而忽發廣大心
약인정당업능박심 전경래보일정지시 이홀발광대심
修眞實行 心與佛合 心與道合 卽心能轉業 前境來報
수진실행 심여불합 심여도합 즉심능전업 전경래보
定而不定. 又心能轉業 前境來報不定之時 而大心忽退
정이부정. 우심능전업 전경래보부정지시 이대심홀퇴
實行有虧 則業能縛心 卽前境來報 不定而定. 然業乃
실행유휴 즉업능박심 즉전경래보 부정이정. 연업내
造於已往 此則無可奈何. 所幸而發心與否 其機在我
조어이왕 차즉무가내하. 소행이발심여부 기기재아
造業轉業 不由別人.
조업전업 불유별인.

크고 넓은 마음(보리심)이 자기 삶(업)을 바꾼다

만약 누구든지 업이 마음을 얽매어 현재의 삶과 미래의 결과가 이미 정해져 있을 때, 한 생각을 돌이켜 크고 넓은 마음(廣大心, 보리심)을 내어 진실한 수행을 하여, 마음이 부처님과 합해지고 마음이 진리(道)와 하나가 된다면, 마음이 자기의 삶(업)을 바꿀 수 있습니다. 이렇게 된다면 현재의 삶과 미래의 삶이 (원래는) 이미 정해져 있었지만, 그러나 이후로는 삶이 새롭게 변하게 됩니다.

또 마음의 힘이 강하여 자기의 업을 바꿀 수 있어서 현재의 삶과 미래의 삶이 아직은 정해져 있지 않은 상태에서, 크고 넓게 일으켰던 마음이 갑자기 후퇴하고 진실한 수행에 흐트러짐이 생긴다면, 또다시 업이 마음을 얽매게 되어, 정해지지 않았던 현재의 삶과 미래의 삶이 다시 운명적으로 정해지게 되는 것입니다.

그런데 업이란 이미 지난 과거에 지은 것이라 지금 당장 모든 것을 바꿀 수는 없습니다. 다행스러운 것은 크고 넓은 마음을 낼 것인지 말 것인지(마음을 어떻게 쓸 것인지) 선택의 기회(機會, 동기動機)는 나한테 있으며, 어떤 삶을 꾸려갈지의 결정도 결코 남한테 달려 있지 않고 나에게 있기 때문에, 얼마든지 자기의 운명을 자기가 마음대로 바꿀 수 있다는 점입니다.
　나무아미타불.

如吾人卽今發心念佛 求生極樂 或觀依正 或持名號
여오인즉금발심염불 구생극락 혹관의정 혹지명호
念念相續 觀念之極 則心與佛合 合之又合 合之其極
염염상속 관념지극 즉심여불합 합지우합 합지기극
則心能轉業 而前境之娑婆 轉爲極樂 胎獄之來報 轉
즉심능전업 이전경지사파 전위극락 태옥지래보 전
爲蓮胞 便是樂邦自在人矣. 若正恁麼時 其心或偶然失
위연포 편시락방자재인의. 약정임마시 기심혹우연실
照 或忽生退悔 不與佛合 則業能縛心 而前境仍舊 來
조 혹홀생퇴회 불여불합 즉업능박심 이전경잉구 내
報依然 還是忍土苦衆生也. 然則我輩有志出離 求生淨
보의연 환시인토고중생야. 연즉아배유지출리 구생정
土者 可弗惕然而警 奮然而發也哉?
토자 가불척연이경 분연이발야재?

염불하는 우리 마음이 아미타부처님 마음과 합해지면

　예를 들어, 우리가 지금 마음을 내어 부처님을 생각(念佛)하며 극락세계에 태어나기를 발원하여, 의보(依報)인 극락세계의 모습이나 정보(正報)인 아미타부처님을 관상(觀想)하거나 또는 부처님 명호를 지송하거나 하여 생각이 계속 이어져(念念相續) 관상과 염불이 지극해지면, 염불하는 마음이 아미타부처님의 공덕과 합해지는 것과 같습니다.

그렇게 합해지고 또 합해져서 염불하는 우리의 마음과 부처님의 마음이 완전하게 하나가 된다면 마음이 업을 바꿀 수 있게 되어, 현재 중생들의 사바세계가 부처님의 극락세계로 바뀌고, 모태의 감옥(胎獄)에 다시 들어갈 미래의 과보는 극락정토에 화생(華生)할 연꽃 봉오리로 바뀌게 됩니다. 이렇게 할 수만 있다면 이 사람이야말로 극락세계에 자유자재로 소요(逍遙)하는 자유인이 될 것입니다.

그러나 혹 마음을 잘못 써서 관조((觀照)의 공부가 방향을 잃거나, 또는 공부하는 도중에 홀연히 의심하거나 나태한 생각이 일어나서 더 이상 부처님의 공덕과 마음이 합해지지 않는다면 다시 업이 마음을 얽매게 되어, 현재의 사바세계도 여전하고 미래에 닥쳐올 과보도 변함없이 그대로 정해지게 됩니다(前境仍舊 來報依然). 이렇게 되면 결국 사바세계의 괴로운 바다(苦海)에서 영원히 윤회하는 중생으로 남게 됩니다.

그러니 사바 고해를 벗어나 영원한 안락의 세계를 꿈꾸는 사람이라면, 어찌 스스로 깜짝 깜짝 놀라며 깨어있는 의식으로 현재 일어나는 자기의 마음을 면밀히 살피고 경계하지 않을 수 있겠습니까?

나무아미타불.

***사종염불(四種念佛)** ; 종밀(宗密) 스님의 화엄경행원품별행소초 4권

(華嚴經行願品別行疏鈔四卷)에 보이는 네 종류의 염불법(念佛法)을 말한다.

1. **칭명염불(稱名念佛)** ; 전심으로 오로지 부처님의 이름(阿彌陀佛)을 부르는 방법으로, 밤과 낮을 가리지 않고 일심으로 부르되 혹 1만 번(一萬聲)을 하거나 나아가서는 십만 번(十萬聲)을 하면서 오래오래 하게 되면 염불하는 마음이 끊이지 않아 순수한 염불심으로 마음이 가득하여 어떠한 잡념이나 번뇌도 끼어들지 못하여 순일(純一)하게 된다.

2. **관상염불(觀像念佛)** ; 부처님의 형상을 직접 보면서 염불하는 방법으로, 오래오래 하면 마음이 산란하지 않고 점점 내면의 본성불(本性佛)이 나타나게 된다.

3. **관상염불(觀想念佛)** ; 마음속으로 부처님의 원만한 상호(相好)를 생각하는(觀想) 방법으로, 오래오래 하여 익숙하여지면 삼매(三昧)에 들게 된다.

4. **실상염불(實相念佛)** ; 자신과 일체의 만법의 진실한 모습(諸法實相)은 본래 고정된 형상이 없어 마치 허공과 같으며 마음과 부처와 중생이 본래 평등한 이치를 관조하는 방법으로, 이와 같이 하여 마음이 실상(實相)과 하나가 되면 이것을 비로소 진심(眞心)이라고 한다.

示衆法語(시중법어)

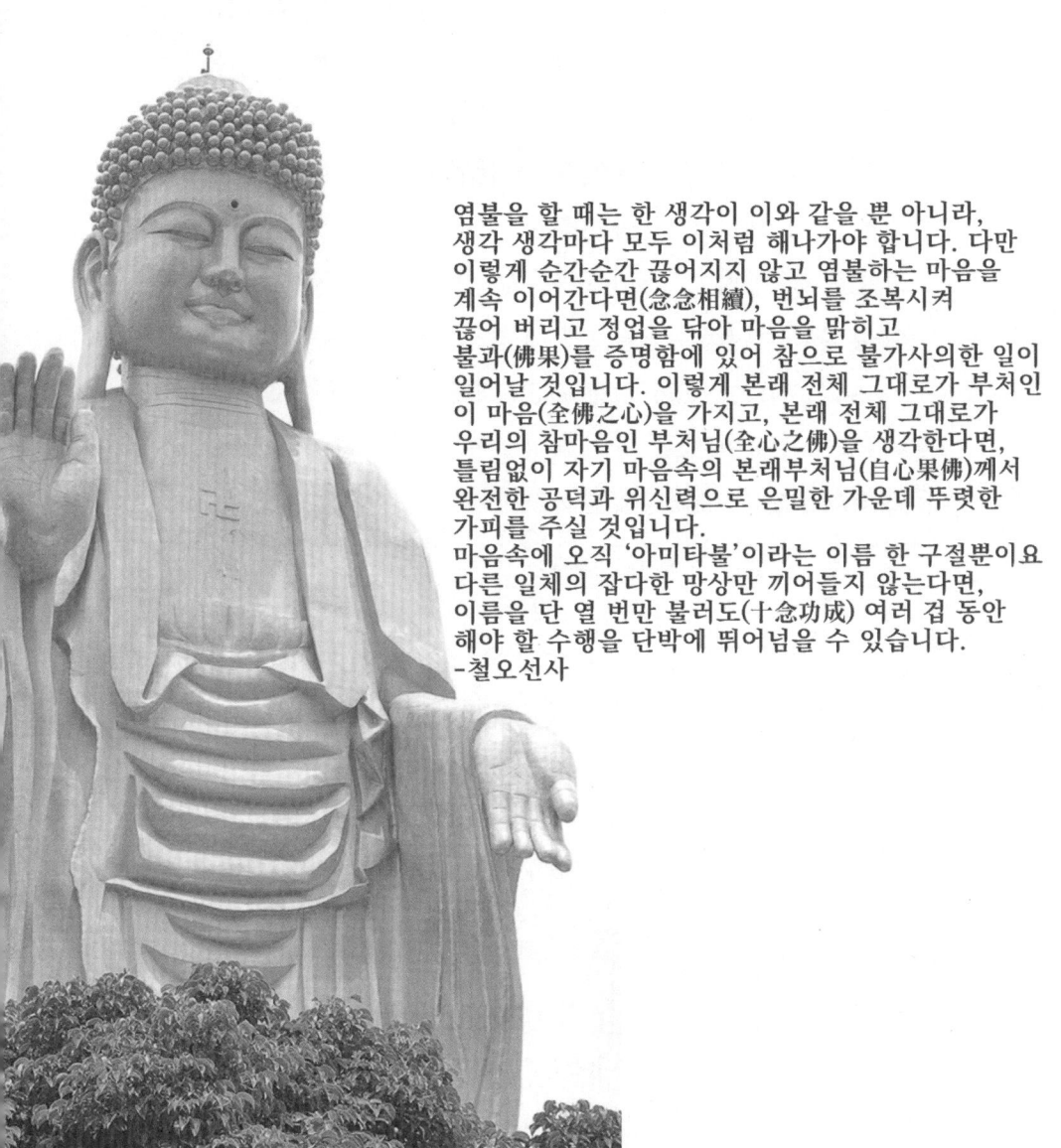

염불을 할 때는 한 생각이 이와 같을 뿐 아니라,
생각 생각마다 모두 이처럼 해나가야 합니다. 다만
이렇게 순간순간 끊어지지 않고 염불하는 마음을
계속 이어간다면(念念相續), 번뇌를 조복시켜
끊어 버리고 정업을 닦아 마음을 맑히고
불과(佛果)를 증명함에 있어 참으로 불가사의한 일이
일어날 것입니다. 이렇게 본래 전체 그대로가 부처인
이 마음(全佛之心)을 가지고, 본래 전체 그대로가
우리의 참마음인 부처님(全心之佛)을 생각한다면,
틀림없이 자기 마음속의 본래부처님(自心果佛)께서
완전한 공덕과 위신력으로 은밀한 가운데 뚜렷한
가피를 주실 것입니다.
마음속에 오직 '아미타불'이라는 이름 한 구절뿐이요
다른 일체의 잡다한 망상만 끼어들지 않는다면,
이름을 단 열 번만 불러도(十念功成) 여러 겁 동안
해야 할 수행을 단박에 뛰어넘을 수 있습니다.
-철오선사

淨土門中 以願爲最. 凡有願者 終必能滿 如鬱頭藍弗
정토문중 이원위최. 범유원자 종필능만 여울두람불
習非非想定於水邊林下 每定將成 多爲魚鳥所驚 因發
습비비상정어수변림하 매정장성 다위어조소경 인발
惡願曰 吾他日後 當作飛貍 入林食鳥 入水食魚 後非
악원왈 오타일후 당작비리 입림식조 입수식어 후비
想定成 遂生天上 壽活八萬大劫 天報旣終 遂墮爲飛
상정성 수생천상 수활팔만대겁 천보기종 수타위비
貍 入林水以食魚鳥 此惡願也. 與性相違 尙有大力用
리 입림수이식어조 차악원야. 여성상위 상유대력용
八萬劫後能滿 況稱性之善願乎?
팔만겁후능만 황칭성지선원호?

  정토 염불법문에서는 '발원(發願)'이 최고로 중요합니다. 간절한 발원을 세운다면 결국은 틀림없이 그 원은 이루어지기 때문입니다. 예컨대, 인도의 울두람불(鬱頭藍弗)이라는 수행자는 강 가 숲에서 비상천(非想天)의 선정(禪定)을 닦고 있었는데, 매번 선정에 들려고 할 때마다 물고기와 새들의 퍼덕임 때문에 깜짝 놀라 선정을 이루지 못하곤 했습니다. 그래서 앙심을 품고 보복을 할 원을 세우게 되었습니다.
  '나는 내생에는 날아다니는 삵(飛貍)으로 태어나 숲속에 들어가서는 새들을 모조리 다 잡아먹고, 물속에 들어가서는 모든 물고기들을 다 잡아먹어 버리겠다.'

이렇게 원을 세우고 나서 나중에 비상천의 선정을 이룬 뒤, 마침내 비상천에 태어나 팔만 대겁(八萬大劫)의 수명을 누렸습니다. 그리고 천상의 과보(果報)가 다하자 드디어 축생계(畜生界)로 타락하여 날아다니는 삶이 되었고, 소원대로 숲과 물속에 들어가 새와 물고기를 닥치는 대로 잡아먹었습니다.

이는 옳지 못한 원력(惡願)을 일으킨 예로, 참마음의 공덕과는 서로 크게 어긋나는 원력입니다. 그런데도 이 원력은 오히려 막대한 위력을 일으켜 팔만 대겁이 지난 이후에도 원대로 모든 것이 다 이루어졌습니다. 그런데 하물며 참마음의 공덕에 딱 들어맞는 진실한 원력(稱性之善願)을 일으키는데 어찌 원하는 대로 모든 것이 다 성취되지 않을 수 있겠습니까?

나무아미타불.

＊**우타라라마자(優陀羅羅摩子)** ; 범어 Udraka-rama-putra의 음역으로, 울두람자(鬱頭藍子), 울두람불(鬱頭藍弗), 울타라가(鬱陀羅伽) 등으로도 불리며 웅걸(雄傑), 맹희(猛喜), 극희(極喜) 등으로 의역한다. 석존 당시 왕사성 부근 조용한 숲속에 머물면서 무색계(無色界) 최고의 선정(禪定)인 비상비비상처정(非想非非想處定)을 닦았던 외도선인(外道仙人)이다. 석가모니 부처님께서 처음 출가를 하신 후 제일 먼저 아라라가람(阿羅邏迦藍)이라는 선인을 찾아가 공부를 하였고 두 번째로 찾아간 사람이 바로 이 선인(仙人)이다.

＊**아라라가람(阿羅邏迦藍)** ; 범어 Arada-kalama의 음역으로, 아람가람(阿藍迦藍), 아라라(阿羅邏), 가란(迦蘭), 가람(伽藍), 아란(阿蘭) 등으로도 불리며 자탄(自誕), 해태(懈怠) 등으로 의역한다. 무색계(無色界) 무소유처정(無所有處定)을 닦는 선인(仙人)으로 석존께서 출가 후 최초로 찾아가 공부를 했지만 그의 가르침으로는 생사를 해탈할 수 없음을 알고 떠나셨다.

神僧傳載 一僧於石佛前 戱發願曰 如今生生死不了
신승전재 일승어석불전 희발원왈 여금생생사불료
願來生作威武大臣 後果作大將軍 此戱發之願也 尙終
원내생작위무대신 후과작대장군 차희발지원야 상종
得遂 況至誠所發之願乎? 復載一僧博通經論 所至無所
득수 황지성소발지원호? 부재일승박통경론 소지무소
遇 乃咨嗟歎息 傍一僧曰 汝學佛法 獨不聞未成佛果
우 내자차탄식 방일승왈 여학불법 독불문미성불과
先結人緣 汝雖明佛法 其如無緣何 其僧曰 我卽終於
선결인연 여수명불법 기여무연하 기승왈 아즉종어
此乎 傍僧曰 吾代汝爲之 問其僧 有何所蓄 曰無他
차호 방승왈 오대여위지 문기승 유하소축 왈무타
僅餘一衣料耳.
근여일의료이.

운명을 바꾸는 발원의 힘

『신승전(神僧傳)』에 이런 전기가 실려 있습니다. 한 스님이 돌부처님(石佛) 앞에서 별 생각 없이 농담 삼아 이렇게 발원했습니다.

'만약 이번에 생사윤회를 끝내지 못한다면, 다음 생에는 위세와 무술이 뛰어난 대신(威武大臣)으로 다시 태어나겠습니다.'

과연 이 스님은 다음 생에 대장군으로 태어났습니다. 이는 농담 삼아 해본 소원인데도 결국에는 그대로 이루어졌습니다. 하물며 지극정성으로 일으킨 소원이야 말할 필요가 있겠습니까?

또 이런 전기도 실려 있습니다. 한 스님이 경론(經論)에 박학 통달하였는데, 가는 곳마다 인정을 받지 못하자 한숨을 쉬며 탄식을 하였습니다. 마침 옆에 있던 한 스님이 이렇게 말했습니다.

"스님은 부처님의 법을 공부했으면서, 어찌하여 '부처님 과위(佛果)를 이루기 전에 먼저 사람과의 관계(人緣)를 잘 맺어야 한다'라는 말을 아직 듣지 못했습니까? 스님이 비록 제 아무리 부처님 법을 훤히 통달했더라도, 인연이 없으면 어찌할 수 없는 것입니다."

그러자 스님은 이렇게 반문했습니다.

"그러면 그냥 이대로 지내라는 말입니까?"

이에 옆에 있던 스님이 "내가 스님에게 한 방법을 일러주겠습니다."라고 말한 후, 그 스님이 가지고 있는 것들이 무엇이 있는지 물었습니다. 그 스님이 다른 건 없고, 겨우 옷가지 하나 만들 수 있는 천을 여벌로 가지고 있다고 말했습니다.

나무아미타불.

철오선사법어

曰 此亦足矣 遂變價置買食物 引其僧至一深林 禽鳥
왈 차역족의 수변가치매식물 인기승지일심림 금조
昆蟲甚多之處 置食於地 復敎以發願 乃囑曰 汝二十
곤충심다지처 치식어지 부교이발원 내촉왈 여이십
年後方可開法. 其僧如所囑 至二十年後始開法 受化者
년후방가개법. 기승여소촉 지이십년후시개법 수화자
多少年 蓋皆受食之禽鳥昆蟲也. 此願力之不可思議也.
다소년 개개수식지금조곤충야 차원력지불가사의야.
尙能以他人之願 攝彼蟲鳥 脫異類而入人道 豈自願
상능이타인지원 섭피충조 탈이류이입인도 기자원
不能自度耶? 佛以四十八願 自致成佛 而我所發之願
불능자도야? 불이사십팔원 자치성불 이아소발지원
正合佛攝生之願.
정합불섭생지원.

　옆에 있던 스님이 "그거면 충분하다"고 말한 뒤, 그 스님의 천을 팔아 그 돈으로 음식물을 샀습니다. 그리고는 그 스님을 깊은 숲속으로 데리고 들어가 길짐승과 날짐승과 곤충들이 많은 곳에 음식을 놓은 뒤, 이렇게 발원하도록 했습니다.
　'나는 20년 뒤에는 크게 부처님 법을 펼치리라.'
　그 스님은 시킨 대로 발원을 했습니다. 과연 20년 뒤에 그 스님은 소원대로 부처님 법을 크게 펼쳤는데, 스님의 교화를 받은 사람이 무척 많았고 대부분이 젊은 사람들이었습니다. 그런데 교화를 받은 이들은 다른 사람이 아니라 20년 전에 그 스님이 베푼 음식을 받아먹은 길짐승과 날짐승과 곤충들이었습니다.
　이야말로 원력의 불가사의한 힘입니다. 이렇게 다른 사람이 시켜서 한 발원으로도 짐승과 곤충들이 축생의 몸을 벗고 인간세상(人道)에 태어날 수 있게 제도할 수 있는데, 어찌 자기 스스로 일으킨 발원으로 자기 자신을 제도할 수 없겠습니까?

아미타부처님께서는 48가지의 커다란 원력으로 스스로 부처님이 되셨습니다. 그러므로 우리가 극락정토에 왕생하겠다고 일으킨 원력은 바로 아미타부처님께서 중생들을 받아들이시겠다는 발원에 꼭 들어맞습니다. 원력이란 이처럼 세우면 반드시 이루어집니다. 더구나 부처님께서 약속하시고 권하신 원력인데 어찌 극락왕생의 원력을 세우지 않을 이유가 있겠습니까? 나무아미타불.

*여의보주(如意寶珠) ; 범어는 cinta-mani인데, 진타마니(眞陀摩尼), 진다말니(震多末尼)라고도 하며 여의보(如意寶), 여의주(如意珠), 마니보주(摩尼寶珠), 무가보주(無價寶珠), 여의마니(如意摩尼) 등으로 한역한다. 이 보주(寶珠)는 원하는 대로 무엇이던 다 만들어 낼 수 있는 능력이 있으며 병을 치료하거나 고통도 제거해주기도 하기 때문에 이렇게 부른다. 일반적으로 진리(眞理)나 부처님의 공덕(佛德) 또는 경전의 공덕을 비유할 때 사용한다. 이 보주(寶珠)의 출처에 관해서는 여러 가지 설들이 있다. 잡보장경 6권(雜寶藏經卷六)에서는 마갈(摩竭魚)이라는 물고기의 뇌(腦)에서 나온다고 하고, 대지도론 59권(大智度論卷五十九)에서는 혹은 용왕(龍王)의 뇌에서 나오기도 하며 혹은 제석천(帝釋天)이 가지고 있는 금강저(金剛杵)가 부서지면 떨어져 나오기도 하며 혹은 부처님의 사리가 변해서 만들어져 중생들을 이롭게 한다고 했다. 주로 여의륜관음(如意輪觀音), 마두관음(馬頭觀音), 지장보살(地藏菩薩) 등이 가지고 다니며 중생들의 원을 충족시켜준다.

*아미타부처님께서 18번째 원(願)에서 "누구를 막론하고 만일 선행을 닦으면서 극락세계에 태어나기 위해 원력을 세워 나의 이름을 부르며 지극하게 염불을 한다면 모두 다 나의 국토에 태어날 수 있다"고 하였다.

此則直以發願 便可往生 而況佛有不思議大慈大悲. 如
차즉직이발원 편가왕생 이황불유부사의대자대비. 여

瑩珂 酒肉無擇之人 後閱往生傳 每讀一傳 爲一首肯
형가 주육무택지인 후열왕생전 매독일전 위일수긍

遂斷食念佛 至七日 感佛現身慰之曰 汝陽壽尙有十年
수단식염불 지칠일 감불현신위지왈 여양수상유십년

當好念佛 吾十年後來接汝 珂曰 娑婆濁惡 易失正念
당호염불 오십년후래접여 가왈 사바탁악 이실정념

願早生淨土 承事諸聖 佛曰 汝志如此 我三日後來接
원조생정토 승사제성 불왈 여지여차 아삼일후래접

汝 三日後果得往生.
여 삼일후과득왕생.

막행막식 참회하고 왕생한 형가 스님

 이렇게 단지 자기의 발원만으로도 왕생할 수 있는데, 하물며 부처님께서는 불가사의한 대자대비의 원력으로 우리를 이끌어 주시니, 우리의 이 원력이 반드시 성취될 수 있다는 것은 더 이상 설명할 필요가 없을 것입니다.
 예컨대, 송(宋)나라 때 형가(瑩珂) 스님은 평소 술과 고기를 가리지 않고 막행막식을 하며 걸림 없이 살다가, 우연히 『극락왕생전(極樂往生傳)』을 보게 되었습니다. 형가 스님은 왕생전에 기록된 한 분 한 분의 전기를 읽을 때마다 고개를 끄덕이며 깊은 참회와 감동의 눈물을 흘렸습니다. 그리고는 조용한 방 한 칸을 준비하여 모든 음식을 끊고(斷食) 서쪽을 향해 앉아 일심(一心)으로 오로지 염불만 하기 시작했습니다. 염불한 지 7일째 되는 날, 마침내 아미타부처님께서 몸소 관세음보살님과 함께 모습을 나타내시어 이렇게 위로해 주었습니다.

"그대는 인간 세상의 수명(陽壽)이 아직 10년이 남았으니, 그 동안 염불을 열심히 하도록 하라. 내가 10년 뒤 다시 와서 그대를 맞이하겠다."

이에 형가 선사가 말했습니다.

"이 사바세계는 혼탁하고 사악하여 올바른 생각(正念)을 잃기 쉬우니, 원컨대 어서 빨리 부처님이 계시는 정토(淨土)에 왕생(往生)하여 뭇 성인들을 받들어 모시고 싶습니다."

그러자 부처님께서 말씀하셨습니다.

"그대의 뜻이 정 그렇다면, 내가 사흘 뒤에 다시 맞이하러 오겠다."

형가스님은 과연 사흘 뒤에 왕생을 하였습니다.

나무아미타불.

又懷玉禪師 精修淨業 一日見佛菩薩 滿虛空中 一人
우회옥선사 정수정업 일일견불보살 만허공중 일인
執銀臺而入 玉念曰 吾一生精進 志在金臺 今胡不然
집은대이입 옥념왈 오일생정진 지재금대 금호불연
銀臺遂隱 玉彌加精進 二十一日後 復見佛菩薩徧滿虛
은대수은 옥미가정진 이십일일후 부견불보살편만허
空 前持銀臺者 易金臺而至 玉遂泊然而逝. 劉遺民 依
공 전지은대자 역금대이지 옥수박연이서. 류유민 의
東林 結社念佛 一日想念佛次 見佛現身 劉念曰 安得
동림 결사염불 일일상염불차 견불현신 류염왈 안득
如來手摩我頭乎 佛卽手摩其頭 復念曰 安得如來衣覆
여래수마아두호 불즉수마기두 부념왈 안득여래의복
我體乎 佛卽以衣覆其體.
아체호 불즉이의복기체.

또 회옥 선사(懷玉禪師)는 오로지 염불수행에만 전념하였는데, 하루는 불보살님들이 허공에 가득한 가운데 한 보살님이 은으로 만든 좌대(銀臺)를 가지고 맞이하러 오는 게 보였습니다. 그래서 회옥 선사가 생각하기를, '나는 한평생 염불만 하면서 황금좌대(金臺)에 앉아 왕생하기로 원력을 세워 왔는데, 어째서 지금 은좌대를 가지고 오신단 말인가?' 하고 의아해 하였습니다. 그러자 은빛 좌대가 홀연히 자취를 감추었습니다.

이런 일이 있은 후 회옥 선사는 더욱 용맹정진을 하였는데, 그 후 21일이 지난 뒤 다시 불보살님들이 허공에 꽉 찬 가운데, 지난번에 은으로 만든 좌대를 가지고 왔던 보살님이 이번에는 황금으로 된 좌대로 바꿔 가지고 오는 모습이 보였습니다. 그래서 회옥 선사는 마침내 기쁜 마음으로 왕생하였습니다.

그리고 유유민(劉遺民)은 혜원(慧遠) 대사가 이끄는 동림사(東林寺)의 백련결사(白蓮結社)에 참여하여, 뜻이 같은 사람들과 함께 열심히 염불했습니다. 하루는 염불삼매에 들어 부처님의 생생한 모습을 직접 친견했습니다. 그때 유유민은 '어떻게 하면 여래께서 손으로 직접 내 머리를 어루만져 주실까?' 라고 생각했습니다. 이런 생각을 하자마자 부처님께서 정말로 손으로 직접 유유민의 머리를 만져 주셨습니다. 그래서 이번에는 다시 '어떻게 하면 여래께서 가사로 내 몸을 감싸 주실까?'라고 생각했습니다. 그러자 이번에도 정말로 부처님께서 몸소 가사를 벗어 유유민의 몸을 감싸 주셨습니다. 나무아미타불.

＊회옥 선사(懷玉禪師) ; 당대(唐代)의 스님으로 절강성 녕해현(浙江省 寧海縣) 사람이다. 출가 후 하루에 한 끼의 식사와 장좌불와(長坐不臥)를 하면서 열심히 정진을 하였다. 동시에 아미타경(阿彌陀經)을 삼십만 번이나 읽었으며 매일 염불(나무아미타불)을 오만 번씩 하며 참회와 예불을 하였다.

＊유유민(劉遺民, 352-410) ; 본래의 이름은 유정지(劉程之)며 자(字)는 중은(仲恩)다. 진대(晉代) 때의 사람이며 강소성 동산현(江蘇省 銅山縣)이 고향이다. 어려서 아버지를 잃고 홀어머니를 지극한 효도로 모셨다. 평소 학문을 좋아하여 노자(老子)와 장자(莊子)의 철학을 숭상하여 세속과 함부로 영합하지 않았다. 그의 덕망을 듣고 왕과 대신들이 천거하여 높은 벼슬을 주었으나 모두 거절하고 당시 혜원(慧遠) 스님이 주석하고 있던 동림사(東林寺)에 들어가 승속 123명과 함께 백련사(白蓮社)를 맺고 일생을 염불수행을 하여 아미타부처님을 친견하였다.

於戲! 佛之於衆生 無所不至 眞可謂大慈悲父母矣. 欲
어희! 불지어중생 무소부지 진가위대자비부모의. 욕
速生卽令速生 欲金臺卽易金臺 欲手摩頭卽摩頭 欲衣
속생즉령속생 욕금대즉역금대 욕수마두즉마두 욕의
覆體卽覆體. 佛旣慈悲一切衆生 豈獨不慈悲我乎? 佛旣
복체즉복체. 불기자비일체중생 기독부자비아호? 불기
滿一切衆生之願 豈獨不滿我之願乎? 大慈悲心 無有揀
만일체중생지원 기독불만아지원호? 대자비심 무유간
擇 安有此理. 是以眞能發願 則信在其中 信願旣眞 行
택 안유차리. 시이진능발원 즉신재기중 신원기진 행
不期起而自起. 是故信願行三種資糧 唯一願字盡之矣.
불기기이자기. 시고신원행삼종자량 유일원자진지의.

오호라! 부처님께서는 중생들의 일이라면 해 주지 않는 것이 없으시니, 참으로 대자대비하시며 모든 중생들의 부모님이라 할 수 있습니다. 빨리 왕생하길 원하면 바로 왕생하도록 하여 주시고, 황금 좌대를 원하면 황금 좌대로 바꾸어 주시며, 손으로 머리를 만져주시길 원하면 머리를 만져주시고, 가사로 몸을 감싸 주시길 원하면 즉시 감싸 주십니다.

부처님께서는 이처럼 모든 중생들에게 평등하게 자비를 베푸시는데, 어찌 유독 나에게만 자비를 베풀지 않으시겠습니까? 또 부처님께서 이처럼 모든 중생들의 소원을 다 채워 주시는데, 어찌 유독 나의 소원만 채워 주지 않으시겠습니까? 부처님의 대자대비하신 마음은 가리거나 편애하지(揀擇) 않으시는데, 어찌 이런 일이

示衆法語(시중법어)

있을 수 있겠습니까?
  그러므로 발원이 간절하고 진실하다면 믿음(信)은 이미 발원 안에 포함되어 있으며, 믿음과 발원이 진실하다면, 수행(염불)을 일부러 하지 않으려 해도 염불하고자 하는 마음이 저절로 일어나게 됩니다. 요약해서 말한다면, 극락세계에 태어나기 위해서는 세 가지 기본 밑천(三種資糧)을 갖춰야 하는데, 즉 믿음(信)과 발원(發願)과 염불수행(念佛修行)이 이것입니다. 그런데 이 세 가지 밑천 가운데서도 발원(願)이 가장 중요합니다. 만일 발원이 진실하다면 나머지 두 가지는 저절로 그 안에 포함됩니다. 나무아미타불.

*혜원(慧遠, 334-416) ; 동진(東晉)때 사람으로 산서성(山西省)이 고향이다. 13세 때 이미 노장(老莊)철학을 비롯하여 세속의 모든 학문에 통달하였으며 21세 때는 동생 혜지(慧持)와 함께 도안 법사(道安法師, 구마라즙 삼장의 수제자)에게 가서 반야경(般若經)을 듣고 크게 깨달은 바가 있어 세속의 학문이 모두 쓰레기와 같음을 느끼고 마침내 동생과 함께 도안 법사를 스승으로 출가(出家)를 하였다. 24세 때 장자(莊子)를 이용하여 불교를 설명하니 대중들이 불교의 의리(義理)를 더욱더 분명하게 알게 되자 스승인 도안 법사도 이러한 방법(格義佛教)에 대해 인정을 하게 되었다. 평생을 경전의 연구와 역경(譯經)에 힘썼으며 당시의 대 번역가인 구마라집(鳩摩羅什) 삼장(三藏)과 서신왕래를 통하여 자주 경론을 토론하였다. 후에 유유민(劉遺民)을 비롯한 당대의 지식인들과 스님들 123명과 함께 백련사(白蓮社)를 맺고 오직 아미타부처님의 극락정토에 태어나길 서원하여 일생을 염불수행에 전념하였다. 스님의 덕망을 후세에 남기기 위해 당대(唐代)와 송대(宋代)의 임금들이 연이어 시호(諡號)를 내려 변각대사(辨覺大師), 정각대사(正覺大師), 원오대사(圓悟大師), 등편정각원오대사(等徧正覺圓悟大師)라고 칭하게 되었다. 정토종(淨土宗)의 제 1대 조사(第一代祖師)로 추앙되며 많은 저서와 뛰어난 제자들을 배출했다.

世之最可珍重者 莫過精神 世之最可愛惜者 莫過光陰.
세지최가진중자 막과정신 세지최가애석자 막과광음.
一念淨 卽佛界緣起 一念染 卽九界生因 凡動一念 卽
일념정 즉불계연기 일념염 즉구계생인 범동일념 즉
十界種子 可不珍重乎? 是日已過 命亦隨減 一寸時光
십계종자 가불진중호? 시일이과 명역수감 일촌시광
卽一寸命光 可不愛惜乎? 苟知精神之可珍重 則不浪用
즉일촌명광 가불애석호? 구지정신지가진중 즉불낭용
則念念執持佛名 光陰不虛度 則刻刻熏修淨業. 尙置佛
즉염염집지불명 광음불허도 즉각각훈수정업. 상치불
名而別修三乘聖行 亦是浪用精神 亦是千鈞之弩 爲鼮
명이별수삼승성행 역시낭용정신 역시천균지노 위혜
鼠而發機. 況造六凡生死之業乎?
서이발기. 황조육범생사지업호?

생각 생각에 부처님 명호만을 붙들며 염해야

　세상에서 가장 귀하고 소중한 것을 든다면 정신(精神, 마음)보다 더한 것이 없습니다. 또 세상에서 가장 아끼고 소중하게 여겨야 하는 것으론 시간(光陰)보다 더한 것은 없습니다. 한 생각이 청정하면 부처님의 세계가 생겨나고, 한 생각이 오염되면 아홉 가지 세계(보살, 연각, 성문이하 육도중생계)의 중생계에 떨어질 인연이 싹트

示衆法語(시중법어)

게 됩니다. 이렇게 한 생각 움직임에 따라 열 가지 세계의 종자가 심어지니, 이 한 생각(一念) 정신이야 말로 정말 귀하고 소중한 것이 아니겠습니까? 또 오늘 하루가 지나가면 우리 생명도 따라서 하루가 줄어드니, 한 순간의 시간(時光)은 바로 한 순간의 생명(命光)입니다. 그러니 시간을 무엇보다도 아끼고 소중히 여겨야 하지 않겠습니까?

진실로 정신이 귀하고 소중한 줄 안다면, 쓸데없이 헛된 곳에 정신을 낭비하지 않고 생각 생각에 부처님 명호만을 붙들며 염할 것입니다(持名). 또 시간을 아끼고 소중하게 써야 할 줄 안다면, 허송세월 하지 않고 순간순간 오직 염불만을 일념으로 할 것입니다.

그런데도 만약 아미타부처님의 이름을 잊거나 버려두고 따로 삼승성인들(三乘聖人)의 가르침인 다른 수행법들을 닦는다면, 이 또한 정신과 시간의 낭비입니다. 비유하자면 이는 천만 근이 되는 거대한 활(대포)로 생쥐를 잡으려고 하는 것과 다름이 없습니다. 이렇게 삼승성인들의 가르침을 닦는 것도 정력과 시간 낭비라고 할 수 있는데 하물며 쓸데없이 육도 범부 중생(六道凡夫衆生)의 생사윤회의 업을 지어서야 되겠습니까?
　나무아미타불.

*삼승성인(三乘聖人) ; 범어는 trini yanani인데, 성문승(聲聞乘), 연각승(緣覺乘), 보살승(菩薩乘)을 말함. 승(乘)이란 중생을 차안(차안)에서 피안(피안)으로 운반한다는 의미이다.

1. **성문승(聲聞乘)** ; 범어는 sravaka-yana이며, 부처님의 사성제(四聖諦)의 가르침(聲敎)을 듣고 깨달음을 얻은 성자(聖者).
2. **연각승(緣覺乘)** ; 범어는 pratyeka-buddha-yana이며 또한 벽지불승(辟支佛乘), 독각승(獨覺乘)이라고도 한다. 무명(無明)으로부터 시작하여 마지막 노사(老死)에 이르기까지 열두 가지 인연법(十二因緣法)을 관찰하여 불생불멸(不生不滅) 이치를 깨달은 성인(聖人)을 말한다.
3. **보살승(菩薩乘)** ; 범어는 bodhisattva-yana이며 또한 대승(大乘 maha-yana), 불승(佛乘), 여래승(如來乘)이라고도 한다. 육바라밀(六波羅密)을 실천하여 무상보리(無上菩提)를 깨달아 일체중생을 제도하고자 하는 원력(願力)을 세운 성인을 말한다.

示衆法語(시중법어)

吾卽心之果佛 無緣大慈
同體大悲 本自不可思議

원인과 결과가 원래부터 서로 하나로 연결되어 있으며
마음과 부처님은 본래부터 한 몸입니다(心佛法爾一如).
우리들 마음속에 늘 함께하고 있는 부처님은,
조건 없이 베푸는 사랑과 서로 나누고 배려하는 마음 등
불가사의한 공덕을 가지고 계십니다. 또 부처님의 씨앗을
품고 있는 우리의 염불하는 이 마음도 역시 깊은 믿음과
절실한 발원으로 오로지 간절하게 부처님의 이름을 지송
하기 때문에 또한 불가사의한 것입니다.
-철오선사

尙置淨業而別取權乘小果 亦是虛度光陰 亦是以如意
상치정업이별취권승소과 역시허도광음 역시이여의
寶珠 而貿一衣一食. 況取人天有漏之果乎? 如是珍重
보주 이무일의일식. 황취인천유루지과호? 여시진중
如是愛惜 則心專而佛易感 行勤而業易精 果得眞生淨
여시애석 즉심전이불이감 행근이업이정 과득진생정
土 親見彌陀 時承開示 面奉慈音 妙悟自心 深證法界
토 친견미타 시승개시 면봉자음 묘오자심 심증법계
延一念爲長劫 促長劫爲一念 念劫圓融 得大自在 得
연일념위장겁 촉장겁위일념 염겁원융 득대자재 득
非自食其珍重愛惜之報乎?
비자식기진중애석지보호?

염불하는 마음이 저절로 오롯이 집중되면

 또 가령 정토 법문을 버려두고 따로 권승(權乘, 완전하지 못한 가르침)인 소승과(小乘果)를 얻으려고 한다면, 이 또한 세월을 허송하는 것이니, 마치 진귀한 여의보주(如意寶珠)를 가지고 값싼 옷 한 벌이나 밥 한 끼와 맞바꾸는 것과 같습니다. 그런데 하물며 고통과 번뇌뿐인 인간이나 천상의 과보(有爲果)를 원하겠습니까?
 이와 같이 정신을 귀하고 소중히 여기며 시간을 아깝게 여긴다면, 염불하는 마음이 저절로 오롯이 집중되어 아미타부처님께서도 쉽게 감응하실 것이며, 염불수행 역시 순조롭게 더 빠르고 깊어져 쉽게 염불삼매를 얻을 수 있습니다.

만일 이렇게만 할 수 있다면 정말로 극락정토에 왕생하여 아미타부처님을 친견하고, 수시로 그 가르침을 받게 되며 눈앞에서 자비로운 음성을 직접 들을 수 있을 것입니다. 그렇다면 틀림없이 자기의 참마음을 미묘하게 깨닫고 일진법계(一眞法界)의 깊은 이치를 증득할 것입니다. 그러면 한 생각(一念)의 찰나를 영겁(長劫)으로 늘이기도 하고, 거꾸로 영겁을 한 생각의 찰나로 줄이기도 하면서, 찰나와 영겁이 서로 원만히 융합하여 자유자재한 대 신통을 얻을 것입니다.

이야말로 정신을 귀하게 여기며 시간을 아끼고 소중히 여긴 결과를 자기 스스로 찾아먹는 것이 아니겠습니까?

나무아미타불.

***십이인연법(十二因緣法)** ; 범어는 dvadasangapratitya-samutpada이며, 십이지연(十二支緣), 십이지연기(十二支緣起), 십이인연기(十二因緣起), 십이연기(十二緣起), 십이연생(十二緣生), 십이연문(十二緣門), 십이인생(十二因生) 등이라고도 하는데 중생이 생존해가는 과정을 열두 가지 단계로 구분하여 놓은 것을 말한다.

1. **무명(無明)** ; 범어는 avidya인데, 어둡다는 의미로 즉 과거 최초에 한 생각 욕심으로 인한 어리석음 때문에 마음이 어두워진 것을 말한다.
2. **행(行)** ; 범어는 samskara인데, 이 어리석은 무명으로 인하여 잘못된 방향으로 활동을 하는 것을 말한다.

3. **식(識)** ; 범어는 vijnana이며, 과거의 어리석음(無明)과 잘못된 행동(行)으로 인하여 금생(今生)에 최초로 어머니의 태(母胎)에 의식(意識)이 안착할 때의 순간을 말한다.

4. **명색(名色)** ; 범어는 nama-rupa이며, 의식(識)이 안착하고 나서 아직 여섯 가지 감각기관(六根)이 형성되기 이전을 말하는데 명(名)은 의식을 말하고 색(色)은 물질을 말한다.

5. **육처(六處)** ; 범어는 sad-ayatane이며, 어머니의 태내에서 여섯 가지 감각기관이 완전히 형성되는 시기를 말한다.

6. **촉(觸)** ; 범어는 sparsa이며, 모태에서 밖으로 나와 겨우 접촉(觸)하는 단순한 감각만 가지고 있는 상태를 말하는데 대략 2-3세 때에 해당한다.

7. **수(受)** ; 범어는 vedana이며, 감수성(感受性)이 매우 애민하여 밖의 현상을 받아들여(受) 풍부한 감정을 느끼는 시기를 말하는데 대략 5-15세 때가 여기에 해당한다.

8. **애(愛)** ; 범어는 trsna이며, 이성(異性)을 알게 되거나 다른 애착이나 열정들이 극도로 강렬해지는 시기로 16-17세 때가 여기에 해당한다.

9. **취(取)** ; 범어는 upadana이며, 탐착심(貪着心)과 소유욕(所有欲)이 점점 강해져 무엇이든 자기 것으로 만들고자 하는(取) 시기로 30세 이후가 여기에 해단한다.

10. **유(有)** ; 범어는 bhaba이며, 이렇게 집착하고 소유하고자 함으로 인하여 많은 행동을 하고 따라서 미래에 받게 될 여러 가지 업(業)을 짓게 되는(有) 시기를 말한다.

11. **생(生)** ; 범어는 jati이며, 현생(現生)에 지은 여러 가지 업(業)으로 인하여 미래에 또 다른 새로운 삶을 받아 태어나는 것(生)을 말한다.

12. 노사(老死) ; 범어는 jara-marana이며, 마지막엔 늙고 병들어 죽게 되는 시기를 말한다.

(1-2)는 과거의 원인(因)에 해당하고 (3-7)은 현재의 결과(果)에 해당하며, (8-10)은 현재의 원인(因)에 해당하고 (11-12)는 미래의 결과(果)에 해당한다. 또한 (1-7)은 과거와 현재의 원인과 결과(因果)에 해당하고 (8-12)는 현재와 미래의 원인과 결과(因果)에 해당한다. 그래서 이 전체의 관계를 삼세양중인과(三世兩重因果)라고 부른다.

夫見道而後修道 修道而後證道 此千聖同途 千古不易
부견도이후수도 수도이후증도 차천성동도 천고불역
之定論也. 然見道豈易言哉? 若依敎乘 必大開圓解 若
지정론야. 연견도기이언재? 약의교승 필대개원해 약
依宗門 必直透重關 然後得論修道. 否則便爲盲修瞎練
의종문 필직투중관 연후득논수도. 부즉편위맹수할련
不免撞墻磕壁 墮坑落塹矣. 唯淨土一門則不然 從是西
불면당장개벽 타갱락참의. 유정토일문즉불연 종시서
方過十萬億佛土 有世界名曰極樂 其土有佛 號阿彌陀
방과십만억불토 유세계명왈극락 기토유불 호아미타
今現在說法 但發願持名 卽得往生. 此乃佛心佛眼 親
금현재설법 단발원지명 즉득왕생. 차내불심불안 친
知親見之境界 非彼三乘賢聖 所能知見也.
지친견지경계 비피삼승현성 소능지견야.

정토법문은 보살과 벽지불도 알 수 없는 경계

　마음공부를 함에 있어서, 먼저 그 이치를 깨달은 뒤(見道)에야 제대로 닦을 수 있으며(修道), 올바르게 닦은 후에야 비로소 진리를 증득(證道)할 수 있습니다. 이는 모든 성인이 다함께 거치신 길이요, 만고불변의 확정된 철칙입니다(千古不易之定論). 그러나 이치를 깨닫는 일(見道, 자기의 본마음이 무엇인지 아는 것)이

示衆法語(시중법어)

어찌 그리 쉬운 일이겠습니까?

교종(敎乘)에 따른다면, 경론의 이치에 대해 완전하게 이해를 해야 하고(大開圓解), 선종(宗門)에 의한다면, 첩첩관문을 막힘없이 꿰뚫어야(直透重關) 합니다. 그런 다음에야 비로소 닦는 걸(修道, 직접 실천을 통해 본마음을 찾아가는 과정) 논할 수 있습니다. 그렇지 못하면, 눈먼 봉사 문고리 잡기 식 수련(盲修瞎練)이 되고 말 것이니, 앞이 보이지 않아 담장에 부딪쳐 머리가 깨지거나 돌부리에 넘어져 사지가 찢겨나가며 마침내는 구덩이에 떨어지고 늪에 빠지는 꼴을 면할 수 없을 것입니다.

그러나 정토 염불법문만큼은 이런 염려를 할 필요가 없습니다. 아미타경에서 말씀하신대로 여기서 서쪽으로 10만억 불국토를 지나면 그곳에 극락(極樂)이라는 세계가 있으며, 거기에는 아미타(阿彌陀)부처님이 계시는데, 지금 현재 정토염불법(淨土念佛法)을 가르치며 중생들을 제도하고 계십니다.

그래서 우리들은 그곳에 왕생하길 발원하며, 오직 아미타부처님의 명호만을 간절히 지송하기만 하면 그곳에 왕생할 수 있습니다. 이는 석가모니부처님만이 친히 아시고 직접 보실 수 있는 경계요, 보살(菩薩)·벽지불(辟支佛)·성문(聲聞)인 삼승(三乘) 성현들이 알아볼 수 있는 경계가 아닙니다.

나무아미타불.

但當深信佛言 依此而發願持名 卽是以佛知見爲知見
단당심신불언 의차이발원지명 즉시이불지견위지견
不必另求悟門也. 餘門修道 必悟後依法修習 攝心成定
불필령구오문야. 여문수도 필오후의법수습 섭심성정
因定發慧 因慧斷惑. 所發之慧有勝劣 所斷之惑有淺深
인정발혜 인혜단혹. 소발지혜유승열 소단지혹유천심
然後方可論其退與不退. 唯此淨土門中 唯以信願之心
연후방가론기퇴여불퇴. 유차정토문중 유이신원지심
專持名號 持至一心不亂 淨業卽爲大成 身後決定往生
전지명호 지지일심불란 정업즉위대성 신후결정왕생
一得往生 便永不退轉.
일득왕생 편영불퇴전.

　우리는 단지 석가모니부처님의 말씀을 굳게 믿고, 가르침에 따라 그곳에 왕생하길 발원하며 아미타부처님의 이름을 지송하기만 하면 됩니다. 이는 부처님의 지견(佛知見)을 직접 우리 자신의 지견으로 바꿔 쓰는 참으로 편리하고 간단한 방법으로, 그 밖에 다른 깨달음의 방법을 찾기 위해 이곳저곳 기웃거릴 필요가 없습니다.
　다른 법문에 의지해 공부를 한다면(餘門修道), 먼저 반드시 큰 깨달음을 얻어야 합니다(見性). 그리고 나서 자기가 깨달은 바에 따라 닦아나가야 합니다(修道). 이처럼 먼저 산란한 마음을 잘 거두어 선정을 이루고(攝心成定), 선정이 완성된 다음에야 비로소 지혜가 생겨나게 되며(因定發慧), 지혜가 일어난 후에야 어리석은 미혹을 끊을 수 있으니(因慧斷惑), 일반적인 모든 수행들은 반드시 이런 과정을 순서대로 밟아가야 합니다.

示衆法語(시중법어)

이렇게 해서 혹 지혜를 얻었다고 할지라도 얻은 지혜에는 우열이 있게 마련이고, 미혹을 끊었다고 하더라도 역시 깊이(정도)의 차이가 있게 됩니다. 이런 단계를 착오 없이 제대로 모두 거친 다음에라도 나중에 다시 뒤로 후퇴할지 안 할지는 또 별개의 문제입니다.

그러나 오직 이 염불법문만큼은 그럴 필요가 없어서, **단지 믿음과 발원만 가지고 아미타부처님의 이름을 오로지 지송하기만 하면 됩니다.** 이렇게 하여 한 마음 흐트러지지 않는(一心不亂)경지에 이르면, 바로 정토수행(淨業)이 완전하게 성취되는 순간이며, 목숨이 다한 뒤 반드시 극락세계에 왕생하며, 한번 왕생하면 뒤로 물러나거나 중생계에 다시 떨어지는 일은 영원히 없습니다. 나무아미타불.

***능엄경 5권(楞嚴經卷五)**에, 「섭심위계(攝心爲戒) 인계생정(因戒生定) 인정발혜(因定發慧) 시즉명위삼무루학(是則名爲三無漏學). 마음을 잘 조절하는 것이 계의 본래의 의미이니, 마음을 잘 다스림으로 인해 정서적으로 안정이 생기고, 마음이 안정이 되어야 비로소 지혜가 생겨난다. 이를 번뇌를 없애는 세 가지 가르침(三無漏學)이라고 한다.」고 했다.

***삼학(三學)** ; 범어는 tisrah siksah이며, 삼승학(三勝學), 삼무루학(三無漏學)이라고도 하는데 불자(佛子)라면 반드시 배워야할 세 가지 수행덕목인 계(戒), 정(定), 혜(慧) 삼학(三學)을 말한다. 이 세 가지는 불교의 실천강령(實踐剛領)으로서 능엄경 6권(楞嚴經卷六)에서는 "계(戒)를 잘 지킴으로 인하여 선정(禪定)이 생겨나고(因戒生定), 선정(禪定)으로 말미암아 지혜(智慧)가 생겨난다(因定發慧)"라고 하였으며, 보살지지경 10권(菩薩地持經卷十)에서는 이를 6바라밀(六波羅密)에 배합시켜 "보시(布施), 지계(持戒), 인욕(忍辱), 정진(精進)은 계학(戒學)에 해당하고 선정(禪定)은 정학(定學)에 속하며 지혜(智慧)는 혜학(慧學)에 속한다"고 하였다. 이 삼학(三學)에 해탈(解脫)과 해탈지견(解脫知見)을 합하면 오분법신(五分法身)이 된다.

又餘門修道 先須懺其現業 若現業不懺 卽能障道 則
우여문수도 선수참기현업 약현업불참 즉능장도 즉
進修無路矣. 修淨業者 乃帶業往生 不須懺業 以至心
진수무로의. 수정업자 내대업왕생 불수참업 이지심
念佛一聲 能滅八十億劫生死重罪故. 又餘門修道 須斷
염불일성 능멸팔십억겁생사중죄고. 우여문수도 수단
煩惱 若見思煩惱分毫未盡 則分段生死不盡 不能出離
번뇌 약견사번뇌분호미진 즉분단생사부진 불능출리
同居國土. 唯修淨業 乃橫出三界 不斷煩惱 從此同居
동거국토. 유수정업 내횡출삼계 부단번뇌 종차동거
生彼同居 一生彼土 則生死根株 便永斷矣.
생피동거 일생피토 즉생사근주 편영단의.

80억 겁 중죄 소멸시키는 '나무아미타불' 한마디

또, 다른 법문을 수행하기 위해서는 먼저 자신의 현재 업장을 깨끗이 참회하는 일이 선행되어야 합니다. 만약 현재의 업장을 깨끗이 참회하지 않으면, 이것이 수행을 가로막아 더 이상 앞으로 닦아 나갈 수 없게 됩니다.

그러나 염불법문을 닦는 사람은 자기의 업장을 그대로 지닌 채 왕생할 수 있기 때문에 먼저 업장을 깨끗이 참회할 필요가 없습니다. 지극한 마음으로 지송하는 '나무아미타불' 염불 소리 한마디가 80억 겁(劫) 동안 쌓아온 생사윤회의 중죄(重罪)를 소멸시킬 수 있기 때문입니다(관무량수경觀無量壽經에서 하신 말씀).

그리고 다른 법문을 닦는다면 모든 번뇌를 남김없이 끊어야 합니다. 만약 아집과 욕심으로 인해 생기는 번뇌(見思煩惱)가 터럭 끝만큼이라도 남아 있다면 육신의 생사윤회가 완전히 끊어지지 않으며, 성현과 범부 중생이 함께 사는 사바세계의 동거 국토(同居國土)를 벗어날 수 없습니다.

오직 염불수행만은 다른 법문과는 특별히 달라서 삼계를 차근차근 올라가는 것이 아니라 한꺼번에 벗어나며(橫出三界), 번뇌를 하나하나 끊어가지 않고도 여기 사바세계의 동거국토로부터 저 극락정토의 동거국토로 곧바로 왕생할 수 있습니다.

이렇게 극락정토에 한번 왕생하기만 하면, 생사윤회의 깊은 뿌리가 완전히 뽑혀 버립니다. 이치가 이러한대 어찌 염불법문을 버리고 다른 수행을 애써 할 필요가 있겠습니까?
나무아미타불.

*4종불토(四種佛土) ; 사종정토(四種淨土)라고도 하는데, 즉 천태종(天台宗)의 지의(智顗) 스님이 주창한 네 가지 국토인 범성동거토(凡聖同居土), 방편유여토(方便有餘土), 실보무장애토(實報無障碍土), 상적광토(常寂光土)가 이것이다.
1. **범성동거토(凡聖同居土)** ; 염정동거토(染淨同居土), 또는 염정국(染

淨國)이라고도 하는데, 인간과 천상(人天) 그리고 성문 연각(聲聞 緣覺)의 이승(二乘)과 보살(菩薩)들이 함께 섞여 있는 세계를 말한다.

2. 방편유여토(方便有餘土) ; 방편토(方便土) 또는 유여토(有餘土)라고도 하는데, 아라한(阿羅漢)과 벽지불(辟支佛) 그리고 지전보살(地前菩薩, 十地以前의 보살)들이 머물고 있는 국토로 방편도(方便道)를 닦아 견혹(見惑)과 사혹(思惑)은 끊었지만 아직은 중도실상(中道實相)을 장애하는 근본무명혹(根本無明惑)이 남아 있기 때문에 이렇게 부른다.

3. 실보무장애토(實報無障碍土) ; 실보장엄토(實報莊嚴土)라고도 하는데, 즉 근본무명혹(根本無明惑)을 단계별로 점점 끊음으로써 진실하고 장애가 없는 국토(無障碍土)에 태어나기 때문에 이렇게 부른다. 범부(凡夫)나 이승(二乘)이 없는 순수한 보살들의 세계로, 별교(別教)의 초지(初地)이상과 원교(圓教)의 초주(初住)이상의 보살들이 머무는 국토(果報土)이다.

4. 상적광토(常寂光土) ; 이성토(理性土)라고도 하는데, 근본무명혹(根本無明惑)까지도 완전히 끊어 없앤 부처님이 머무는 국토를 말한다. 즉 구경묘각(究竟妙覺)을 깨달은 부처님이 계시는 세계로 영원히 변함없이 존재하며(常住, 法身), 고요하고 평화로우며(寂滅, 解脫), 아름답고 밝은(光明, 般若) 부처님의 국토를 말한다.

示衆法語(시중법어)

'나무아미타불' 여섯 자는 위없는 선禪이다

나무아미타불 여섯 자는 여래장심如來藏心이다.
나무아미타불 여섯 자는 미묘한 진여성품眞如性品이다.
나무아미타불 여섯 자는 청정실상淸淨實相이다.
나무아미타불 여섯 자는 원융법계圓融法界이다.
나무아미타불 여섯 자는 대원경지大圓鏡智이다.
나무아미타불 여섯 자는 공여래장空如來藏이다.
나무아미타불 여섯 자는 원만보리圓滿菩提이다.
나무아미타불 여섯 자는 대반열반大般涅槃이다.
나무아미타불 여섯 자는 반야般若의 문을 열어젖힌다.
나무아미타불 여섯 자는 보왕삼매寶王三昧에 들어가게 한다.
나무아미타불 여섯 자는 대총지大總持를 얻게 한다.
나무아미타불 여섯 자는 계정혜의 광명이 한량없이 흘러나오게 한다.
나무아미타불 여섯 자는 보현보살의 십대원十大願을 원만히 이룬다.
나무아미타불 여섯 자는 대자재를 얻게 한다.
나무아미타불 여섯 자는 다함이 없는 보배 창고이다.
나무아미타불 여섯 자는 모든 번뇌를 끊어 버린다.
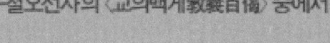 철오선사의 〈교의백게教義百偈〉 중에서

旣生彼土 則常常見佛 時時聞法 衣食居處 出於自然
기생피토 즉상상견불 시시문법 의식거처 출어자연
水鳥樹林 皆悉說法 同居土中 橫見上三淨土 諸上善
수조수림 개실설법 동거토중 횡견상삼정토 제상선
人俱會一處 圓證三種不退 一生便補佛位. 然則淨土一
인구회일처 원증삼종불퇴 일생편보불위. 연즉정토일
門 最初省求悟門 末後不待發慧 不須懺業 不斷煩惱
문 최초생구오문 말후부대발혜 불수참업 부단번뇌
至極省要 至極徑捷 及其證入 至極廣大 至極究竟. 學
지극생요 지극경첩 급기증입 지극광대 지극구경. 학
者當細心玩味而詳擇之 母以一時貢高 失此殊勝最大
자당세심완미이상택지 무이일시공고 실차수승최대
利益也.
이익야.

왕생하면 세 가지 불퇴전을 원만히 증득한다

그리고 극락세계에 태어나면 항상 부처님을 뵐 수 있으며, 수시로 법문을 들으며, 의식주 등 모든 것이 저절로 해결되고 (出於自然), 주변의 모든 것들 즉 물이나 새나 나무들조차도 모두 설법을 합니다.

저 극락정토의 동거 국토에서는 그 위의 세 가지 정토(三種淨土)를 동시에 볼 수 있으며, 이 세 국토의 보살들이나 아라한들과 함께 모여 수행을 할 수 있습니다. 그래서 세 가지 불퇴전(三種不退轉)을 원만히 증득하여, 바로 그 한 생애에 부처님의 뒤를 이을 후보 자리(補處佛)에 오르게 됩니다.

그런 즉, 염불법문은 처음 시작함에 있어서는 다른 수행법처럼 깨닫고 난 후에 닦아야 하는 과정이 필요하지 않고, 마지막에는 지혜가 따로 열리길 기다릴 필요도 없으며, 반드시 업장을 깨끗이 참회해야 하는 것도 아니며, 번뇌를 말끔히 끊을 필요도 없습니다. 그래서 염불법문은 지극히 간단하고 명료하면서도 지극히 곧고 빠른 길입니다.

그런데 하기가 이렇게 쉬운 것과는 반대로 한번 증득해 들어가면, 그 결과는 지극히 넓고 크면서도 지극히 원만한 구경(至極廣大 至極究竟)의 경지가 펼쳐집니다.

그러므로 공부하는 수행자들은 마땅히 세심히 살피고 음미하여 신중히 선택해야 합니다. 행여 한때의 우쭐하고 제 잘난 자부심에 빠져 알지도 감당하지도 못하는 어렵고 이상한 공부에만 탐닉하여 헛된 인생을 보내다, 이토록 수승(殊勝)하고 엄청난 효과가 있는 염불공부의 이익을 놓치는 일이 없길 바랍니다.

나무아미타불.

***삼불퇴(三不退)** ; 각 종파(宗派)마다 학설이 조금씩 다른데 천태종(天台宗)의 학설을 근거로 하면 다음과 같다.

1. 위불퇴(位不退) ; 별교(別教) 초주(初住)에서 제 칠주(第七住)까지가 여기에 해당하는데, 견혹(見惑)과 사혹(思惑)을 끊고 영원히 삼계(三界)를 초월한 지위를 말한다. 원교(圓教) 초신(初信)에서 제 칠신(第七信)까지가 여기에 해당한다.

2. 행불퇴(行不退) ; 제 팔주(第八住)부터 십회향(十廻向)의 마지막 까지가 여기에 해당하는데, 여기에서는 진사(塵沙)와 같이 많은 혹(塵沙惑)을 끊고 자리이타(自利利他)의 보살심(菩薩心)에서 더 이상 물러나지 않는 지위를 말한다. 원교(圓教) 제 팔신(第八信)부터 십신(十信)의 마지막까지가 여기에 해당한다.

3. 염불퇴(念不退) ; 초지(初地)이상이 여기에 해당하는데, 여기에서는 이미 근본무명혹(根本無明惑)까지도 모두 끊고 중도실상(中道實相)의 정념(正念)에서 영원히 물러나지 않는다. 원교(圓教) 초주(初住)이상이 여기에 해당한다.

***일생보처(一生補處)** ; 다음 생(一生)에 부처의 자리에 오를 수 있는 보살을 일컬음. 일반적으로 등각위보살(等覺位菩薩)을 가리키는데, 이 보살들은 아직 마지막 번뇌인 일분생상무명번뇌(一分生相無明煩惱)가 남아있어 금강지(金剛智)로 이 무명을 타파하고 마침내 부처님의 지위인 묘각위(妙覺位)에 오르게 되므로 이렇게 부름.

示衆法語(시중법어)

不可間斷疲怠
念佛長久勇猛

염불은 중단 없이 오래오래 지속적으로 해야 합니다.
도중에 자꾸 중단하면 정토수행을 성취할 수 없습니다.
그리고 오래 지속하더라도 싫증이나 나태하지 말고
과단성 있게 밀고나가야 합니다. 또 오래 지속은 하되
간절하게 하지 않고 대충대충 하게 되면 역시 퇴보하게 되며,
비록 간절하게는 하지만 지속적으로 하지 않으면
정업淨業이 이루어지지 않게 됩니다.
-철오선사

一窮人遙望 見錢一串 就而取之 乃蛇也 遂瞠立於其
일궁인요망 견전일관 취이취지 내사야 수당립어기
傍 復一人至 得錢一串携去 夫錢非蛇也 而蛇現者 唯
방 부일인지 득전일관휴거 부전비사야 이사현자 유
業所感 唯心所現也 錢上之蛇 固是業感心現 而蛇上
업소감 유심소현야 전상지사 고시업감심현 이사상
之錢 獨非業感心現乎 錢上之蛇 一人之別業妄見也
지전 독비업감심현호 전상지사 일인지별업망견야
蛇上之錢 多人之同分妄見也.
사상지전 다인지동분망견야.

개별 업장과 공동 업장으로 인한 망견(妄見)

여기서 한 가지 비유를 들어 '마음과 업의 관계'를 말씀드리겠습니다. 몹시 가난한 어떤 사람이 멀리서 돈 꾸러미 하나를 발견하고 다가가 급하게 집으려고 보니 뱀이었습니다. 그래서 깜짝 놀라 옆에 비켜서서 멍하니 바라보고 있었습니다. 그런데 조금 뒤 다른 한 사람이 다가오더니 바로 그 돈 꾸러미를 주워 가는 것이었습니다.

돈이 뱀으로 보인 것은, 오직 자기가 지은 업장의 영향(唯業所感)이며 마음의 상태에 따라 그렇게 보인 것입니다(唯心所現).

이렇게 돈 꾸러미가 뱀의 모습으로 보이는 것이 업장의 영향이며 마음의 조화라면, 뱀이 돈 꾸러미로 보이는 것 역시 어찌 업장의 영향이자 마음의 조화가 아닐 리가 있겠습니까?

돈 꾸러미가 뱀으로 보이는 것은 가난뱅이 한 사람이 지은 개별 업장(別業)으로 인한 망견(妄見)이며, 뱀이 돈 꾸러미로 보이는 것은 일반적인 상식 속에서 살아가고 있는 보통 사람들이 함께 지은 공동 업장(同業)으로 인한 망견(妄見)입니다.
나무아미타불,

一人之妄見 其妄易知 多人之妄見 其妄難知 以易
일인지망견 기망이지 다인지망견 기망난지 이이
知例難知 難知亦易知矣. 然則蛇固蛇也 錢亦蛇也
지예난지 난지역이지의. 연즉사고사야 전역사야
推此而往 內而根身 外而境界 由一方而至十方 以及
추차이왕 내이근신 외이경계 유일방이지십방 이급
四大部洲 三千大千世界 皆此錢上之蛇也 但唯心之蛇
사대부주 삼천대천세계 개차전상지사야 단유심지사
旣現 便能螫人 唯心之錢旣現 便得享用 非謂唯心 便
기현 편능석인 유심지전기현 편득향용 비위유심 편
無外境.
무외경.

허망한 망견에 속지 않고 알아차리기

한 사람의 망견은 그것이 허망한 것인 줄 쉽게 알 수 있지만, 여러 사람의 공통적인 망견은 그것이 허망한 것인 줄 알아차리기가 매우 어렵습니다(한 사람이 미쳤다면 그가 미친 사람인 줄 누구나 쉽게 알지만 만일 많은 사람들이 동시에 미쳐있다면 그들이 미친 것인지 아닌지를 알기 어렵다). 그러나 알기 쉬운 예를 가지고 알기 어려운 이치를 미루어 짐작해 보면, 그 알기 어려운 이치도 쉽게 알아차릴 수 있습니다.

示衆法語(시중법어)

　그런 즉, 뱀의 모습은 실제로 뱀이기 때문에 그렇게 보이는 것은 당연하지만, 돈으로 보이는 모습도 사실은 뱀이 그렇게 보일 뿐입니다. 이렇게 계속 추론해 간다면, 안으로는 육근(六根)으로 이루어진 이 육신(肉身)은 물론, 밖으로는 일체 모든 사물과 경계들 역시 한 방향(一方)으로부터 시방(十方)까지, 나아가 사대부주(四大部洲)와 삼천대천세계에 이르기까지, 모두 다 돈 꾸러미로 보이는 뱀에 불과할 따름입니다.

　다만, 마음에 의해 뱀이 만들어져 실제로 나타나면 사람을 물지만, 마음에 의해 돈이 만들어져 나타나면 바로 유익하게 쓸 수 있다는 차이가 있습니다. 그러니 오직 마음일 뿐이요 밖에 있는 현상들은 실재하지 않는다고 주장해서도 안 되는 것입니다(허망한 마음이 만들어내는 것들은 모두가 거짓이지만 그러나 이것들은 사실화되어 우리의 삶을 직접 좌우한다).
　나무아미타불.

　＊삼천대천세계(三千大千世界) ; 고대 인도의 우주관인 수미산설(須彌山說)에 의하면 수미산을 중심으로 하여 9산(九山)과 8해(八海)가 있고, 거기에 다시 4주(四州)와 일월(日月)들을 합한 하나의 단위(單位)를 1세계(一世界)라 한다. 그 1세계를 천 개 합한 것이 소천세계(小千世界)이고, 소천세계를 천 개 합한 것이 중천세계(中千世界)이며, 중천세계를 천 개 합한 것을 대천세계(大千世界)라 한다. 이 대천세계에는 대·중·소의 세 가지 천세계를 포함하고 있기 때문에 3천대천세계(三千大千世界)라 한다. 고대인도 사람들은 이 우주가 이렇게 셀 수 없는 세계가 합하여 성립되어 있다고 생각했다.
　＊인간사대주(人間四大洲) ; 범어는 catvaro-dipa이며 사대부주(四大

部洲), 사대주(四大洲), 사천하(四天下), 수미사주(須彌四洲), 사주형량(四洲形量)이라고도 부른다. 수미산(須彌山)을 들러 싸고 있는 일곱 개의 금산(七金山)과 대철위산(大鐵圍山) 사이의 바다에 위치하고 있다.

1) 동승신주(東勝身洲) ; 범어는 Purva-videha이며 동불파제(東弗婆提), 동비제하(東毘提訶), 동불우체(東弗于逮) 등으로 부르기도 한다. 이곳 사람들의 몸은 크고 뛰어나기 때문에 이렇게 부르며 이곳의 지형은 반달(半月)모양이며 이곳 사람들의 얼굴도 반달(半月)모양을 하고 있다.

2) 남섬부주(南贍部洲) ; 범어는 Jambu-dvipa이며 남염부제(南閻部提)라고도 부른다. 이곳은 섬부나무(贍部나무 jambu)가 많이 있기 때문에 이렇게 부르며 이곳의 지형은 수레의 상자처럼 네모꼴을 하고 있으며 이곳 사람들의 얼굴도 역시 네모로 생겼다.

3) 서우화주(西牛貨洲) ; 범어는 Apara-godaniya이며 서구야니(西瞿耶尼)라고도 부른다. 주로 소를 이용하여 무역을 하기 때문에 이런 이름을 얻었다. 지형은 온달(滿月)처럼 생겼으며 이곳 사람들의 얼굴 모양도 온달모양이다.

4) 북구로주(北俱盧洲) ; 범어는 Uttara-kuru이며 북울단월(北鬱單越)이라고도 부른다. 이곳의 지형은 앞의 세주(三洲)보다 뛰어나기 때문에 이렇게 부른다. 지형은 정사각형(正方)의 연못처럼 생겼으며 사람들의 얼굴모습도 이처럼 생겼다.

示衆法語(시중법어)

부처님을 그리워하고(憶佛)
부처님을 생각하면(念佛)
지금 당장에나 앞으로 미래에
반드시 꼭 부처님을 친견하며
어떠한 방편도 빌릴 것이 없이
저절로 마음이 활짝 열리게 됩니다.
이와 같을진대, 염불이 마음을 밝히는
요체가 아니겠습니까?
-철오선사

此娑婆之穢苦 安養之淨樂 皆唯心現. 唯心之穢苦旣現
차사파지예고 안양지정락 개유심현. 유심지예고기현
則遭大逼迫 唯心之淨樂旣現 則得大受用. 旣穢苦淨樂
즉조대핍박 유심지정락기현 즉득대수용. 기예고정락
皆唯心現 何不捨唯心之穢苦 以取唯心之淨樂 而乃久
개유심현 하불사유심지예고 이취유심지정락 이내구
經長劫 甘爲八苦之所交煎也哉?
경장겁 감위팔고지소교전야재?

이왕이면 극락의 청정한 즐거움을 상상하라

이처럼 사바세계의 더럽고 괴로운 것과 안양(安養)세계의 청정하고 즐거움도 모두 오직 이 마음이 만들어 낸 것들입니다(皆唯心現). 만약 마음에 더럽고 괴로운 생각들이 가득하여 이것이 현실로 나타나면 현실세계에서 실제로 엄청난 고통과 궁핍을 당하게 되며, 만일 마음에 청정하고 즐거운 생각들이 가득하여 그것들이 밖으로 나타나게 되면 현실적으로 막대한 이익과 기쁨을 얻게 됩니다.

이렇듯 더럽고 괴로운 것과 청정하고 즐거운 것이 똑같이 다 바로 이 마음이 만들어내는 것이라고 한다면, 무슨 까닭에 마음속에 더럽고 괴로운 것들을 버리고 청정하고 즐거운 것들을 담아두지 않을 것이며, 또한 어찌하여 이 한마음을 청정하고 즐거운 곳으로 돌이키지 못하고 스스로 자기 마음을 어둡고 더러운 곳에 파묻어 영겁토록 생사에 윤회하면서 여덟 가지 고통(八苦)에 기꺼이 시달림을 당하는 어리석은 짓을 한다는 말입니까?

나무아미타불.

*사바세계(娑婆世界) ; 범어 Saha-lokadhatu의 음역으로, saha는 감인(堪忍) 능인(能忍) 인토(忍土) 등으로 한역되며 석가모니 부처님이 교화하시는 이 세계를 말함. 이 세계의 중생들은 10악을 자행하며 온갖 고통과 번뇌를 감내하면서도 이 세계를 벗어날 생각을 하지 않으므로 이렇게 부르며, 또한 잡회(雜會)라고도 한역하니 삼악도(3惡途)와 오취(5趣) 중생이 모여 사는 곳이라는 뜻으로 백억 개의 수미산으로 이루어져 있다.

*팔고(八苦) ; 중생들이 생사에 윤회하면서 겪게 되는 여덟 가지 고통으로, 생(生), 노(老), 병(病), 사(死), 구부득고(求不得苦), 애별리고(愛別離苦), 원증회고(寃憎會苦), 오음성고(五陰盛苦) 등이다.

吾人生死關頭 惟二種力 一者心緒多端 重處偏墜 此
오인생사관두 유이종력 일자심서다단 중처편추 차
心力也. 二者如人負債 强者先牽 此業力也. 業力最大
심력야. 이자여인부채 강자선견 차업력야. 업력최대
心力尤大 以業無自性 全依於心 心能造業 心能轉業
심력우대 이업무자성 전의어심 심능조업 심능전업
故心力唯重 業力唯强 乃能牽生. 若以重心而修淨業
고심력유중 업력유강 내능견생. 약이중심이수정업
淨業則强 心重業强 惟西方是趨 則他日報終命盡 定
정업즉강 심중업강 유서방시추 즉타일보종명진 정
往西方 不生餘處矣. 如大樹大墻 尋常向西而歪 他日
왕서방 불생여처의. 여대수대장 심상향서이왜 타일
若倒 決不向餘處也.
약도 결불향여처야.

업력(業力)은 윤회의 길, 심력(心力)은 왕생의 길

　우리들이 생사(生死)의 중대한 갈림길에 놓일 때, 오직 두 가지 힘에 의해 미래에 윤회할 방향이 결정되는데 즉 심력(心力)과 업력(業力)이 이것입니다.
　심력(心力)이란, 우리의 마음은 그 실마리가 여러 갈래로 복잡하게 엉클어져 있지만 마지막에는 무거운 쪽으로 치우쳐 기

示衆法語(시중법어)

울게 되는데(무거운 쪽이 힘을 발휘하게 되는데), 이것을 심력(心力)이라고 합니다.

업력(業力)이란, 마치 남한테 빚을 진 경우 갚을 빚이 많은 사람에게 먼저 빚을 청산해야 하듯, 사람도 마지막 생을 다할 때 평소 자기가 지은 업(행위) 가운데서 많이 지은 쪽으로 먼저 끌려가게 되는데, 이것을 업력(業力)이라고 합니다.

업의 힘(業力)이란 참으로 크다고 할 수 있지만, 그러나 업력보다 더 큰 것은 심력(心力) 입니다. 업(業)은 본래 고정된 자기의 모습(性品)이 없고 완전히 마음에 의지해서 나타나지만, 마음은 업을 지을 수도 있고, 업을 바꿀 수도 있기 때문입니다. 그러므로 심력(心力)의 세력이 강할수록 업력(業力)도 따라서 강해져, 심력에 의해 삶을 자기가 원하는 방향으로 끌고 갈 수 있습니다.

만일 마음을 집중하고 응집하여 힘을 강하게 하여 이 힘으로 염불수행(念佛修行)을 닦는다면 청정한 업(淨業)이 당연히 강해질 것이며, 이렇게 마음의 힘이 세지고(강해지고) 청정한 업이 강해진다면 마음이 다른 경계에 흔들리지 않고 오로지 서방 정토만을 향해 나아갈 것입니다.

이렇게 해나간다면 나중에 사바세계의 목숨이 다할 때는, 다른 곳에 태어나지 않고 틀림없이 서방 정토에 왕생하게 됩니다. 비유하면, 큰 나무와 높은 담장이 평소 서쪽으로 기울어져 있었다면, 나중에 무너질 때는 결코 서쪽 이외의 다른 쪽을 향할 수 없는 이치와 같습니다.

나무아미타불.

何爲重心 我輩修習淨業 信貴於深 願貴於切 以信深
하위중심 아배수습정업 신귀어심 원귀어절 이신심
切願故 一切邪說莫能搖惑 一切境緣莫能引轉. 若正修
절원고 일체사설막능요혹 일체경연막능인전. 약정수
淨業時 尙達磨大師 忽現在前 乃曰 吾有直指人心見
정업시 상달마대사 홀현재전 내왈 오유직지인심견
性成佛之禪 汝但捨置念佛 吾卽以此禪授汝 但當向祖
성성불지선 여단사치염불 오즉이차선수여 단당향조
師作禮 謂我先已受釋迦如來念佛法門 發願受持 終身
사작례 위아선이수석가여래염불법문 발원수지 종신
不易 祖師雖有深妙禪道 吾則不敢自違本誓也.
불역 조사수유심묘선도 오즉불감자위본서야.

어떻게 하는 것이 마음을 무겁고 강하게 쓰는 것(重心)인가?
우리들이 정토 수행을 닦아 익힘에, 무엇보다도 믿음은 깊을수록 좋고(信貴於深), 발원은 간절할수록 힘이 있다(願貴於切)는 사실을 알아야 합니다. 믿음이 깊고 발원이 간절한 까닭에, 그 어떠한 이단과 사설(異端邪說)도 염불하는 마음을 흔들거나 미혹시킬 수 없으며, 그 어떠한 경계(境緣)도 염불하는 마음을 꾀어내거나 유혹할 수 없습니다. 가령 우리가 정토 법문을 올바로 잘 수행하고 있는데, 달마 대사(達磨大師)께서 갑자기 나타나서 이렇게 말씀하신다고 합시다.
'나한테는 사람의 본마음을 곧바로 가리켜서(直指人心), 자기

示衆法語(시중법어)

의 참마음을 직접 보고 즉시 부처가(見性成佛)될 수 있는 최고의 참선법문(參禪法門)이 있다. 그대가 만약 염불 공부를 그만두기만 한다면, 그대에게 이처럼 좋은 참선 법문을 당장 전해 주겠다.'

설령 이렇게 말하더라도, 단지 달마 조사께 감사의 예를 올리고 이렇게 대답하기만 하면 됩니다.

'저는 이미 석가여래로부터 염불법문을 전해 받아, 종신토록 변함없이 받아 지니면서 수행하기로 발원하였습니다. 조사(祖師)께서 비록 심오하고 미묘한 참선법문(參禪法門)을 전해주신다고 할지라도, 저는 감히 저의 본래 서원(本誓)을 어길 수 없습니다.' 라고 말입니다. 나무아미타불.

* 달마(達磨, ?-535) ; 범어 Bodhidharma의 음역으로, 보리달마(菩提達磨) 또는 보리달마다라(菩提達磨多羅)라고 하며 각법(覺法)이라 한역 한다. 중국 선종의 제 1대 조사이며, 인도의 제28대 조사이다. 남인도 향지국왕(香至國王)의 세 번째 왕자로, 본명은 보리다라(菩提多羅)였는데 후에 반야다라(般若多羅)에게서 법을 이은 뒤 보리달마(菩提達磨)로 이름을 바꿨다. 대략 유송말(劉宋末, 서기 476년 송나라가 망하기 직전)에 바다를 거쳐 중국 광동성(廣東省) 광주(廣州)의 번우(番禺)라는 곳에 도착하여 양무제(梁武帝, 520년)의 청으로 서로 만났는데 뜻이 맞지 않아 양자강(揚子江)을 건너 금능(金陵, 지금의 南京)을 경유하여 위(魏)나라에 이르러 숭산(嵩山)에 있는 소림사(少林寺) 뒤 동굴에서 9년 동안을 면벽(面壁) 참선을 하였는데 사람들은 그를 면벽바라문(面壁婆羅門)이라고 불렀다. 후에 혜가(慧可)에게 안심입명의 법(安心入命법)과 가사와 능가경 4권(楞伽經四卷)을 전하고 동위(東魏) 천평년(天平年, 534년)에 열반에 들어 웅이산(熊耳山)에 안장하였다.

縱或釋迦如來 忽爾現身 謂曰 吾先說念佛法門 特一
종혹석가여래 홀이현신 위왈 오선설염불법문 특일
時方便耳 今更有殊勝法門 超于彼者 汝當且置念佛
시방편이 금갱유수승법문 초우피자 여당차치염불
吾卽爲說勝法. 亦祇可向佛稽首陳曰 我先禀受世尊淨
오즉위설승법. 역지가향불계수진왈 아선품수세존정
業法門 發願一息尙存 決不更張 如來雖有勝法 吾則
업법문 발원일식상존 결불갱장 여래수유승법 오즉
不敢自違本誓也.
불감자위본서야.

한번 세운 발원은 절대 바꾸지 말아야

 심지어는 석가모니부처님께서 직접 몸을 나타내시어 또 이렇게 말씀하신다고 칩시다.

 '내가 전에 설한 염불 법문은 단지 특별한 경우를 위한 일시적인 방편일 뿐이다. 이제 그것보다 훨씬 훌륭한 법문(殊勝法門)이 있으니, 그대는 당장 염불공부를 그만두도록 하라. 이제 이 수승한 법문을 설해 주겠다.'

 부처님께서 설령 이렇게 말씀하신다 하더라도, 단지 부처님

示衆法語(시중법어)

께 머리를 조아려 존경의 예를 올리고 이렇게 말씀을 드리면 됩니다.

'저는 앞서 세존께 정토 법문을 받으면서, 이 한 목숨 붙어 있는 한 결코 바꾸지 않겠다고 이미 발원하였습니다. 이런 발원을 하고 그 입김이 아직 가시지도 않았습니다. 여래께서 비록 더욱 수승한 법문을 가르쳐주신다고 할지라도, 어찌 방금 세운 서원을 그렇게 쉽게 스스로 어길 수 있겠습니다.'라고 말씀드리면 됩니다. 이처럼 한번 세운 발원은 절대로 바꾸지 말아야 하는 것이 수행을 완성하는 첩경(捷徑)입니다.

나무아미타불.

雖佛祖現身　尙不改其所信　況魔王外道　虛妄邪說　豈
수불조현신　상불개기소신　황마왕외도　허망사설　기
足以搖惑之耶　能如是信　其信可謂深矣. 若赤熱鐵輪
족이요혹지야　능여시신　기신가위심의. 약적열철륜
旋轉頂上　不以此苦　退失往生之願　若輪王勝妙五欲現
선전정상　불이차고　퇴실왕생지원　약륜왕승묘오욕현
前　亦不以此樂　退失往生之願. 此逆順至極　尙不改所
전　역불이차락　퇴실왕생지원. 차역순지극　상불개소
願　況世間小小逆順境界　豈能引轉哉! 能如是願　其願
원　황세간소소역순경계　기능인전재! 능여시원　기원
可謂切矣.
가위절의.

순행(順行)의 쾌락과 역행(逆行)의 고통에도 여여해야

　비록 부처님이나 조사께서 몸을 직접 나타내시어 이렇게 간곡히 권유할지라도, 오히려 그 믿음과 원력을 바꾸지 않는데, 하물며 마왕(魔王)이나 외도(外道) 또는 허망한 사설(邪說)들이 어찌 그 믿음을 흔들거나 미혹시킬 수 있겠습니까? 이와 같이 믿을 수 있다면, 이 믿음이야말로 정말 깊다고 할 수 있습니다.

　그리고 설령 빨갛게 달군 쇠바퀴가 정수리 위에서 빙글빙글

示衆法語(시중법어)

돈다고 할지라도, 이 따위 고통 때문에 극락왕생의 발원을 놓아 버리거나 뒤로 물러나지 말아야 합니다. 또 가령 전륜성왕의 훌륭하고 미묘한 오욕(勝妙五欲)의 쾌락이 눈앞에 나타난다고 할지라도, 그까짓 즐거움 때문에 극락왕생의 발원을 놓아 버리거나 의심을 해서도 안 됩니다.

이처럼 극심한 순행(順行)의 쾌락과 역행(逆行)의 고통에도 오히려 발원을 바꾸지 않거늘, 하물며 세간의 사소한 순행(마음대로 순조롭게 되는 것)과 역행(뜻대로 되지 않는 것) 등의 경계 따위가 우리의 발원을 어떻게 바꾸거나 돌려놓을 수 있겠습니까? 이와 같이 발원할 수 있다면, 이런 발원이야말로 정말 진실한 발원이라고 할 수 있습니다.
나무아미타불.

信深願切 是謂重心 而修淨業 淨業必強 心重故則易
신심원절 시위중심 이수정업 정업필강 심중고즉이
純 業強故則易熟 極樂淨業若熟 娑婆染緣便盡. 果得
순 업강고즉이숙 극락정업약숙 사바염연편진. 과득
染緣已盡 則臨終時 雖欲輪廻境界再現在前 亦不可得.
염연이진 즉임종시 수욕윤회경계재현재전 역불가득.
果得淨業已熟 則臨終時 雖欲彌陀淨土不現在前 亦
과득정업이숙 즉임종시 수욕미타정토불현재전 역
不可得. 然此信願 要在操之有素 臨時自不入于歧路.
불가득. 연차신원 요재조지유소 임시자불입우기로.

임종 때 한 생각 놓치지 않고 스스로 주인이 되어야

 이처럼 믿음이 깊고 발원이 간절한 것을 일컬어 마음을 무겁고 강하게 쓴다고 하는 것이며(重心), 이렇게 정토 수행을 닦아 간다면 청정한 업은 반드시 강해집니다. 마음을 전일하고 무겁게 쓰는 까닭에 마음이 쉽게 순수해지고, 청정한 업이 강하기 때문에 정업(淨業) 또한 쉽게 원숙해집니다.

 극락정토의 업(공부)이 이처럼 원숙해지면, 사바세계의 오염된 인연들은 즉시 약해져 다하게 됩니다. 정말 이렇게 사바세계의 오염된 인연이 다한다면, 임종 때 비록 윤회의 경계가 일

示衆法語(시중법어)

부러 눈앞에 나타나게 하려해도 나타날 수 없습니다. 또 정말 이토록 청정한 업(공부)이 이미 원숙해진다면, 임종 때 비록 아미타부처님과 극락정토가 눈앞에 나타나지 않길 바란다고 해도 결코 그렇게 할 수 없습니다.

그런데 이 믿음과 발원은 평소에 잘 지니고 닦는 것(操之有素)이 중요합니다. 이렇게 미리미리 잘 닦아 놓아야만 임종 때 한 생각을 놓치지 않고 스스로 주인이 되어 생사의 갈림길에서 헤매지 않게 됩니다.

나무아미타불.

如古德臨欲命終 六欲天童次第接引 皆不去 唯專心待
여고덕임욕명종 육욕천동차제접인 개불거 유전심대
佛 後佛現 乃曰佛來也 遂合掌而逝. 夫臨欲命終 四大
불 후불현 내왈불래야 수합장이서. 부임욕명종 사대
分張 此何時也? 六欲天童次第接引 此何境也? 苟素常
분장 차하시야? 육욕천동차제접인 차하경야? 구소상
信願不到十分堅固 當此時 對此境 而能强作主宰乎?
신원부도십분견고 당차시 대차경 이능강작주재호?
如古德 眞可謂千古修淨業者之標榜矣.
여고덕 진가위천고수정업자지표방의.

아미타부처님의 접인만 따라 가야

　마치 옛 고승대덕께서 임종 시 육욕천(六欲天)의 동자(童子)들이 차례로 맞이하러 와도 절대 따라가지 않고, 오직 일심으로 부처님만 기다리다가 부처님께서 접인(接引) 하러 오시는 모습을 보고나서야 마침내 "부처님께서 나를 맞이하러 오신다"라고 하면서 합장한 채로 가셨던 것처럼, 우리도 이렇게 할 수 있어야 합니다.

　목숨이 다하는 임종 시에는 우리의 육신을 이루고 있는 사대(四大, 지地 수水 화火 풍風)는 각기 서로 흩어져 아무것도 남지 않

示衆法語(시중법어)

을 것입니다. 깊이깊이 생각해 보십시오. 바로 이렇게 사대가 흩어져 없어지는 때는 도대체 어떠한 때입니까? 또 육욕천의 동자들이 차례로 맞이하러 오는 때는 또 어떤 경계입니까?

 정말로 평소에 믿음과 발원이 완전하고 견고하게 확립되지 않았다면, 임종 때 천상의 오욕락(五欲樂)과 같은 경계를 대하고서도 마음이 흔들리지 않고 이처럼 꿋꿋하게 주인 노릇을 할 수 있겠습니까? 이렇게 철저하게 수행해 오신 고승대덕 같은 분이야말로 진실로 정토 법문 수행자들한테 만고불변의 모범과 전형이 되십니다.
 나무아미타불.

＊제6욕천(第6欲天) ; 범어 Para-nirmita-vasa-vartin, 다른 사람들의 즐거움을 자유자재로 자기 것으로 변화시켜 수용할 수 있는 능력이 있기 때문에 타화자재천(他化自在天)이라고도 하는데 욕계의 최상층에 위치한다. 이 천(天)의 바로 위에 가로 세로 6천 유순이나 되는 천마궁전(天魔宮殿)이 있는데 여기에 욕계를 총괄하는 마왕파순(魔王 波旬 Mara-papiyas 殺者, 혹은 惡中惡者로 한역)이 머물고 있는데 항상 부하들을 거느리고 정법수행자를 유혹하고 방해하는 역할을 하며, 색계천(色界天)의 총수인 마혜수라천왕(摩醯首羅天王 Mahesvara 大自在天이라고도 함)과 함께 정법을 방해하는 대표적인 왕으로 꼽힌다.

有禪者問曰 一切諸法 悉皆如夢 娑婆固夢也 極樂亦
유선자문왈 일체제법 실개여몽 사바고몽야 극락역
夢也 旣同是一夢 修之何益? 予曰 不然 七地以前 夢
몽야 기동시일몽 수지하익? 여왈 불연 칠지이전 몽
中修道. 無明大夢 雖等覺猶眠 唯佛一人 始稱大覺. 當
중수도. 무명대몽 수등각유면 유불일인 시칭대각. 당
夢眼未開之時 苦樂宛然 與其夢受娑婆之極苦 何若夢
몽안미개지시 고락완연 여기몽수사바지극고 하약몽
受極樂之妙樂? 況娑婆之夢 從夢入夢 夢之又夢 展轉
수극락지묘락? 황사바지몽 종몽입몽 몽지우몽 전전
沉迷者也. 極樂之夢 從夢入覺 覺之又覺 漸至於大覺
침미자야. 극락지몽 종몽입각 각지우각 점지어대각
者也. 夢雖同 所以夢者未嘗同也 可槪論乎?
자야. 몽수동 소이몽자미상동야 가개론호?

이왕 꿈이라면 극락세계에서 완전하게 깨어나라

어떤 참선 수행자가 이렇게 물어왔습니다.
"일체의 법은 모두 다 꿈과 같을 뿐입니다. 사바세계가 꿈인 것은 말할 것도 없고 극락세계 또한 꿈일 따름입니다. 둘 다 똑같이 꿈이라면 굳이 염불을 해서 극락왕생을 하려고 애쓸 필요가 있겠습니까?"

示衆法語(시중법어)

그래서 이렇게 답변했습니다.

"그렇지 않습니다. 제7지(第七地) 이하의 보살들은 아직 꿈속에서 공부를 하고 있으며(夢中修道), 더구나 무명(無明)이라는 큰 꿈은 비록 등각(等覺)보살이라 할지라도 완벽하게 벗어나지 못하고 있습니다. 오직 부처님 한 분만이 모든 꿈에서 완전하게 깨어있을 뿐입니다. 그래서 부처님을 일컬어 크게 깨달으신 분(大覺世尊)이라고 하는 것입니다(큰 꿈에서 깨어나신 분).

꿈을 꾸면서 아직 깨어나기 이전에는(깨달아 부처님이 되기 이전에는), 꿈속에서 괴로움과 즐거움이 진짜처럼 완연(宛然)한 법입니다. 이렇게 사바세계도 꿈이요 극락세계도 꿈이라면, 사바세계에서 지극한 괴로움을 당하는 꿈을 꾸는 것보다는 차라리 극락세계에서 미묘한 기쁨을 누리는 꿈을 꾸는 편이 훨씬 현명하지 않겠습니까?

하물며, 사바세계의 꿈은 꿈에서 꿈으로 계속 이어지면서, 꿈을 꿀수록 더욱 미혹 속으로 깊이 빠져들어 갑니다. 이에 반해, 극락세계의 꿈은 비록 꿈을 꾸고는 있지만 그러나 꿈을 꿀수록 깨어남(깨달음)으로 향하며, 이렇게 깨어날(깨닫고 또 깨달을)수록 오히려 점점 더 부처님의 큰 깨어남(大覺 완전하게 깨어남)에 이르게 되는 것입니다.

이와 같이 꿈꾸는 것은 둘 다 같다고 하지만, 꿈꾸는 내용은 근본부터 서로 같지 않습니다. 그런데 어떻게 똑같은 이치라고 할 수 있겠습니까?"

나무아미타불.

＊**금강경(金剛經)** 제14 이상적멸분(離相寂滅分)에, 「'若菩薩 心住於法

而行布施 如人入暗 卽無所見, 若菩薩 心不住法 而行布施 如人有目 日光 明照 見種種色.' 만일 보살이 형상에 집착하여 보시를 한다면 이는 마치 캄캄하게 어두운 곳에 들어간 사람처럼 아무것도 볼 수 없을 것이요(이기적인 편견과 형상에 자기의 참마음이 가려져있다면 비록 보시를 한다고 하더라도 마음이 더욱 어두워져 지혜나 공덕이 생겨나기는커녕 오히려 번뇌와 망상만 더해 갈 것이다), 만일 형상에 걸리지 않고 보시를 한다면 이는 마치 정상적인 눈을 가진 사람이 밝은 태양 아래서 모든 것들을 분명히 볼 수 있는 것과 같다(자아와 편견을 버리고 보시를 한다면 마음에 아상과 집착이 사라져서 보시를 하면 할수록 진리를 볼 수 있는 마음이 더욱 밝아지고 공덕과 지혜도 더욱 커질 것이다)」라고 하였다.

示衆法語(시중법어)

제7지 이하 보살은 꿈속에서 도를 닦으며,
무명無明이라는 큰 꿈은 비록 등각等覺보살
조차도 아직 벗어나지 못하고 있다. 그래서
오직 부처님만이 비로소 크게 깨어있다大覺
하는 것이다 …
극락세계의 꿈은 꿈에서
깨어남(깨달음)으로 나아가면서,
깨어나고 또 깨어날 수록 점점 부처님의
큰 깨어남에 이르는 것이다. 꿈꾸는 것은
둘 다 같지만, 꿈꾸는 까닭은 일찍부터
서로 같지 않거늘, 어떻게 함께 나란히
논할 수 있겠는가?
-철오선사

佛法大海 信爲能入 淨土一門 信尤爲要. 以持名念佛
불법대해 신위능입 정토일문 신우위요. 이지명염불
乃諸佛甚深行處 唯除一生所繫菩薩 可知少分 自餘一
내제불심심행처 유제일생소계보살 가지소분 자여일
切賢聖 但當遵信而已 非其智分之所能知. 況下劣凡夫
체현성 단당준신이이 비기지분지소능지. 황하열범부
乎? 然十一善法 以信居初 信心之前 更無善法. 五十二
호? 연십일선법 이신거초 신심지전 갱무선법. 오십이
位 以信爲始 信位之前 別無聖位. 故菩薩造起信論 祖
위 이신위시 신위지전 별무성위. 고보살조기신론 조
師作信心銘. 以信心一法 爲入道要門也.
사작신심명. 이신심일법 위입도요문야.

염불은 법신보살도 알기 어려워 믿음으로 들어가야

　큰 바다와 같이 넓고 깊은 부처님의 가르침(佛法大海)은 오직 '믿음(信)'이라는 나침반이 있어야만 비로소 바르게 들어가 항해할 수 있습니다. 특별히 정토법문을 수행함에 있어서는 무엇보다도 믿음이 더욱 중요합니다. 왜냐하면 아미타부처님을 믿고 그분의 이름을 지송하는 염불수행은 바로 모든 부처님들의 가장 심오한 수행법이기 때문입니다. 이 염불법문의 심오한 이치는 오직 다음 생에 부처님이 되실 일생보처(一生補處) 보살님의 지위에 올라야만 비로소 조금 알 수 있을 뿐이요, 그 나머지 다른 성현들의 수준으로는 결코 알 수 있는 경지가 아닙니다. 그래서 비록 지혜가 깊은 보살이라도 믿지 않으면 염불법문을 닦을 수 없습니다. 이처럼 정토법문의 이치는 법신보살(法身菩薩)들도 알기 어려워 오직 믿음으로만 들어갈 수 있습니다. 그런데 하물며 하근기(下根機)의 하찮은 범부 중생들에게는 믿음이 얼마나 중요하다는 것은 더 말할 필요가 있겠습니까?

믿음의 중요성에 대한 예를 들면, 유식론(唯識論)에 보면, 우리의 마음에는 51개의 심소(五十一心所)가 있고 그 중에 11개의 선한 마음(十一善法)이 있는데, 그 가운데서도 믿음(信)이 맨 처음에 나옵니다. 이 믿는 마음(信心)이야말로 그 어떠한 선법(善法)보다도 중요하기 때문입니다. 또 보살의 52가지 지위(地位)의 서열도 믿음(信位)으로부터 시작하고, 이 믿음보다 더 앞서는 지위는 없습니다. 믿음의 지위가 그 어떤 지위보다도 중요하기 때문입니다.

그래서 마명(馬鳴) 보살님은 특별히 『대승기신론(大乘起信論)』을 지어 믿음을 강조하셨고, 선종(禪宗)의 삼조(三祖)이신 승찬(僧燦) 조사도 역시 『신심명(信心銘)』을 지어 믿음의 중요성을 역설하셨습니다. 왜냐하면 이 믿는 마음(信心一法)이야말로 진리에 들어가는 가장 중요한 핵심 법문(入道要門)이기 때문입니다.

나무아미타불.

*51심소(五十一心所) ; 유식가(唯識家)들이 주장하는 51가지 마음의 활동(心所)을 말한다.

1. 변행(遍行) ; 촉(觸), 작의(作意), 수(受), 상(想), 사(思).
2. 별경(別境) ; 욕(欲), 승해(勝解), 염(念), 정(定), 혜(慧).
3. 선(善) ; 신(信), 정진(精進), 참(慚), 괴(愧), 무탐(無貪), 무진(無瞋), 무치(無癡), 경안(輕安), 불방일(不放逸), 행사(行捨), 불해(不害).
4. 번뇌(煩惱) ; 탐(貪), 진(瞋), 치(癡), 만(慢), 의(疑), 악견(惡見).
5. 수번뇌(隨煩惱) ; 분(忿), 한(恨), 뇌(惱), 복(覆), 광(誑), 첨(諂), 교(憍), 해(害), 질(嫉), 간(慳), 무참(無慚), 무괴(無愧), 불신(不信), 해태(懈怠), 방일(放逸), 혼침(惛沈), 도거(掉擧), 실념(失念), 부정지(不正知), 산란(散亂).
6. 부정(不定) ; 회(悔), 면(眠), 심(尋), 사(伺).

示衆法語(시중법어)

無上深妙禪門

염불할 때는 온갖 세상사를 몽땅 내려놓고(萬緣放下)
오직 한 생각만을 단단히 붙들고 염하기를(一念單提)
머리에 붙은 불을 끄듯이 다급하게(如救頭燃)
부모님의 상(喪)을 당하듯 애절하게(如喪考妣)
어미닭이 알을 품듯 끈기 있게(如鷄抱卵)
용이 여의주를 품듯 정성스럽게 지속해야 합니다(如龍養珠)
도중에 자잘한 효험에 헛눈을 팔아서는 안 되고(不期小效)
하루아침에 급하게 성취하겠다고 서두르지도 말고(不求速成)
단지 오직 한 마음으로 꾸준히 이처럼 해나가면 됩니다.
이것을 일러 '최상의 깊고 미묘한 선정법문(無上深妙禪)'이라고
합니다. 이렇게 염불을 하면, 육근(六根)을 포함하여
이 육신과 주변세계가 아주 은밀하게 염불하는 마음을 따라
점점 세밀하게 변화하고 정화되어 가는데, 이는 범부 중생들의
마음이나 눈으로는 절대로 알 수 있는 경지가 아닙니다.
-철오선사

昔王仲回問於楊無爲曰 念佛如何得不間斷去? 楊曰 一
석왕중회문어양무위왈 염불여하득불간단거? 양왈 일
信之後 更不再疑. 王欣然而去. 未久 楊夢仲回致謝 謂
신지후 갱부재의. 왕흔연이거. 미구 양몽중회치사 위
因蒙指示 得大利益 今已生淨土矣. 楊後見仲回之子
인몽지시 득대이익 금이생정토의. 양후견중회지자
問及仲回去時光景 及去之時節 正楊得夢之日. 噫 信
문급중회거시광경 급거지시절 정양득몽지일. 희 신
之時義大矣哉!
지시의대의재!

끊어짐 없이 계속 염불할 수 있는 방법

예전에 왕중회(王仲回)가 양무위(楊無爲)한테 물었습니다.
"염불을 어떻게 해야 끊어짐 없이 계속할 수 있습니까?"
이에 양무위는 이렇게 대답했습니다.
"한 번 믿은 뒤에는 두 번 다시 의심하지 말고 계속해 가십시오."
그러자 왕중회는 아주 기뻐하며 돌아갔는데, 얼마 안 있어 하루는 양무위가 꿈을 꾸는데 꿈속에 왕중회가 나타나서 머리를 조아리고 합장하며 다음과 같이 감사하다고 인사하는 것이었습니다.

"가르침을 받고 일러준 대로 해서 커다란 이익을 얻었습니다. 지금 저는 이미 극락정토에 왕생하였습니다."

양무위가 나중에 중회의 아들을 만나 왕중회가 죽은 날짜와 상황을 물었더니, 기묘하게도 양무위가 꿈을 꾸던 날이 바로 왕중회가 왕생(죽은)한 날이었습니다.

오호라, 믿음의 뜻과 이치가 이토록 중요하고 위대한 것입니다.

나무아미타불.

*52위(五十二位) ; 대승보살(大乘菩薩)의 52가지 단계(段階)를 말하는데, 즉 십신(十信), 십주(十住), 십행(十行), 십회향(十廻向), 십지(十地), 등각(等覺), 묘각(妙覺)이 이것이다.

이 계위(階位)는 경전마다 서로 다른데, 예를 들면,

화엄경(華嚴經)은 십주(十住), 십행(十行), 십회향(十廻向), 십지(十地), 불지(佛地) 등 41위(四十一位)로 구분 했으며, 인왕경 상권 보살교화품(仁王經 上卷 菩薩敎化品)에서는 십선(十善), 삼현삼십심(三賢三十心), 십지(十地), 불지(佛地) 등 51위(五十一位)로 나누었으며, 보살영락본업경(菩薩瓔珞本業經)에서는 십신(十信)과 42현성위(四十二賢聖位)를 십신심(十信心), 십심주(十心住), 십행심(十行心), 십회향심(十廻向心), 십지심(十地心), 입법계심(入法界心), 적멸심(寂滅心)으로 나누었으며, 능엄경 8권(楞嚴經八卷)에서는 십신(十信) 이전을 건혜지(乾慧地)라고 하고, 십회향(十廻向) 뒤에 다시 난(煖), 정(頂), 인(忍), 세제일법(世第一法) 등 4종 선근(善根)을 더하여 총 57 단계로 나누었다.

이 가운데서도 영락경(瓔珞經)에서 구분한 52종 계위(五十二階位)가 그 이름과 순서가 부족함이 없이 잘 갖추어져 있어 옛부터 대승학자(大乘學者)들이 많이 채용을 하였다. 영락경(瓔珞經)에 의해 구분을 한다면 다음과 같다.
1. **십신심(十信心)** ; 신심(信心), 염심(念心), 정진심(精進心), 혜심(慧心), 정심(定心), 불퇴심(不退心), 회향심(廻向心), 호법심(護法心), 계심(戒心), 원심(願心).
2. **십심주(十心住)** ; 발심주(發心住), 치지심주(治地心住), 수행심주(修行心住), 생귀심주(生貴心住), 방편심주(方便心住), 정심주(正心住), 불퇴심주(不退心住), 동진심주(童眞心住), 법왕자심주(法王子心住), 관정심주(灌頂心住).
3. **십행심(十行心)** ; 환희심행(歡喜心行), 요익심행(饒益心行), 무진한심행(無瞋恨心行), 무진심행(無盡心行), 이치란심행(離癡亂心行), 선현심행(善現心行), 무착심행(無着心行), 존중심행(尊重心行), 선법심행(善法心行), 진실심행(眞實心行).
4. **십회향심(十廻向心)** ; 구호일체중생이상회향심(救護一切衆生離相廻向心), 불괴회향심(不壞廻向心), 등일체불회향심(等一切佛廻向心), 지일체처회향심(至一切處廻向心), 무진공덕장회향심(無盡功德藏廻向心), 수순평등선근회향심(隨順平等善根廻向心), 수순등관일체중생회향심(隨順等觀一切衆生廻向心), 여상회향심(如相廻向心), 무박해탈회향심(無縛解脫廻向心), 법계무량회향심(法界無量廻向心).
5. 십지심(十地心) ; 4무량심(四無量心), 십선심(十善心), 명광심(明光心), 염혜심(焰慧心), 대승심(大勝心), 현전심(現前心), 무생심(無生心), 부사의심(不思議心), 혜광심(慧光心), 수위심(受位心), 입법계심(入法界心, 즉 等覺), 적멸심(寂滅心, 즉 妙覺).

示衆法語(시중법어)

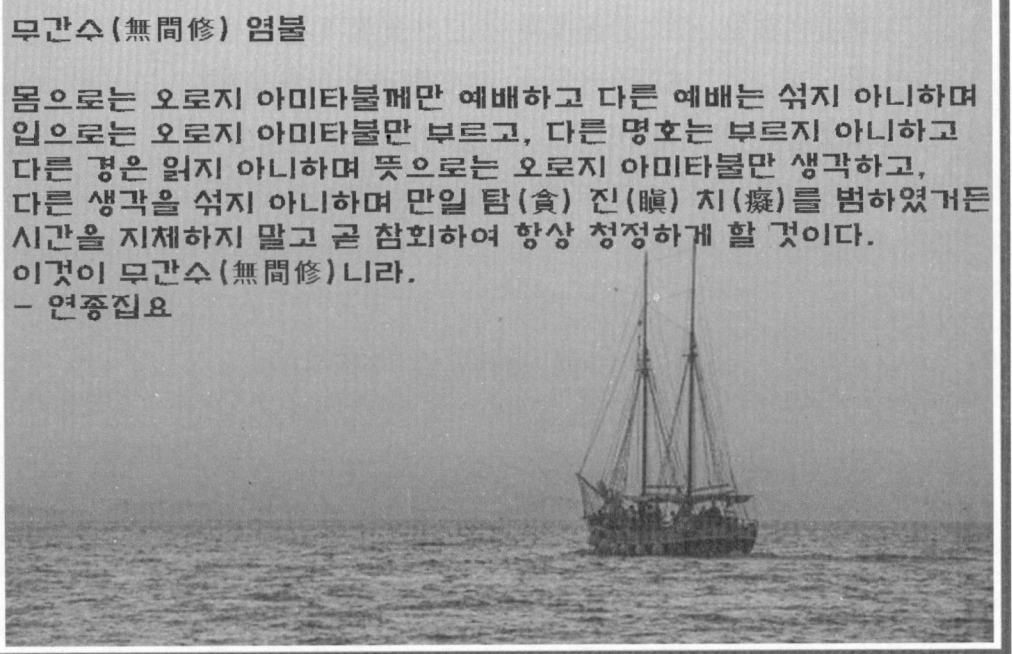

무간수(無間修) 염불

몸으로는 오로지 아미타불께만 예배하고 다른 예배는 섞지 아니하며
입으로는 오로지 아미타불만 부르고, 다른 명호는 부르지 아니하고
다른 경은 읽지 아니하며 뜻으로는 오로지 아미타불만 생각하고,
다른 생각을 섞지 아니하며 만일 탐(貪) 진(瞋) 치(痴)를 범하였거든
시간을 지체하지 말고 곧 참회하여 항상 청정하게 할 것이다.
이것이 무간수(無間修)니라.
- 연종집요

法藏比丘 對世自在王佛 發稱性四十八種大願 依願久
법장비구 대세자재왕불 발칭성사십팔종대원 의원구
經無量長劫 修習大行. 至於因圓果滿 自致成佛 法藏
경무량장겁 수습대행. 지어인원과만 자치성불 법장
轉名彌陀 世界轉名極樂. 彌陀之所以爲彌陀者 深證其
전명미타 세계전명극락. 미타지소이위미타자 심증기
唯心自性也. 然此彌陀極樂 非自性彌陀 唯心極樂乎?
유심자성야. 연차미타극락 비자성미타 유심극락호?
但此心性 乃生佛平等共有 不偏屬佛 亦不偏屬衆生.
단차심성 내생불평등공유 불편속불 역불편속중생.

참마음 안에 나타나는 극락세계

　법장(法藏) 비구가 세자재왕부처님(世自在王佛) 앞에서 자기 내면의 본성불(本性佛)인 불성(佛性, 참마음)과 딱 계합(契合)하는 48가지 큰 서원(四十八大願)을 세운 뒤, 무량겁의 세월 동안 발원대로 수행을 하여 마침내 부처님이 되셨습니다. 그래서 법장 비구는 '아미타부처님'이 되셨고, 그 분의 국토는 '서방정토 극락세계'가 되었습니다. 이처럼 법장 비구가 아미타부처님이 되신 까닭은 다름 아닌 만법유심(萬法唯心, 모든 것은 오직 마음에서 만들어진다)과 자성즉불(自性卽佛, 우리의 참마음이 바로 부처다)의 이치를 깊이 증득하셨기 때문입니다. 그런 즉, 아미타부처님과 극락

示衆法語(시중법어)

세계는 바로 자성미타(自性彌陀, 참마음 속에 계시는 아미타부처님)와 유심극락(唯心極樂, 참마음 안에 나타나는 극락세계)이 아니겠습니까?

누구나 올바른 발원을 세우면 원하는 대로 다 이룰 수 있습니다. 이렇게 모든 것을 원하는 대로 이룰 수 있는 참마음의 공덕(性品)은 중생이든 부처님이든 모두가 평등하게 다 가지고 있는 것으로, 오직 부처님에게만 특별히 있는 것도 아니고, 또한 중생에게만 따로 있는 것도 아닙니다.
나무아미타불.

*법장 비구 48대원(法藏比丘四十八大願) ; 법장(法藏)은 아미타부처님이 성불하시기 전 보살로, 수행하실 당시의 이름으로 세자재왕부처님(世自在王佛) 앞에서 세운 48가지 대원을 말한다.

1. 국무악도원(國無惡道願), 2. 불타악취원(不墮惡趣願),
3. 신실금색원(身悉金色願), 4. 32상원(三十二相願),
5. 신무차별원(身無差別願), 6. 숙명통원(宿命通願),
7. 천안통원(天眼通願), 8. 천이통원(天耳通願),
9. 타심통원(他心通願), 10. 신족통원(神足通願),
11. 편공제불원(遍供諸佛願), 12. 정성정각원(定成正覺願),
13. 광명무량원(光明無量願), 14. 촉광안락원(觸光安樂願),
15. 수명무량원(壽命無量願), 16. 성문무수원(聲聞無數願),
17. 제불칭탄원(諸佛稱歎願), 18. 십념필생원(十念必生願),
19. 문명발심원(聞名發心願), 20. 임종접인원(臨終接引願),
21. 회과득생원(悔過得生願), 22. 국무여인원(國無女人願),
23. 염여전남원(厭女轉男願), 24. 연화화생원(蓮華化生願),

25. 천인예경원(天人禮敬願), 26. 문명득복원(聞名得福願),
27. 수수승행원(修殊勝行願), 28. 국무불선원(國無不善願),
29. 주정정취원(住正定聚願), 30. 낙여누진원(樂如漏盡願),
31. 불탐계신원(不貪計身願), 32. 나라연신원(那羅延身願),
33. 광명혜변원(光明慧辯願), 34. 선담법요원(善談法要願),
35. 일생보처원(一生補處願), 36. 교화수의원(教化隨意願),
37. 의식자지원(衣食自至願), 38. 응념수공원(應念受供願),
39. 장엄무진원(莊嚴無盡願), 40. 무량색수원(無量色樹願),
41. 수현불찰현(樹現佛刹願), 42. 철조시방원(徹照十方願),
43. 보향보훈원(寶香普熏願), 44. 보등삼매원(普等三昧願),
45. 정중공불원(定中供佛願), 46. 획다라니원(獲陀羅尼願),
47. 문명득인원(聞名得忍願), 48. 현증불퇴원(現證不退願).

示衆法語(시중법어)

마음 밖에 부처가 없고, 부처 밖에 마음이 없으며
온 마음이 바로 부처이고, 온 부처가 바로 마음이며
한 생각이 앞에 나타나면 곧 한 생각이 상응하고
생각생각마다 앞에 나타나면 곧 생각생각마다 상응한다.

心外無佛 佛外無心 全心卽佛 全佛卽心
一念現前 卽一念相應 念念現前 卽念念相應
- 철오선사

若以心屬彌陀 則眾生乃彌陀心中之眾生 若以心屬眾
약이심속미타 즉중생내미타심중지중생 약이심속중
生 則彌陀乃眾生心中之彌陀. 以彌陀心中之眾生 念眾
생 즉미타내중생심중지미타. 이미타심중지중생 염중
生心中之彌陀 豈眾生心中之彌陀 不應彌陀心中之眾
생심중지미타 기중생심중지미타 불응미타심중지중
生耶? 但佛悟此心 如醒時人 眾生迷此心 如夢中人.
생야? 단불오차심 여성시인 중생미차심 여몽중인.
離醒時人 無別夢中之人 豈離夢中之人 別有醒時之
이성시인 무별몽중지인 기이몽중지인 별유성시지
人耶?
인야?

그러므로 만약 이 마음(모든 공덕을 본래 가지고 있는 마음)이 아미타부처님에게 속해있다고 한다면, 중생은 곧 아미타부처님 마음속의 중생인 것이며(彌陀心中之眾生), 만약 이 마음이 중생에게 속해있다고 한다면, 아미타부처님은 바로 중생 마음속의 아미타부처님인 것입니다(眾生心中之彌陀). 이러한 이치로 본다면 아미타부처님 마음속에 있는 중생이 중생 마음속에 있는 아미타부처님을 부르는데, 어찌 중생 마음속에 계신 아미타부처님께서 자기 마음속에 있는 중생에게 대답(感應)해 주시지 않겠습니까? 단지 다른 것은, 부처님은 이 마음을 이미 깨달아서 마치 꿈에서 깨어 있는 사람과 같고, 중생은 이 마음을 알지 못하고 고통 속에서 헤매는 것이 마치 아직 꿈을 꾸고 있는 사람과 같을 따름입니다.

그러나 이치로 따져본다면, 깨어 있는 사람(부처님)이 없이는 따로 꿈을 꾸는 사람(중생)이 있을 수 없습니다. 그런데 어떻게 꿈을 꾸는 사람도 없이 따로 깨어 있는 사람이 있을 수 있겠습니까(깨어 있는 사람이나 꿈을 꾸는 사람이나 동일한 사람이기 때문에 깨어있는 사람이 없다면 꿈을 꾸는 사람도 없을 것이며, 반대로 꿈을 꾸는 사람이 없다면 깨어있는 사람도 있을 수 없다)? 그래서 중생과 부처님이 하나이며(生佛不二), 어떤 중생이고 다 부처님이 될 수 있는 것입니다(一切衆生皆有佛性). 나무아미타불.

***사종염불(四種念佛)** ; 종밀(宗密)스님의 화엄경행원품별행소초 4권(華嚴經行願品別行疏鈔四卷)에 보이는 네 종류의 염불법(念佛法)을 말한다.
1. **칭명염불(稱名念佛)** ; 전심으로 오로지 부처님의 이름(阿彌陀佛)을 부르는 방법으로, 밤과 낮을 가리지 않고 일심으로 부르되 혹 1만 번(一萬聲)을 하거나 나아가서는 십만 번(十萬聲)을 하면서 오래오래 하게 되면 염불하는 마음이 끊이지 않아 순수한 염불심으로 마음이 가득하여 어떠한 잡념이나 번뇌도 끼어들지 못해 순일(純一)하게 된다.
2. **관상염불(觀像念佛)** ; 부처님의 형상을 직접 보면서 염불하는 방법으로, 오래오래 하면 마음이 산란하지 않고 점점 내면의 본성불(本性佛)이 나타나게 된다.
3. **관상염불(觀想念佛)** ; 마음속으로 부처님의 원만한 상호(相好)를 생각하는(觀想) 방법으로, 오래오래 하여 익숙하여지면 삼매에 들게 된다.
4. **실상염불(實相念佛)** ; 자신과 일체 만법의 진실한 모습(諸法實相)은 본래 고정된 형상이 없어 마치 허공과 같으며 마음과 부처와 중생이 본래 평등한 이치를 관조하는 방법으로, 이와 같이 하여 마음이 실상(實相)과 하나가 되면 이것을 비로소 진심(眞心)이라고 한다.

但夢中之人 當不自認爲眞 亦不離夢中之人 別求醒時
단몽중지인 당부자인위진 역불리몽중지인 별구성시
之人. 唯應常憶醒時之人 憶之又憶 則將見大夢漸醒
지인. 유응상억성시지인 억지우억 즉장견대몽점성
而夢眼大開 卽夢中能憶之人 便是所憶醒時之人 而
이몽안대개 즉몽중능억지인 편시소억성시지인 이
醒時之人 非夢中人也. 夢中人衆多 醒時人惟一. 十
성시지인 비몽중인야. 몽중인중다 성시인유일. 시
方諸如來 同共一法身. 一心一智慧 力無畏亦然
방제여래 동공일법신. 일심일지혜 력무외역연
此乃卽一卽多 常同常別 法爾自妙之法也. 念佛
차내즉일즉다 상동상별 법이자묘지법야. 염불
之意 大略如此.
지의 대략여차.

모두 꿈을 꾸고 있지만 부처님만이 홀로 깨어있다

　다만 꿈을 꾸는 사람이 스스로(꿈속의 상태)를 진짜라고 오인하지 않으며, 또한 꿈을 꾸는 사람을 떠나서 깨어 있는 자기 외에 다른 사람을 찾지만 않으면 됩니다(꿈을 꾸고는 있지만 그러나 꿈을 꾸는 그 사람이 다름 아닌 바로 자기 자신이기 때문에 꿈꾸는 사람을 버리고 따로 다른 사람을 찾지 말라는 뜻이니 즉, 중생의 몸을 가지고 있는 현재 이 상태가 바로

示衆法語(시중법어)

부처이니 현재의 자기를 버리고 다른 곳에서 부처를 구하지 말라는 의미다).

그러니 꿈을 꾸지 않기 위해서는 오직 깨어있는 사람(부처님)을 생각하기만 하면 됩니다. 그렇게 생각하고 또 생각하면, 머지않아 큰 꿈이 점차 깨게 되고, 꿈꾸던 눈이 크게 뜨일 것입니다. 그러면 꿈속에서 (깨어있는 사람을) 생각하던 자기(중생)가 바로 다름 아닌 깨어 있는 바로 그 사람(부처님)임을 알게 됩니다(生佛平等 同一法身). 이렇게 해서 긴 꿈속에서 깨어나면 이 사람은 더 이상 꿈속의 사람이 아닙니다(깨닫지 못할 때는 중생과 부처가 둘로 나뉘지만 깨닫고 나면 오직 참마음뿐이다. 즉 꿈을 꾸고 있을 때는 온갖 사물이 진짜인 듯 존재하지만 꿈을 깨고 나면 모두가 마음이 만들어 낸 것임을 알게 된다. 꿈을 꾸는 사람과 깨어있을 때의 사람은 동일한 사람이다).

모두가 다 꿈을 꾸고 있는데, 오직 부처님만이 홀로 깨어있습니다. 시방세계의 모든 여래께서는 예외 없이 다 깨어있는 분들로, 모두 동일한 하나의 법신(同共一法身)이며, 동일한 마음(一心)이자 동일한 지혜(一智慧)이며, 위신력(威神力)과 무외력(無畏力)도 또한 마찬가지로 하나입니다. 이것이 곧 하나이자 바로 여럿(卽一卽多)이며, 항상 같으면서도 항상 구별(常同常別)된다고 하는 이사무애(理事無碍)의 이치이며, 본래부터 그러하며 항상 그러한 실상묘법(法爾自妙之法)인 것입니다. 염불의 뜻과 이치는 대략 이와 같습니다.

나무아미타불.

生則決定生 去則實不去 二語 上句說事 下句說理. 事
생즉결정생 거즉실불거 이어 상구설사 하구설리. 사
是卽理之事 謂生卽不生 非直以生爲生也. 理是卽事之
시즉리지사 위생즉불생 비직이생위생야. 이시즉사지
理 謂不去而去 非直以不去爲不去也. 兩句作一句看
리 위불거이거 비직이불거위불거야. 양구작일구간
則事理圓融 所謂合之則雙美也. 若兩句作兩句看 則事
즉사리원융 소위합지즉쌍미야. 약양구작양구간 즉사
理分張 所謂離之則兩傷也.
리분장 소위이지즉양상야.

사바세계를 떠나기는 하지만 실제로는 떠나지 않는다

'극락정토에 왕생하기는 틀림없이 왕생하며, 사바세계를 떠나기는 하지만 실제로는 떠나지 않는다(生則決定生 去則實不去).'라고 하였는데, 이 두 구절에서 앞 구절은 구체적인 현상을 말하는 것이고(說事), 뒤 구절은 본질적인 이치(說理)를 말하고 있습니다. 여기서 말한 구체적인 사실(事)이란 본질적인 이치와 하나인 사실(卽理之事)을 말하는 것입니다(이치를 떠나서는 따로 현상경계가 있을 수 없다는 말). 그래서 왕생은 하지만 실제로는 왕생한 적이 없다(生則不生)고 말하는 것이니, 단지 현상적으로 떠나는 것을 진짜 떠나는 것으로 여기지 않는 것입니다. 이는 왕생하는 일(事)이 본질인 자기의 참마음(理)을 떠나 다른 어떤 세계로 가서 태어나는 것이 아니라는 것입니다(非直以生爲生也 事不離理).

또 본질적인 이치(理)인 자기의 참마음(心性)이라는 것도 역시 현상과 하나인 이치(卽事之理)이기 때문에(현상을 떠나서 따로 본질인 참마음이 있을 수 없다는 말), 본질적으로는 떠난 바가 없지만 현상적으로는 분명히 떠난다(不去而去)고 말하는 것이니, 이는 떠나지 않음(不去, 즉 이치理致를 말함)을 무조건 떠나지 않는 것으로 보지 않고, 현상(事)적으로 분명히 가서 태어난다는 사실을 부정하지 않는 것입니다(非直以不去爲不去也).

이 두 구절을 한 구절로 연결해서 보아야 구체적 사실과 본질적인 이치가 원만하게 융합(事理圓融)하여, 이른바 합치면 둘 다 그 뜻이 완전하게 된다고 하는 것입니다. 그런데 만약 이 두 구절을 분리하여 각각 따로 해석한다면, 구체적 사실(事)과 본질적인 이치(理)가 따로 놀게 되어, 이른바 갈라지면 둘 다 그 뜻이 손상된다고 하는 것입니다.
나무아미타불.

若不合此兩句作一句 便當演此兩句作四句. 謂生則決
약불합차양구작일구 편당연차양구작사구. 위생즉결
定生 生而無生 去則實不去 不去而去. 雖爲四句 義
정생 생이무생 거즉실불거 불거이거. 수위사구 의
亦無增 合爲一句 義亦無減 總一事理圓融耳. 與其
역무증 합위일구 의역무감 총일사리원융이. 여기
執去則實不去之理 不如執生則決定生之事爲得.
집거즉실불거지리 불여집생즉결정생지사위득.

사바세계를 떠난 바가 없지만 떠나는 것은 틀림없다

만약 이 두 구절을 연결해서 하나의 구절로 해석하지 않으려면, 당연히 이 두 구절을 네 구절로 늘려서 이해를 해야 할 것이니, 이렇게 해야 그 이치가 확연히 드러나게 됩니다.

'극락세계에는 틀림없이 왕생하지만(生則決定生), 왕생을 한다고 해도 실제로 왕생한 바가 없으며(生而無生), 사바세계를 분명히 떠나지만 실제로는 떠난 바가 없으며(去則實不去), 떠난 바가 없지만 그러나 떠나는 것은 틀림없다(不去而去).'

비록 이렇게 네 구절로 나누어 보았지만 그 의미에 있어서는 앞의 두 구절과 비교해볼 때 조금도 더 늘어난 것이 없으며,

또한 한 구절로 합친다 해도 그 의미는 조금도 줄어들지 않습니다. 이렇게 두 구절을 한 구절로 연결해서 이해를 하든, 네 구절로 늘려서 이해를 하든 상관없이 구체적 사실(事)과 본질적인 이치(理)가 원만하게 융합하는 도리는 똑같습니다(事理圓融).

그렇지만 '사바세계를 분명히 떠나기는 하지만 실제로는 떠난 바가 없다(去則實不去).'는 이치(理)에 중점을 두는 것 보다는, 오히려 '극락세계에 태어나는 것은 틀림없는 사실이다(生則決定生).'는 현상(事)에 중점을 두고 수행해 가는 것이 훨씬 더 효과적이고 득이 됩니다.
나무아미타불.

*사종왕생(四種往生) ; 일본 정토종(淨土宗)의 개조(開祖)인 법연(法然) 스님이 분류한 네 종류의 왕생하는 모습을 말한다.
1. **정념왕생(正念往生)** ; 평소에 염불을 꾸준히 하여 임종시에 이 염불심(正念)을 잃지 않고 왕생하는 것.
2. **광란왕생(狂亂往生)** ; 평생 악업만 지어오다 임종시 그 업보로 인하여 지옥에 떨어지는 고통이 불길처럼 핍박을 하는 순간에 다행이도 선지식의 인도를 받아 정신을 가다듬고 일성(一聲) 혹은 십성(十聲)의 염불을 하여 왕생하는 것.
3. **무기왕생(無記往生)** ; 염불하여 극락왕생하는 것을 평생의 목표로 삼고 줄곧 염불을 해왔지만 임종시에 몸이 너무 쇠약하여 정신이 혼미하게 되어(非善非惡, 無記) 염불을 하지 못하더라도 그동안 과거에 꾸준히 해온 인연으로 자연히 왕생하는 것.
4. **의념왕생(意念往生)** ; 마지막 임종시에 비록 소리를 내어 하지 않더라도 오직 마음속으로 염불을 하여 왕생하는 것.

何也? 以執事昧理 猶不虛入品之功 若執理廢事 便不
하야? 이집리매사 유불허입공지공 약집리폐사 편불
免落空之誚. 以事有借理之功 理無獨立之能故也. 以有
면낙공지초. 이사유해리지공 이무독립지능고야. 이유
生爲生 則墮常見 以不去爲不去 則墮斷見 斷常雖同
생위생 즉타상견 이불거위불거 즉타단견 단상수동
一邪見 而斷見之過患深重 故不若執事之爲得. 然總
일사견 이단견지과환심중 고불약집사지위득. 연총
不如圓會二句爲佳耳.
불여원회이구위가이.

본질적인 이치는 구체적인 사실 없이 성립할 수 없다

왜냐하면 본질적인 이치(理)에 좀 어둡더라도 구체적 현상(事)에 중점을 두어 극락세계에 실제로 왕생하기 위해 염불을 열심히 한다면(執事昧理) 오히려 구품연화대(九品蓮華臺)에 오르는 공덕이 헛되지는 않지만, 만약 본질적인 이치(마음속에 극락세계가 이미 있으니 따로 염불을 하여 극락세계에 가려고 노력할 필요가 없다고 주장하는 것)에만 집착하여 구체적 사실(극락세계가 실지로 존재한다고 믿고 아미타부처님의 이름을 지송하는 칭명염불)을 무시하면 (執理廢事), 아무것도 없는 무기공(無記空)에 떨어지는 허물을 피할 수 없기 때문입니다.

示衆法語(시중법어)

　구체적인 사실은 틀림없이 본질적인 이치를 겸비하지만(事有偕理之功), 본질적인 이치는 구체적인 사실 없이는 홀로 성립할 수 없기 때문입니다(理無獨立之能).

　극락세계에 태어난다고 하는 것을 진짜로 태어나는 것으로만 이해한다면(以有生爲生, 사바세계를 떠나서 따로 극락세계가 있어서 그곳에 정말로 태어난다고 하는 현상적인 것에만 집착한다면) 즉 '상견(常見)'에 떨어지고, 사바세계를 떠나지 않는다고 하는 것을 진짜 떠나지 않는 것으로만 이해한다면(以不去爲不去, 사바세계를 실제로는 떠나지 않는다고 하니, 오직 진짜 떠나지 않는다고 하는 이치에만 집착하여 떠나려는 어떤 노력도 하지 않는다면) 즉 '단견(斷見)'에 떨어집니다. 단견과 상견은 비록 모두 똑같이 올바르지 못한 사견(邪見)에 속하지만, 그러나 단견의 허물과 폐단이 훨씬 더 크고 치명적입니다. 그래서 본질적인 이치에 집착하여 아무것도 하지 않는 것보다는 차라리 구체적 사실에 집착하는 것이 더 낫다고 하는 것입니다. 그렇지만 궁극에는 두 구절을 원만히 융합하여 회통하는 것(理事無碍)이 바람직하다는 것은 말할 나위도 없습니다.
　나무아미타불.

吾人現前一念 緣生無性 無性緣生. 不生佛界 便生
오인현전일념 연생무성 무성연생. 불생불계 편생
九界. 若約緣生無性 則生佛平等一空 若約無性緣生
구계. 약약연생무성 즉생불평등일공 약약무성연생
則十界勝劣懸殊. 阿祈達王臨終 爲趕蠅人以拂拂面
즉십계승열현수. 아기달왕임종 위간승인이불불면
一念瞋心 遂墮爲毒蛇. 一婦人渡河失手 其子墮水 因
일념진심 수타위독사. 일부인도하실수 기자타수 인
撈子故 與之俱沒 以慈心故 得生天上. 夫一念慈瞋
로자고 여지구몰 이자심고 득생천상. 부일념자진
天畜逐分 則此臨終之緣生一念 可不慎乎? 苟以此心
천축수분 즉차임종지연생일념 가불신호? 구이차심
緣念彌陀 求生淨土 得不見佛往生乎?
연념미타 구생정토 득불견불왕생호?

임종의 한 순간에 일으키는 한 생각이 왕생을 좌우한다

　우리들이 지금 현재 쓰고 있는 이 마음(吾人現前一念)은, 겉으로는 중생들의 삶의 형태를 천차만별로 다양하게 만들어 나타내지만(緣生), 그러나 이 마음의 본래의 모습은 어떤 특정한 모습을 가지고 있는 것은 아닙니다(無性). 이처럼 마음은 본래 정해진 모습이 없기 때문에(無性), 중생들의 생각이나 성향에

示衆法語(시중법어)

따라 무한한 작용과 변화를 일으킬 수 있는 것입니다(緣生). 마음이라는 것은 이와 같이 어떤 뚜렷하게 정해진 모습을 가지고 있지 않기 때문에, 만일 부처님 세계를 만들지 않으면 보살 이하 육도 중생의 세계인 아홉 법계(九界)를 만들어내게 됩니다(마음이 있다면 열 가지 법계 가운데 어느 한 법계를 생각하여 만들어 내게 되는데, 만일 부처님세계를 만들지 않으면 틀림없이 그 이하 아홉 가지 법계 가운데 어느 한 법계를 만들게 된다).

만일 외적으로 나타나는 현상은 서로 다르지만 모든 만물은 참마음 안에서는 결국 하나라는 관점에서 본다면(緣生無性), 중생과 부처님이 모두 평등하여 텅 빈 허공처럼 아무런 차이가 없습니다. 그러나 만약 참마음은 본래 어떤 고정된 모습을 가지고 있지 않기 때문에 중생들의 생각이나 성향에 따라 각자의 삶이 무궁무진하게 변한다는 관점에서 본다면(無性緣生), 부처님부터 지옥에 이르기까지 현실적으로 나타나는 열 가지 법계(十法界)의 우열은 하늘과 땅 만큼이나 차이가 납니다.

이렇게 마음이 인연을 따라 변하면서 윤회를 주도하는 이치를 예로 들어 본다면, 아기달왕(阿祈達王)이 임종할 때에 시자가 부채로 파리를 쫓다가 그만 부채가 아기달왕의 얼굴에 닫자 왕은 순간 벌컥 화를 냈는데, 이렇게 한 순간 마음을 잘못 쓴 업보로 축생계에 떨어져 독사가 되었습니다. 반면 어떤 부인은 어린 아이를 데리고 강을 건너다 실수로 손을 놓쳐 아이가 물속에 빠지자, 아이를 건지려다 그만 함께 빠져 죽었는데, 이 한 순간 일으킨 희생정신 때문에 이 부인은 천상계에 태어났습니다. 똑같은 마음을 가지고 있으면서도 어떻게 쓰느냐에 따라서 결과가 이렇게 달라지니 평소 자기가 쓰고 있는 마음을 늘 살피고 챙기는 마음공부(佛敎불교, 佛불은 깨달아 있는 우리의 참마음이고, 敎교는 참마음을 찾아가는 방법 즉 가르침이다. 그래서 불교는 일반적인 의미의 종교가 아니라 자기의 참마음을 찾아가는 자기 내면의 공부다)가 얼마나 중요한 것인지 잘 알 수 있을 것입니다.

이렇게 한 순간 희생정신을 일으키거나 화를 내는 것으로 인해 천상계와 축생계로 갈라지게 되는데, 임종의 한 순간에 일으키는 한 생각을 어찌 신중하고 조심하지 않을 수 있겠습니까? 진실로 이런 마음으로 아미타부처님을 간절히 생각하며 극락정토에 왕생하기를 원한다면, 아미타불을 친견하고 극락세계에 왕생하지 못할 이유가 있겠습니까?
나무아미타불.

示衆法語(시중법어)

한 구절 아미타불은,
만병통치약으로서 치료 못하는 병이 없고,
여의주왕으로서 이룰 수 없는 소원이 없으며,
생사고해의 자비로운 배로서
건널 수 없는 괴로움이 없고,
무명장야의 지혜 등불로서
깨트릴 수 없는 어둠이 없다.
염불할 때가 부처님을 친견할 때이고,
왕생을 구할 때가 곧 왕생할 때이며,
과거·현재·미래가 동시여서 따로 앞뒤가 없다.
- 철오선사

但此一念 不可僥倖而致 必須存之以誠 操之有素.
단차일념 불가요행이치 필수존지이성 조지유소.
是故吾輩 於此一句彌陀 千念萬念 以至終日終年
시고오배 어차일구미타 천념만념 이지종일종년
念者 無非爲熟此一念而已. 果得一念純熟 則臨命
념자 무비위숙차일념이이. 과득일념순숙 즉임명
終時 唯此一念 更無異念. 智者大師云 臨終在定
종시 유차일념 갱무이념. 지자대사운 임종재정
之心 卽淨土受生之心. 然惟此一念 更無異念 非
지심 즉정토수생지심. 연유차일념 갱무이념 비
在定之心乎? 念果如是 不見彌陀 更見何人 不生
재정지심호? 염과여시 불견미타 갱견하인 불생
淨土 更生何處? 只恐吾人自信不及耳.
정토 갱생하처? 지공오인자신불급이.

임종시 염불삼매에 든 마음이 왕생하는 마음

 그러나 임종할 순간의 또렷한 한 생각은 결코 요행으로 얻어지는 것이 아닙니다. 반드시 간절하고 정성스러운 마음으로, 평소에 마음을 잘 다잡아 염불을 전일하게 해 두어야 합니다. 우리가 (나무)아미타불 한 구절의 성호(聖號)를 천 번 만 번 염송하며 하루 종일 한평생 염불하는 것도, 바로 임종 시에 이 한 생각을 굳고 단단하게 하기 위한 것입니다. 과연 정말로 이 한 생각(염불하는 마음)이 순수하게 잘 무르익는다면, 임종할 때에는 오직 이 한 생각만이 또렷하게 드러나 우리의 의식을 극락세계로 인도하며, 다른 어떤 생각도 일어나지 않게 됩니다.

그래서 지자(智者) 대사께서도 이렇게 말씀하셨습니다.
'임종하는 마지막 순간 염불삼매(念佛三昧)에 들어있는 마음이 바로 극락정토에 왕생하는 마음이다(臨終在定之心 卽淨土受生之心).'

그러니 오직 이 한 생각만 있고 그 밖에 다른 생각이 없는 것(惟此一念 更無異念)이야말로 바로 염불삼매의 마음이 아니겠습니까? 염불의 경지(수준)가 과연 이런 정도에 이른다면, 현재나 미래에 아미타부처님을 뵙지 않고 그 누구를 보게 될 것이며, 또 극락정토에 왕생하지 않고 다른 어느 곳에 태어나겠습니까? 다만 우리들 스스로의 믿음이 여기에 미치지 못할까 걱정될 따름입니다.
나무아미타불.

觀經是心作佛 是心是佛 二語既擧 則言外之心不作
관경시심작불 시심시불 이어기거 즉언외지심부작
佛 心不是佛 心作九界 心是九界 心不作九界 心
불 심불시불 심작구계 심시구계 심부작구계 심
不是九界 等義俱彰矣. 噫! 果明此理 而猶不念佛者
불시구계 등의구창의. 희! 과명차리 이유불념불자
則吾末如之何也已矣.
즉오말여지하야이의.

이 마음이 부처님 또는 아홉 가지 법계를 만든다

『관무량수경(觀無量壽經)』에, "이 마음이 부처를 만들며, 바로 이 마음이 그대로 부처가 된다(是心作佛 是心是佛)"라는 말씀이 있습니다. 이 두 구절을 분명히 말씀하셨으니, 이 두 구절이 말하고자 하는 문자 너머에 있는 더 깊은 의미를 유추해 본다면, '이 마음이 부처를 만들지 않으면, 이 마음은 부처가 되지 않는다(心不作佛 心不是佛)'는 말이나, '이 마음이 아홉 가지 법계(九界, 보살세계에서 지옥세계까지)를 만들면, 이 마음이 바로 아홉 가지 법계(九界)가 된다(心作九界 心是九界)'는 말이나, 또는 '이 마음이 아홉 법계를 만들지 않으면, 이 마음은 아홉 법계가 되지 않는다(心不作九界 心不是九界)'는 의미도 쉽게 알 수 있을 것입니다.

示衆法語(시중법어)

  오호라, 정말로 이런 이치를 분명히 알고서도 여전히 염불(念佛, 아미타부처님의 공덕과 지혜를 늘 생각하며 나도 똑같이 되고자 원력을 세워 아미타부처님의 이름을 마음속으로 놓지 않고 부르는 것)을 하지 않는 사람이 있다면, 이런 사람은 나도(부처님이라 할지라도) 또한 어찌할 도리가 없습니다.

  나무아미타불.

觀經是心作佛 是心是佛二語. 不唯是觀經一經綱宗
관경시심작불 시심시불이어. 불유시관경일경강종
法要 實是釋迦如來一代時教大法綱宗. 不唯釋迦一
법요 실시석가여래일대시교대법강종. 불유석가일
佛法藏綱宗 實是十方三世一切諸佛法藏綱宗. 此宗
불법장강종 실시십방삼세일체제불법장강종. 차종
旣透 何宗不透 此法旣明 何法不明? 所謂學雖不多
기투 하종불투 차법기명 하법불명? 소위학수부다
可齊上賢也.
가제상현야.

시심작불(是心作佛) 시심시불(是心是佛)

『관무량수경(觀無量壽經)』의 "이 마음으로 부처가 되고, 이 마음이 그대로가 부처다(是心作佛 是心是佛)"라는 두 구절은, 단지 『관무량수경(觀無量壽經)』이라는 한 경전의 총강(總綱)과 종지(宗旨)일 뿐 아니라, 석가여래께서 한평생 중생교화를 위해 펼치신 팔만 사천 가지 법문의 총강과 종지가 됩니다. 나아가서는 단지 팔만 사천 가지 법문의 총강과 종지가 될 뿐 아니라, 진실로 시방삼세 일체 제불(十方三世一切諸佛)의 모든 가르침의 총강과 핵심이 됩니다.

示衆法語(시중법어)

　그러므로 이 종지를 이미 완벽하게 이해를 한다면 그 어떤 종파(宗派)의 종지(宗旨)인들 깨닫지 못하겠으며(어떤 종파를 막론하고 이 이치에서 벗어나면 올바른 종지가 될 수 없다), 이 법문을 완벽하게 이해를 한다면, 그 어느 법문인들 깨닫지 못하겠습니까? 예를 들어 하나님을 부처님이라고 부른들, 부처님을 하나님이라고 부른들 무슨 상관이 있으며, 교회에서 목탁을 치든 절에서 찬송가를 부른들 무슨 걸림이 있겠습니까? 그래서 "도리의 핵심만 분명히 파악한다면 배움이 비록 많지 않더라도 성현(聖賢)이 될 수 있다(부처님 공자님 하나님 등 성인이 될 수 있다. 이는 논어에서 공자가 한 말이다)"고 말한 것입니다. 그런데 어떻게 종교가 다르다고 형제끼리 서로 반목하고 공격하는 안타깝고 어리석은 일들이 일어날 수 있겠습니까?

　나무아미타불.

眞法無性 染淨從緣. 一眞旣擧體成十界 則十界全
진법무성 염정종연. 일진기거체성십계 즉십계전
體卽一眞. 是故善談心性者 必不棄離於因果. 而深
체즉일진. 시고선담심성자 필불기리어인과. 이심
信因果者 終必大明乎心性. 此理勢所必然也.
신인과자 종필대명호심성. 차리세소필연야.

인과를 깊이 믿고 정업(淨業)을 닦아 불성을 밝힌다

진실한 우리의 본래마음(眞法)은 정해진 모습이 없지만(眞性無性), 다만 현실 세상에 더러운 것(汚染)과 깨끗한 것(淸淨)들이 엄연히 나타나 있는 것은 중생들이 각자 쓰는 마음이 다르기 때문입니다(染淨從緣). 마음은 이처럼 본래 동일한 하나인데 어떻게 쓰느냐에 따라서 부처님부터 지옥까지 열 가지 세계(十法界)를 만들어 내는 것입니다(一眞旣擧體成十界). 그러므로 열 가지 세계가 겉으로 보기엔 서로 다른 것 같지만 실은 하나의 본 마음속에 다 있는 것입니다(十界全體卽一眞). 더 부연해서 설명하자면 그 어떤 것이든 마음속으로 깊고 강렬하게 생각을 한다면 그것이 그대로 현실로 나타나게 되는데, 현실로 나타날 현상들의 모든 씨앗들이 본래부터 이미 우리들 마음속에 다 들어 있기 때문입니다(이를 심상사성心想事成이라고도 하는데 즉 마음으로 간절히 생각하고 원하면 현실로 이루어진다는 의미다).

示衆法語(시중법어)

  이러한 까닭에, 마음의 근본속성(心性)이 어떤 것인가를 철저히 이해하는 사람은 결코 현실세계에 나타나는 인과(법칙)를 부정하거나 소홀히 하는 법이 없으며, 반대로 현실로 나타나는 인과를 깊이 믿고 바른 인과를 따라 청정한 행위(淨業)를 쌓아가는 사람이라면, 결국에는 반드시 마음의 참다운 속성(심성心性, 불성佛性)을 크게 밝히게 됩니다. 이는 이치로 보나 대세로 보나 틀림없는 당연한 논리입니다.
  나무아미타불.

吾人現前一念能念之心 全眞成妄 全妄卽眞 終日
오인현전일념능념지심 전진성망 전망즉진 종일
隨緣 終日不變. 一句所念之佛 全德立名 德外無名
수연 종일불변. 일구소념지불 전덕입명 덕외무명
以名召德 名外無德. 能念心外 無別所念之佛 所念
이명소덕 명외무덕. 능념심외 무별소념지불 소념
之佛外 無別能念之心 能所不二 生佛宛然. 本離
지불외 무별능념지심 능소불이 생불완연. 본리
四句 本絶百非 本徧一切 本含一切 絶待圓融
사구 본절백비 본편일체 본함일체 절대원융
不可思議. 蓮宗行者 當從者裏信入.
불가사의. 연종행자 당종자리신입.

염불하는 마음과 아미타부처님이 둘이 아니다

사람이라면 누구나 다 가지고 있고 생각할 줄 아는 이 마음(吾人現前一念能念之心)은, 본래는 전체 그대로가 진실한 모습(실상, 본체)인데 욕망에 오염되어 전체 그대로가 고스란히 망상(허망한 현상)으로 변해버렸습니다(全眞成妄). 따라서 이런 이치로 본다면 매일 일으키는 망상도 다른 것이 아니라 사실은 본래 진실한 마음이 일으키는 물결(그림자)이라고 할 수 있습니다(全妄卽眞). 그러므로 바깥 사물의 연분에 따라 망상의 물결을 일으키면 우리의 마음은 하루 종일 출렁이며 요동을 치지만 (終日隨緣), 우리들의 진실한 마음의 본바탕은 바다의 고요하고 깊은 심연과 같이 하루 종일 조금도 변함이 없습니다(終日不變).

우리가 '나무아미타불'을 염할 때, 그 대상이 되는 아미타부처님은 우리들의 진실한 마음의 공덕전체를 가지고 그 이름(名號)을 지었기 때문에(全德立名, 우리의 참마음의 공덕 전체를 가지고 아미타불이라는 이름을 지었다) 이 이름자체가 그대로 우리들 마음의 진실한 전체의 공덕이요, 이 공덕을 떠나서 따로 이름이 있는 것이 아닙니다(德外無名, 이 마음의 공덕이 없으면 아미타불이라는 이름도 있을 수 없다). 또 이 이름을 부름으로써 진실한 마음의 공덕을 끌어내며(以名召德, 공덕으로 만들어진 이름이기 때문에 이름을 부르면 모든 공덕은 동시에 따라온다), 이 이름 이외에 따로 공덕이 있는 것이 아니라 이름 자체가 바로 공덕인 것입니다(名外無德).

그러므로 염불하는 마음을 떠나서 따로 염하는 대상이 되는 아미타부처님(객체인 경계境界)이 계시는 것도 아니며(能念心外 無別所念之佛), 또 염송의 대상이 되는 아미타부처님 그 자체가 바로 우리들의 염불하는 마음이기 때문에, 아미타부처님을 떠나서 따로 염불하는 마음이 있는 것도 아닙니다(所念之佛外 無別能念之心, 아미타부처님이 없으면 염불하는 우리의 마음도 없으며, 우리의 마음이 없으면 역시 아미타부처님도 있을 수 없다).

이와 같이 염불하는 마음(能念之心)과 대상인 아미타부처님(所念之阿彌陀佛)이 둘이 아니며(能所不二), 중생과 부처님이 완연히 하나입니다(生佛宛然). 이처럼 진실한 우리들의 본마음(實相)은 네 가지 논리적인 사변(思辨)으로는 설명할 수 있는 것이 아니며(離四句), 온갖 시비가 끊어진 자리이며(絶百非), 일체 만물에 두루 퍼져 있으면서, 일체 만물을 모두 포함하고 있습니다.

이처럼 우리의 참마음은 상대적인 모든 관념을 초월하여 절대적이고 부족함 없이 원만하며 일체 모든 것과 융합하는(絶待圓融) 참으로 불가사의한 것입니다. 연종(蓮宗)의 염불 수행자들은 마땅히 이런 이치를 깨닫고 철 기둥과 같이 단단한 믿음을 가지고 어떤 말에도 흔들리지 말고 이 이치를 바탕으로 염불을 해나가야 할 것입니다.

나무아미타불.

*이사구절백비(離四句絶百非) ; 4구(四句)는 일반적으로 중생들이 사용하는 네 가지 형식의 논법을 말하는데, 유(有), 무(無), 역유역무(亦有亦無), 비유비무(非有非無)가 이것이며 혹은 긍정(肯定), 부정(否定), 한편으론 전부 긍정하고 한편으론 전부 부정하는 것(亦肯定亦否定), 긍정하는 것도 아니고 부정하는 것도 아닌 것(非肯定非否定)이 이것이다. 불교에서는 이것을 역으로 이용하여 중도실상(中道實相)의 진리는 이 네 가지 형식으로 설명할 수 없음을 보이기 위해 이사구(離四句)라고 표현한다. 또한 진리는 시비(是非)나 부정(非)을 통하여 설명할 수 있는 것이 아니기 때문에 절백비(絶百非)라고도 하는데, 예를 들면 대반열반경 21권(大般涅槃經二十一卷)에 열반(涅槃)을 설명하는 부분에서 "열반(涅槃)이란 비유(非有)이며, 비무(非無)이며, 비유위(非有爲)

이며, 비무위(非無爲)이며, 비유루(非有漏)이며, 비무루(非無漏)이며, 나아가서는 비과거(非過去)이며, 비미래(非未來)이며, 비현재(非現在)다"라고 한 것 등이다.

염불법문은 문수보살과 보현보살 등 대보살로부터
마명·용수 등 여러 대조사들과,
천태·영명·초석·연지대사 등
여러 대선지식들에 이르기까지,
모두 한결같은 마음으로 귀의하신 가르침이다.
그런데 내가 뭐라고 감히 귀의하지 않는단 말인가.

且此一門 文殊普賢等諸大菩薩
馬鳴龍樹等諸大祖師
智者永明楚石蓮池等諸大善知識
皆悉歸心 我何人斯 敢不歸命
- 철오선사

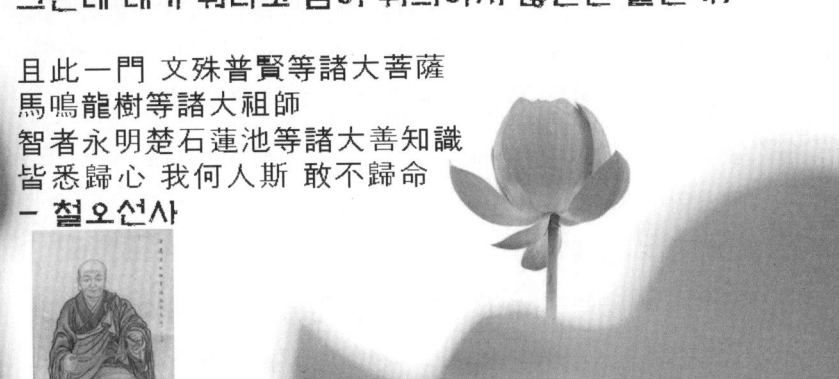

殺生一事 過患至爲深重. 一切衆生皆有佛性 生可
살생일사 과환지위심중. 일체중생개유불성 생가
殺乎? 造重業 縱殺心 結深怨 感苦果 皆由一殺所
살호? 조중업 종살심 결심원 감고과 개유일살소
致. 是以殺心漸猛 殺業漸深 漸以殺人 以及殺其六
치. 시이살심점맹 살업점심 점이살인 이급살기육
親 甚而積爲刀兵大劫 可悲也矣.
친 심이적위도병대겁 가비야의.

살아있는 생명을 죽이는 살생(殺生)행위는 그 허물과 죄악이 무엇보다 크고 무겁습니다. 일체 중생이 모두 부처님과 똑같은 성품을 가지고 있는데, 살아있는 목숨(중생)을 함부로 죽일 수 있겠습니까? 살기등등하여 살생을 마음대로 하여 무거운 죄업을 짓고 깊은 원한을 맺으며, 결국 막대한 고통의 과보를 불러들이는 것은, 다 '죽일 살(殺)'자 하나로부터 비롯됩니다. 이렇게 잘못된 습성이 점점 익숙해져서 죽이려는 마음(殺心)이 점점 강해지고 살생의 업장이 점차 깊어지면, 나중에는 사람도 죽이고 일가친척도 죽이며 나아가서는 자기 부모까지도 죽이며, 심지어는 총칼을 휘두르는 전쟁까지 초래하여 수많은 사람까지 죽이게 됩니다. 이 얼마나 비극적인 일이 아니겠습니까?

나무아미타불.

示衆法語(시중법어)

蓋皆由不知戒殺之所致. 苟知戒殺 牲且不忍殺
개개유부지계살지소치. 구지계살 생차불인살
況殺六親乎? 牲不忍殺 刀兵大劫 何所從來? 殺
황살육친호? 생불인살 도병대겁 하소종래? 살
人之父者 人亦殺其父 殺人之兄者 人亦殺其兄.
인지부자 인역살기부 살인지형자 인역살기형.
知人之父兄不可殺 亦戒殺之漸. 但不知殺父兄者
지인지부형불가살 역계살지점. 단부지살부형자
由於不戒殺始也.
유어불계살시야.

 이 모두가 살생을 금지(戒殺)할 줄 모르는 데서 말미암은 비극입니다. 만일 살아있는 목숨을 죽이는 걸 금할 줄 안다면, 제물로 바칠 동물도 차마 죽이지 못할 텐데, 하물며 사람을 죽이고 일가 친척을 죽이고 자기 부모까지 죽이겠습니까? 짐승도 차마 죽이지 못하는데, 어떻게 총칼을 휘두르는 전쟁이 일어날 수 있겠습니까?
 '남의 부모를 죽이는 자는, 남이 또한 그의 부모를 죽이기 마련이고, 남의 형제를 죽이는 자는, 남이 또한 그의 형제를 죽이게 마련입니다.'
 이 이치로 미루어 본다면 남의 부모형제를 죽여서는 안 된다는 것을 아는 것이 살생을 점차 금하는 한 방법이 되기는 하지만, 그러나 애석하게도 사람들은 자기 부모형제를 죽이는 범죄가 바로 살생을 금지(戒殺)하지 않는 데서 비롯되는 줄은 모르고 있습니다

(작은 생명을 하찮게 여겨 함부로 죽이면 그것이 습관이 되어 나중에는 부모형제까지 죽이고 나아가서는 전쟁까지 일으켜 수많은 생명을 죽이게 된다).
나무아미타불.

人之所以不戒殺者 由於不達因果之理. 因果者 感
인지소이불계살자 유어부달인과지리. 인과자 감
應也. 我以惡心感之 人亦以惡心應 我以善心感之
응야. 아이악심감지 인역이악심응 아이선심감지
人亦以善心應. 人但知感應見於現生 而不知感應通
인역이선심응. 인단지감응견어현생 이부지감응통
於三世也. 人但知感應見於人道 而不知感應通於六
어삼세야. 인단지감응견어인도 이부지감응통어육
道也.
도야.

인과의 감응은 삼세를 통해 나타난다

사람들이 살생을 그만두지 않는 까닭은 인과응보(因果應報)의 이치를 모르기 때문입니다. 인과(因果)란 감응(感應)을 말하는 것입니다(인因은 씨앗이요 과果는 열매다. 콩을 심으면 콩을 얻고 참외를 심으면 참외를 얻는다는 이치다. 감感은 상대방의 마음을 움직여 감동시키는 것이니 씨앗에 해당하고, 응應은 상대방이 감동하여 그에 상응하게 보답하는 것이니 열매에 해당한다). 예를 들어 내가 악한 마음으로 남을 대하면(感), 남도 또한 악한 마음으로 반응(應)을 해옵니다(惡因惡果). 반대로 내가 선한 마음으로 남을 대하면, 남도 또한 선한 마음으로 호응해 옵니다(善因善果).

그런데 보통 사람들은 이러한 인과의 감응이 현생(금생)에만 적용되는 줄만 알고, 인과의 감응이 전생·현생·내생의 삼세(三世)를 통하여 나타나는 줄은 모르고 있습니다. 또한 보통 사람들은 인과의 감응이 인간끼리만 나타나는 줄만 알고, 이러한 인과의 감응이 천상·인간·아수라·축생·아귀·지옥의 육도(六道)를 통해서도 나타나는 줄은 모르고 있습니다.

나무아미타불.

*감응(感應) ; 중생이 선행을 통해 부처님을 감동(感動)시키면 부처님께서는 공덕으로 응답(應答)해 주신다는 뜻이다. 대명삼장법수 37권(大明三藏法數卷37)에 "감(感)은 중생에 속하고 응(應)은 부처님에게 속한다. 즉 중생이 순수하고 완전한 선(圓機)으로 부처님을 감동(感動)시키면 부처님께서는 즉시 미묘한 보답(妙應)으로 응답해주시는데, 마치 물이 위로 올라가지 못하고 달이 아래로 내려오지 못하지만 그러나 하나인 달의 모습은 물이 있는 곳이라면 항상 달이 그곳에 함께 있는 것과 같다"라고 하였으며, 법화경 1권(法華經卷一)에서는 "무수한 부처님세계에서 진리의 말씀을 두루 설하시니 세존이신 부처님이 하시는 능력은 그 감응(感應)이 이와 같다"라고 하였다. 이를 감응도교(感應道交)라고도 한다.

果知感應通於三世六道 六道中皆多生之父兄 殺可
과지감응통어삼세육도 육도중개다생지부형 살가
不戒乎? 縱知感應通於六道 亦不知感應通於世出世
불계호? 종지감응통어육도 역부지감응통어세출세
間也. 以無我心感 則聲聞緣覺之果應之. 以菩提心
간야. 이무아심감 즉성문연각지과응지. 이보리심
六度萬行感 則菩薩法界果應之. 以平等大慈 同體
육도만행감 즉보살법계과응지. 이평등대자 동체
大悲感 則佛法界果應之. 噫! 感應之道 可盡言哉?
대비감 즉불법계과응지. 희! 감응지도 가진언재?

짐승을 죽이는 일이 전생의 자기 부모를 죽이는 것

 만일 인과의 감응이 삼세(三世)와 육도(六道)를 통하여 나타나는 줄 안다면, 육도 중의 중생이 모두 여러 생에 걸쳐 윤회하면서 전생에 자기 부모형제였을 수도 있다는 사실을 알게 될 것입니다. 이렇게 따져본다면 하찮은 짐승을 죽이는 것이 전생의 자기 부모를 죽이는 것일 수도 있는데 어찌 살생을 함부로 할 수 있겠습니까?

 또 사람들은 설령 인과의 감응이 육도를 통해서 나타나는 줄은 안다고 할지라도, 세간과 출세간을 통해서도 감응이 나타나는 줄

示衆法語(시중법어)

은 전혀 모르고 있습니다.

　예를 들어, 나를 낮추는 겸손한 마음인 무아심(無我心)으로 세상을 대하며 살아간다면(感) (이렇게 마음수행을 한다면), 성문(聲聞)과 연각(緣覺)의 결과(果位)가 호응(應)해 오고(얻어지고), 보리심(菩提心)을 일으켜 육도만행(六度萬行)으로 세상을 아름답게 만들어 간다면, 보살의 결과(果位)가 호응해 오며, 모든 중생을 평등하게 사랑하는 마음(平等大慈)으로 대하고 서로가 한 몸이라는 아끼는 마음(同體大悲)으로 대하면, 부처님의 세계(佛法界)가 호응해 옵니다.

　오호라! 이처럼 복잡하고 심오한 인과(因果)와 감응의 도리(感應之道)를 어찌 말로 다할 수 있겠습니까?
　나무아미타불.

須知一句阿彌陀佛 以唯心爲宗. 此唯心之義 須以
수지일구아미타불 이유심위종. 차유심지의 수이
三量楷定. 三量者 現量 比量 聖言量也. 現量者 謂
삼량해정. 삼량자 현량 비량 성언량야. 현량자 위
親證其理也. 如羅什大師 七歲隨母入佛寺 見佛鉢
친증기리야. 여라즙대사 칠세수모입불사 견불발
喜而頂戴之 俄而念曰 我年甚幼 佛鉢甚重 何能頂
희이정대지 아이염왈 아년심유 불발심중 하능정
戴 是念纔動 忽失聲置鉢 遂悟萬法唯心.
대 시념재동 홀실성치발 수오만법유심.

示衆法語(시중법어)

세 가지 인식(三量)

한 구절 '아미타불(阿彌陀佛)' 이름(聖號)을 부르는 염불수행은 오직 유심(唯心)의 도리를 종지(宗旨)로 삼고 있다는 것을 분명히 알아야 합니다(以唯心爲宗). 이제 일체 만법은 오직 마음에서 만들어 진다는 유심(唯心)의 이치가 거짓이 아니라는 사실을 증명해 보겠습니다. 세 가지 양(三量, 관점, 차원)을 가지고 설명해야 쉽게 이해가 될 것입니다. 세 가지 양이란 바로 현량(現量)·비량(比量)·성언량(聖言量)입니다.

첫째, 현량(現量)이란, 진리를 몸소 그 자리에서 직접 체득하는 것을 말합니다. 예컨대 구마라집(鳩摩羅什) 대사는 일곱 살 때 어머니를 따라 절에 갔다가 부처님 발우(鉢盂)를 보고 기쁜 나머지 그 자리에서 발우를 냉큼 들어 올려 이마에 정대(頂戴, 존경의 표시로 머리에 이는 것)를 하였습니다. 그런데 조금 뒤 그의 마음속에 '나는 나이가 이렇게 어리고 부처님 발우는 이렇게 무거운데, 어떻게 내가 머리에 이 무거운 그릇을 일 수 있을까?'라는 생각이 언뜻 스쳐지나 갔습니다. 이 생각이 들자마자 갑자기 외마디 소리를 지르며 발우를 이기지 못해 땅에 떨어뜨리고 말았습니다. 그리고는 마침내 '모든 법은 오직 마음이 만들어낸다(萬法唯心)'라는 진리를 깨달았던 것입니다.

나무아미타불.

新羅元曉法師 來此土參學. 夜宿塚間 渴甚 明月之
고려원효법사 래차토참학. 야숙총간 갈심 명월지
下 見清水一汪 以手掬而飲之 殊覺香美. 至次日清
하 견청수일왕 이수국이음지 수각향미. 지차일청
晨 乃見其水爲墓中控出 遂惡心大吐. 乃悟萬法唯
신 내견기수위묘중공출 수악심대토. 내오만법유
心 便回本國著述. 此皆現量親證也.
심 편회본국저술. 차개현량친증야.

示衆法語(시중법어)

원효대사 "모든 법은 오직 마음이 만들어 낸다"

또 신라 때 원효(元曉) 대사는 중국에 공부하러 오던 길에 해가 저물어 무덤가에서 하룻밤을 묵게 되었는데, 몹시 목이 타서 자다 일어나 달빛 아래서 맑게 보이는 물을 손으로 한 움큼 들여 마셨습니다. 마실 때는 물이 몹시 향긋하고 맛있다고 느껴졌는데, 이튿날 새벽에 깨어나서 다시 물을 마시려고 하는데 그 물은 바로 무덤 속에서 흘러나온 (해골바가지에 담긴) 더러운 물이었습니다. 이런 사실을 아는 순간 바로 속이 뒤집혀 구역질을 하고 말았습니다. 그래서 이내 '모든 법은 오직 마음이 만들어 낸다(萬法唯心)'는 도리를 깨닫고, 유학길을 그만두고 본국으로 돌아가 훌륭한 저술을 남겼습니다.

이 두 분의 예처럼 바로 자기 자신이 몸소 체험하여 증득하는 경우를 현량(現量, 현재 그 자리에서 직접 보거나 듣고 진리를 체득하는 것)이라고 합니다.
나무아미타불.

比量者 借衆相而觀於義 比喩而知也. 諸喩之中 夢
비량자 차중상이관어의 비유이지야. 제유지중 몽
喩最切 如夢中所見山川人物 萬別千差 皆不離我
유최절 여몽중소견산천인물 만별천차 개불리아
能夢之心 離夢心外 別無一法可得. 卽此可以比喩
능몽지심 이몽심외 별무일법가득. 즉차가이비유
而知現前一切萬法 但唯心現也. 聖言量者 三界唯
이지현전일체만법 단유심현야. 성언량자 삼계유
心 萬法唯識 千經萬論 皆如是說.
심 만법유식 천경만론 개여시설.

둘째, 비량(比量)이란, 여러 가지 현상들(衆相)을 통하여 그 이치를 관찰하고 비교하여 아는 것을 말합니다. 많은 비교들 가운데 꿈을 비유로 하여 설명하는 것(夢喩)이 가장 적절하고 알기 쉬울 것입니다. 예컨대, 꿈속에서 산천이나 인간 등 삼라만상이 천차만별로 나타나지만, 모두가 다 나의 꿈꾸고 있는 이 마음(能夢之心)을 벗어나지 못합니다. 현재 꿈꾸고 있는 이 마음을 떠나서는, 그 어떤 법(물건)도 있을 수 없습니다(以夢心外 別無一法可得). 이렇게 꿈으로 비유해 보면, 꿈속에 나타나는 모든 사물들이 꿈꾸는 마음에서 만들어져 나타나듯, 우리들 앞에 펼쳐져 있는 일체 모든 법도 역시 오직 현재 우리가 쓰고 있는 이 마음이 만들어내고 있다는 것을 알 수 있습니다(知現前一切境界 但唯心現也).

　셋째, 성언량(聖言量)이란, 성인의 말씀을 통해서 유심(唯心)의 도리가 거짓이 아님을 아는 것을 말합니다. "삼계는 오직 마음이 만들어 낸 것이며(三界唯心) 모든 법은 오직 마음의 분별(識)로 인해서 나타나는 것일 뿐이다(萬法唯識)"는 진리를 삼세의 모든 부처님들께서 팔만 사천 대장경에서 설하셨고, 모든 보살들이 논장(論藏)을 지어 또한 이와 같이 설하셨고, 역대 모든 조사스님들도 어록을 통해 한결같이 이와 같이 말씀하셨습니다. 이처럼 성인의 말씀을 통해 유심(唯心)의 도리가 진실임을 알 수 있습니다.
　나무아미타불.

已約現等三量 楷定唯心. 更約事理二門 辨明具造.
이약현등삼량 해정유심. 갱약사리이문 변명구조.
謂由有理具 方有事造 理若不具 事何所造. 所以理
위유유이구 방능사조 이약불구 사하소조. 소이이
具 但具事造 離事造外 別無所具. 由有事造 方顯
구 단구사조 이사조외 별무소구. 유유사조 방현
理具 事若不造 爭知理具. 所以事造 秖造理具 離
이구 사약부조 쟁지이구. 소이사조 지조이구 이
理具外 別無所造. 只此一念心中 本具十界萬法 卽
이구외 별무소조. 지차일념심중 본구십계만법 즉
此一念隨緣 能造十界萬法.
차일념수연 능조십계만법.

이구사조(理具事造)의 이치를 설명하다

지금까지 현량(現量)·비량(比量)·성언량(聖言量)을 가지고 유심(唯心)의 도리가 사실임을 살펴보았는데, 다시 구체적 사실(事, 밖으로 나타난 현상)과 본질적인 이치(理, 만법의 모든 씨앗을 갖추고 있는 우리의 참마음)의 두 범주를 통해 우리의 참마음 안에 일체의 모든 것이 본래 다 갖추어져 있는 이치와(理具), 마음에 갖추어져 있는 것이 인연 따라 현상으로 나타나는 사실(事造)에 대한 관계를 밝혀 보겠습니다.

즉, 본질적으로 모든 현상은 참마음 안에 본래 다 갖추어져 있기 때문에(理具), 비로소 현상이라는 구체적인 형태로 나타날

示衆法語(시중법어)

수 있는 것(事造)입니다(由有理具 方有事造). 만약 마음에 모든 씨앗을 본래 갖추고 있지 않다면, 마음이 현상(구체적 사실)을 어떻게 만들어낼(나타낼) 수 있겠습니까(理若不具 事何所造)?

그러므로 참마음이 본래부터 모든 것을 다 갖추고 있다(所以理具)는 것은, 현상적으로 나타날 수 있는 모든 형상을 씨앗으로 이미 다 갖추고 있다는 뜻이며(但具事造), 현상적으로 나타나는 형상을 떠나서는 따로 참마음이라고 하는 본질은 존재할 수 없는 것입니다(離事造外 別無理具).

또 현상으로 변화하여 나타나야, 이 현상을 통해서 본질인 참마음도 비로소 드러날 수 있는 것입니다(由有事造 方現理具). 만약 현상적으로 사물이 나타나지 않는다면, 본질인 참마음이 모든 것을 본래 갖추고 있다고 어떻게 말할 수 있겠습니까(事若不造 爭知理具)?

그러므로 현상으로 나타나는 것은(所以事造), 단지 본질이 이미 본래 갖추고 있는 것을 그대로 형상으로 나타내는 것일 뿐입니다(祇造理具). 본질인 참마음이 씨앗을 본래 갖추고 있지 않다면, 형상들을 밖으로 나타낼 수 없기 때문입니다(離理具外 別無所造, 참마음을 떠나서는 따로 현상이 나타날 수 없다).

이처럼 누구나 가지고 있는 바로 이 진실한 참마음에 열 가지 법계(十法界)와 온갖 법(萬法)이 본래 다 갖추어져 있습니다(只此一念心中 本具十界萬法). 이렇게 참마음에 모든 만법을 만들 수 있는 씨앗을 본래 다 갖추고 있기 때문에, 이 참마음이 인연을 따라(隨緣) 열 가지 법계와 온갖 법을 다 만들어 낼 수 있는 것입니다(即此一念隨緣 能造十界萬法). 나무아미타불.

理具者 如金中本具可成瓶盤釵釧之理. 事造者 如
이구자 여금중본구가성병반차천지리. 사조자 여
隨工匠爐鎚之緣 造成瓶盤釵釧之器. 又理具者 如
수공장로추지연 조성병반차천지기. 우이구자 여
麵中本具可成種種食物之理. 事造者 如水火人工之
면중본구가성종종식물지리. 사조자 여수화인공지
緣 造成種種食品也. 已辨事理 復約名體同異 揀定
연 조성종종식품야. 이변사리 부약명체동이 간정
眞妄. 佛法中有名同而體異者 有名異而體同者.
진망. 불법중유명동이체이자 유명이이체동자.

참마음이 본래 모든 것을 갖추고 있다

우리의 참마음(본질, 자성自性, 이치)이 본래 모든 것을 다 갖추고 있다(理具)는 것은, 비유하면 금에는 병이나 그릇이나 비녀 팔찌 등 온갖 것들을 다 만들어 낼 수 있는 잠재력이 이미 내포되어 있다는 것과 같은 의미이며,

구체적인 형상으로 만들어져 나타난다(事造)는 것은, 비유하면 기술자의 연마와 정교한 세공에 의해 본래 한 덩어리였던 금이 다양한 용도와 형태의 물건으로 만들어 지는 것과 같음을 말합니다.

또 이구(理具)란, 예를 들면 밀가루 속에 온갖 식품을 만들어

낼 수 있는 능력이 본래 내재되어 있는 것과 같은 이치이며, 사조(事造)란, 밀가루가 물과 불과 요리사의 가공기술 등의 인연들이 합하여 여러 가지 식품으로 만들어지는 것과 같음을 말합니다.

지금까지 구체적 사실(事)과 본질적인 이치(理)를 통해 모든 것이 다 마음에서 만들어진다는 유심(唯心)의 도리를 알아보았습니다.

이제 다시 이름(名)과 본바탕(體)의 같고 다름을 가지고 진실한 것(眞)과 허망한 것(妄)을 구별해 보겠습니다.

부처님의 가르침 가운데는 이름은 같지만 본바탕이 다른 것(有名同而體異者)이 있기도 하고, 거꾸로 이름은 다르지만 본바탕은 같은 것(有名異而體同者)이 있기도 합니다.

나무아미타불.

名同體異者 如心之一名 有肉團心 有緣慮心 有集
명동체이자 여심지일명 유육단심 유연려심 유집
起心 有堅實心. 肉團心 同外四大 無所知識. 緣慮
기심 유견실심. 육단심 동외사대 무소지식. 연려
心 通於八識 以八種識皆能緣慮自分境故 此則是
심 통어팔식 이팔종식개능연려자분경고 차즉시
妄. 集起心 唯約第八 以能集諸法種子 能起諸法現
망. 집기심 유약제팔 이능집제법종자 능기제법현
行故 此則眞妄和合. 堅實心者 卽堅固眞實之性 乃
행고 차즉진망화합. 견실심자 즉견고진실지성 내
離念靈知 純眞心體也. 今言唯心者 乃堅實純眞之
이념영지 순진심체야. 금언유심자 내견실순진지
心也.
심야.

이름(名)과 바탕(體)이 다름을 설명하다

이름은 같지만 본바탕이 다른 것은, 예컨대 마음(心)이라는 이름은 똑같은데, 이 마음이라는 단어는 때로는 육단심(肉團心)을 가리키기도 하고, 혹은 연려심(緣慮心)을 가리키는 경우도 있으며, 혹은 집기심(集起心)을 가리키는 경우도 있고, 또는 견실심(堅實心)을 말하는 경우도 있는 것과 같습니다.

육단심(肉團心, 의식작용이 없는 육신 자체만의 마음)은, 지수화풍(地水火風) 등 사대(四大)로 이루어진 것으로 지각(知覺)능력이 전혀 없어 사실은 별 의미가 없는 마음입니다.

연려심(緣慮心)은, 여덟 가지 인식작용(八識)을 지칭하는 것으로, 여덟 가지 인식작용(안식眼識·이식耳識·비식鼻識·설식舌識·신식身識·의식意識·말라식末羅識·아뢰야식阿賴耶識)은 모두 각자 자기가 상대하는 대상(自分境)을 반연하고 사려해서 생겨나는 것이기 때문에 이 연려심은 완전히 허망한 마음입니다.

집기심(集起心)은, 오직 제8식(아뢰야식)만을 특정하여 지칭한 것인데, 이 집기심은 모든 법의 종자(種子)를 모아 저장할 수 있고(現行熏種子), 또한 모든 법은 이 종자로부터 싹이 돋아나 현상적으로 나타기 때문에(種子生現行) 이렇게 이름이 붙여졌습니다. 이 집기심은 진실한 것과 허망한 것이 함께 어우러져 합해진 마음입니다.

견실심(堅實心)은, 즉 견고하고 진실한 본래의 참마음으로, 온갖 사려(思慮)와 반연(攀緣)을 떠난 영명한 지각체(知覺體)이자, 순수하고 진실한 마음의 본체(本體)입니다. 지금 여기서 말하는 '모든 것은 오직 마음이 만들어 낸다(一體唯心造)'라고 할 때의 마음은 바로 이 견고하고 진실하며 순수하고 참된 견실심(堅實心)을 말하는 것입니다.

나무아미타불.

名異體同者 如諸經中所說眞如 佛性 實相 法界等
명이체동자 여제경중소설진여 불성 실상 법계등
種種極則之名 皆此堅實純眞心也. 已揀眞妄 還約
종종극칙지명 개차견실순진심야. 이간진망 환약
本有現前 折衷指點 以諸經皆言無始本有眞心. 夫
본유현전 절충지점 이제경개언무시본유진심. 부
旣曰本有 卽今豈無 而今現有 卽本有也. 若無無始
기왈본유 즉금기무 이금현유 즉본유야. 약무무시
則無現前 若離現前 豈有無始. 是故不必高尊本有
즉무현전 약리현전 기유무시. 시고불필고존본유
遠推無始. 但現前一念心之自性 卽本有眞心也.
원추무시. 단현전일념심지자성 즉본유진심야.

이름은 다르지만 본바탕은 같은(名異體同者) 것은, 예컨대 여러 경전에서 자주 보이는 진여(眞如)·불성(佛性)·실상(實相)·법계(法界) 등과 같이 진리의 당체 자체를 가리키는 이름들을 말하는데, 이들은 이름은 다르지만 모두 견고하고 진실하며 순수한 참마음인 견실심(堅實心)을 가리킵니다(보조스님은 진심직설眞心直說에서 견실심堅實心의 다른 이름으로 심지心地 보리菩提 법계法界 여래如來 열반涅槃 여여如如 법신法身 진여眞如 불성佛性 총지總持 여래장如來藏 원각圓覺 등을 열거하였다).

지금까지 이름(名)과 본바탕(體)을 가지고 진실한 것과 허망한 것을 구분하여 유심(唯心)의 도리를 살펴보았습니다.

본유현전(本有現前)을 설명하다

끝으로 본유(本有)와 현전(現前)이라는 용어를 가지고 다시 한 번 비교하여 설명해 보겠습니다. 왜냐하면 여러 경전들을 보면, 시작도 없이(시작도 없고 끝도 없이) 본래 지니고 있는 진실한 마음(無始本有眞心)이라는 말이 자주 나오기 때문입니다. 무릇 이미 '본래 지니고 있다(本有)'라고 말했다면, 지금 현재(現前)라고 어찌 없을 수 있겠습니까? 그러므로 바꾸어 말하면 '지금 현재 있는 것(現前)은 즉 본래부터 있어왔다(本有)'라는 의미와 같습니다. 만약 언제부터 시작되었는지 알 수도 없는 때부터 본래 있어왔던 것(無始)이 아니라면, 지금 현재 눈앞에 나타 날 수(現前)도 없을 것입니다. 마찬가지 논리로 만약 눈앞에 나타나 있는 지금 현재의 현상(現前)이 없다면, 어떻게 시작도 알 수 없는 때부터 있어 왔다는 것(無始)을 증명할 수 있겠습니까?

그러므로 본래 지니고 있는 이치(本有)만을 높이 떠받들고 현실적인 수행을 소홀히 한다거나, 시작도 알 수 없는 때부터 본래 있다(無始)라는 이치만을 믿고 현재의 삶을 도외시해서는 안 되는 것입니다. 지금 우리가 매일 쓰고 있는 이 올바른 한 생각(現前一念之自性)이 바로 경전에서 말하는 '본래 지니고 있는 진실한 마음(本有眞心)'인 것이요, 현재 이 마음을 떠나 진실한 마음이라는 것이 따로 존재하는 것은 아닙니다(현재 우리가 쓰고 있는 마음 안에 과거 현재 미래가 다 들어있다. 그러므로 부처나 깨달음을 멀리 미래나 다른 곳에서 구하지 말고 바로 현재 여기에 있는 이 마음에서 찾아야 한다).

나무아미타불.

以現前一念 全眞成妄 全妄卽眞 終日隨緣 終日不
이현전일념 전진성망 전망즉진 종일수연 종일불
變. 離此現前一念之外 豈別有眞心自性哉? 古德云
변. 이차현전일념지외 기별유진심자성재? 고덕운
威音那畔 不離今世門頭 衆生現行無明 卽是諸佛
위음나반 불리금세문두 중생현행무명 즉시제불
不動智體 其庶幾乎. 由上四義 以顯唯心. 故一以唯
부동지체 기서기호. 유상사의 이현유심. 고일이유
心爲宗也.
심위종야.

 지금 현재 우리가 쓰고 있는 바로 이 한 생각(現前一念)이야말로 본래는 전체 그대로가 진실한 참마음이었는데(全體眞如), 이 진실한 참마음이 한 생각 욕심과 아집이라는 무명(無明)으로 가려져 전체 그대로가 고스란히 망상이 되어버렸습니다(全體成妄). 이렇게 전체 그대로가 모두 망상으로 변해버렸지만(全妄), 그러나 그 본바탕은 항상 변함없이 그대로 청정한 진실한 마음입니다(卽眞).
 이미 망상으로 변해버린 마음의 측면에서 본다면, 하루 종일 바깥 사물의 연분을 따라 변하지만(終日隨緣), 변함이 없는 본래 청정한 참마음의 측면에서 본다면 하루 종일 조금도 변함이 없습니다(終日不變).
 이러한 이치로 미루어 본다면 바로 지금 눈앞에 쓰고 있는 우리의 이 한 생각을 떠나서, 진실한 참마음과 진정한 자기라고 할 수 있는 그 무엇이 어찌 따로 존재한다고 할 수 있겠습니까?

그래서 옛 고승대덕들께서는, "최초의 부처님이신 위음왕(威音王) 부처님이 출현하신 시절(威音那畔)도 지금 이 순간과 떨어져 있지 않으며(不離今世門頭), 중생들이 지금 일으키는 어리석은 행동도(衆生現行無明) 다름 아닌 바로 모든 부처님들께서 가지고 계시는 본래 움직임이 없는 지혜 그 자체(諸佛不動智體)다"라고 말씀하셨는데, 이 어찌 지당한 말씀이 아니겠습니까?

오직 마음(唯心)을 종지(宗旨)로 하는 염불법

지금까지 네 가지 의미(四義, 삼량三量, 이구사조리구사조理具事造, 명체동이名體同異, 본유현전本有現前)를 들어 '모든 것은 마음이 만들어낸다(一體唯心造)'는 이치를 증명해 보았습니다. 결론적으로 말씀드린다면 이 아미타불 염불수행은 한결같이 '오직 이 마음이 모든 것을 만들어낸다'는 이치를 근본종지(唯心爲宗)로 하는 부처님의 핵심적인 수행법입니다.

나무아미타불.

*위음왕불(威音王佛); 범어는 Bhisma-garjitasvara-raja이며, 적취음왕불(寂趣音王佛)이라고도 한다. 즉 과거 장엄겁(莊嚴劫)시기의 최초의 부처님을 말한다. 선문(禪門)에서는 위음왕이전(威音王已前), 위음나반(威音那畔), 위음전일전(威音前一箭) 등의 말을 많이 사용하는데 아주 오랜 시간이나 최초의 변하지 않은 순수한 모습을 표현할 때 이 말을 사용한다. 예를 들면 부모미생이전(父母未生以前), 천지미개이전(天地未開以前), 공겁이전(空劫以前) 등의 말과 같은 의미이다.

又 一句阿彌陀佛 以唯佛爲宗. 以一切萬法 旣唯心
우 일구아미타불 이유불위종. 이일체만법 기유심
現 全體唯心. 心無彼此 心無分際 於十界萬法 若
현 전체유심. 심무피차 심무분제 어십계만법 약
依若正 假名實法 隨拈一法 皆卽心之全體 皆具心
의약정 가명실법 수염일법 개즉심지전체 개구심
之大用. 如心橫徧 如心豎窮. 以唯心義成 唯色唯聲
지대용. 여심횡변 여심수궁. 이유심의성 유색유성
唯香唯味唯觸唯法 乃至唯微塵 唯芥子 一切唯義
유향유미유촉유법 내지유미진 유개자 일체유의
俱成.
구성.

오직 부처님만(唯佛)을 종지로 하는 염불법

또 우리가 염송하는 '아미타불'이라는 이 한 구절은 '오직 부처님만을 믿고 따르는 것'으로 종지를 삼고(唯佛爲宗) 있습니다.

일체 모든 법이 오직 마음(唯心)이 만들어내는 것이라면, 전체가 온통 '오직 마음'일 뿐입니다. 우리의 본마음은 너와 나라는 공간적인 구분도 없고, 마음은 과거·현재·미래라는 시간적인 구분도 없습니다. 열 가지 법계를 통틀어 일체 모든 법, 즉 의보(依報)든 정보(正報)든, 또는 가짜인 이름뿐인 것(假名)이든, 진리라고 하는 진실한 것(實法)이든 어느 것 할 것 없이, 그 어느 법(것) 하나를

示衆法語(시중법어)

아무렇게나 들어도, 그 모두가 바로 마음의 전체이며(皆卽心之全體), 그 자체에 마음의 위대한 작용을 다 갖추고 있습니다(皆具心之大用). 마치 마음이 가로(공간상)로 시방세계(十方世界)에 두루 펼쳐져 있고, 세로(시간상)로 과거·현재·미래 삼세(三世)에 길이 이어져 있듯이 말입니다(마음이 시방세계에 두루 하고 삼세를 아우르고 있다면, 마음에서 만들어져 나온 것도 역시 마음과 똑같은 능력을 가지고 있다).

이렇게 '세계는 오직 마음일 뿐이다(唯心)'이라는 이치가 성립하기 때문에, '세계는 오직 빛깔일 뿐(唯色)', '세계는 오직 소리일 뿐(唯聲)', '세계는 오직 냄새일 뿐(唯香)', '세계는 오직 맛일 뿐(唯味)', '세계는 오직 촉감일 뿐(唯觸)', '세계는 오직 법일 뿐(唯法)', '세계는 오직 티끌일 뿐(唯微塵)', '세계는 오직 겨자씨일 뿐(唯芥子)' 등과 같이 '일체 모든 것이 오직 무엇일 뿐이다'라는 이치가 모두 성립하게 되는 것입니다(一切唯義俱成). 다시 말해서 어떤 것을 선택해도 그것이 바로 마음을 닦아가는 수행의 종지(宗旨)가 될 수 있다는 것입니다(온 세계 전체가 다 마음에서 만들어져 나온 것이기 때문에 세상에 존재하는 사물 가운데 그 어느 것 하나를 들어도 모두가 다 마음의 일부분이다. 그래서 그 어떤 것을 종지로 삼아 공부를 해도 결국 참마음에 이를 수 있다. 예를 들어 땅 위에 나뒹구는 하찮은 돌멩이나 나뭇잎을 통해서도 참마음을 찾을 수 있다). 이런 이치로 본다면 부처님을 그 으뜸 종지로 하고 있는 이 염불수행이야말로 최고의 마음수행이 아니겠습니까?
　　나무아미타불.

*두 가지 과보(二報) ; 의보(依報)와 정보(正報)를 말하는데 다음과

같다.

* **정보(正報)** ; 과거의 선업이나 악업으로 인하여 얻게 되는 과보인 본바탕(正體, 自體)을 말하는데, 예를 들면 인간 세상에 태어나게 되면 사지(四肢)와 오관(五官)을 구비하여 인간의 몸을 받게 되며, 축생(畜生)으로 태어나게 되면 털과 이빨과 가죽 등의 조건을 구비하고 축생의 몸을 받아 태어나게 되는 것과 같은 것이 이것이다.

* **의보(依報)** ; 정보(正報)가 있으면 반드시 이 정보가 의지하여 살아가는 생활환경이 따라오게 되는데 이 부수로 따라오는 주변 환경을 의보(依報)라고 한다. 예를 들면 인간으로 태어나면 여기에 따른 집이나 여러 가지 물건 등이 함께하게 되며, 축생으로 태어나면 역시 여기에 따른 축생들이 살아갈 조건들이 구비되는데 이것들은 정보(正報)가 의지하여 살아간다 하여 의보(依報)라고 한다.

* **화엄경행원품소초** 2권(華嚴經疏鈔行願品卷二)에 '의보(依報)는 범부와 성인이 의지하여 살아가는 국토로 더러운 것과 깨끗한 것의 차이가 있으며, 정보(正報)는 범부와 성인의 자체 신체로 인간, 천상, 남자, 여자, 재가(在家), 출가(出家), 외도(外道), 신(神), 보살(菩薩), 부처님(佛) 등의 차별이 있다.'고 하였다. 정보(正報)를 중생세간(衆生世間)이라고 하며, 의보(依報)를 국토세간(國土世間)이라고도 한다.

示衆法語(시중법어)

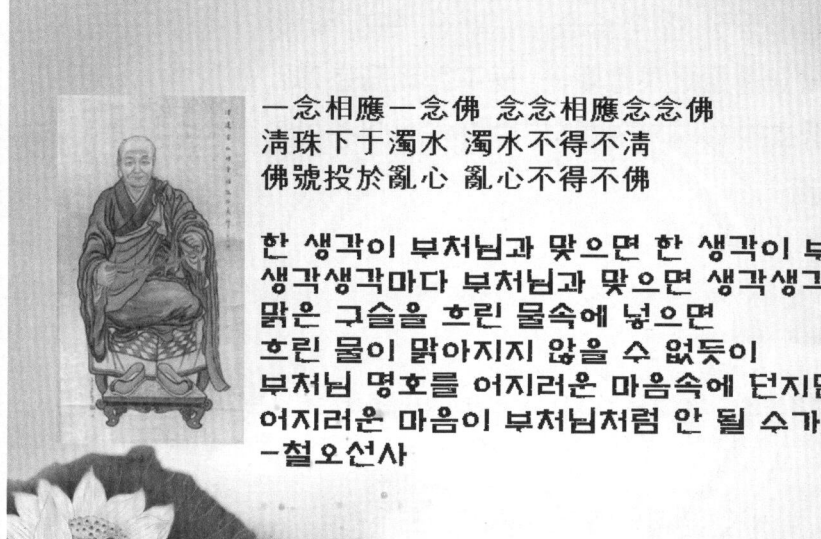

一念相應一念佛 念念相應念念佛
淸珠下于濁水 濁水不得不淸
佛號投於亂心 亂心不得不佛

한 생각이 부처님과 맞으면 한 생각이 부처님이고
생각생각마다 부처님과 맞으면 생각생각이 부처님이다
맑은 구슬을 흐린 물속에 넣으면
흐린 물이 맑아지지 않을 수 없듯이
부처님 명호를 어지러운 마음속에 던지면
어지러운 마음이 부처님처럼 안 될 수가 없다
-철오선사

一切唯義俱成　方成眞唯心義. 若一切唯義不成　但
일체유의구성　방성진유심의. 약일체유의불성　단
有唯心之虛名　而無唯心之實義. 以一切唯義俱成
유유심지허명　이무유심지실의. 이일체유의구성
故曰法無定相　遇緣卽宗. 唯微塵　唯芥子　尙可爲宗.
고왈법무정상　우연즉종. 유미진　유개자　상가위종.
八萬相好莊嚴之果地彌陀　反不可以爲宗耶？故以唯
팔만상호장엄지과지미타　반불가이위종야？고이유
佛爲宗.
불위종.

염불법문은 '오직 부처님'만을 그 종지로 삼는다

그리고 이처럼 '일체의 모든 것이 오직 무엇일 뿐이다(唯義)'라는 이치가 성립하기 때문에, 비로소 '세계는 오직 마음일 뿐(唯心)'이란 이치가 진실로 성립하는 것입니다. 만약 '일체 모든 것이 오직 무엇일 뿐이다(唯義)'라는 이치가 성립하지 않는다면, 단지 '오직 마음일 뿐(唯心)'이라는 텅 빈 말만 존재할 뿐이고, '오직 마음일 뿐(唯心)'이라는 진실한 의미는 전혀 없게 됩니다. 그러나 '유심(唯心)'과 '유의(唯義)'라는 이치가 다 함께 성립하기 때문에, "진리란 어떤 특별한 모습을 하고 있는 것이 아니다. 우주법계는 모두 하나의 참마음에 의해서 나타난 것임으로

示衆法語(시중법어)

그 어느 것 하나 진리 아닌 것이 없다. 그러므로 아무리 하찮은 것(법)이라도 그때그때의 인연에 따라 마음공부의 소재(실마리)가 될 수 있다(法無定相 遇緣卽宗)"고 말하는 것입니다.

이런 이치로 본다면 '세계는 오직 티끌일 뿐이다'나 '세계는 오직 겨자씨일 뿐이다'라는 것도 오히려 종지(宗)로 삼을 수 있는데, 하물며 8만 가지 상호(八萬相好)를 장엄하게 갖추시고 최상의 지위(果地)에 계신 아마타부처님만은 도리어 종지로 삼을 수 없다는 말입니까? 그래서 '염불법문은 오직 부처님만을 그 종지로 삼는다(唯佛爲宗).'라고 하는 것입니다.

나무아미타불.

又以絶待圓融爲宗. 於十界萬法 隨拈一法 無非卽
우이절대원융위종. 어십계만법 수염일법 무비즉
心全體 具心大用. 橫徧十方 豎窮三際 離於四句
심전체 구심대용. 횡변시방 수궁삼제 이어사구
絶於百非. 獨體全眞 更無有外 彌滿淸淨 中不容他.
절어백비. 독체전진 갱무유외 미만청정 중불용타.
一法旣爾 萬法皆然. 此約諸法當體 絶待無外. 是爲
일법기이 만법개연. 차약제법당체 절대무외. 시위
絶待. 又以十界萬法 各各互徧 各各互含 一一交羅
절대. 우이십계만법 각각호편 각각호함 일일교라
一一該徹. 彼彼無障無礙 各各無壞無雜. 如當臺古
일일해철. 피피무장무애 각각무괴무잡. 여당대고
鏡 影現重重 如帝網千珠 迴環交攝. 此約諸法
경 영현중중 여제망천주 회환교섭. 차약제법
迭互相望. 是爲圓融.
질호상망. 시위원융.

示衆法語(시중법어)

절대적이며 완전하게 융합하는 이치

또한 염불법문은 '절대적이며 완전하게 융합하는 이치'로 수행의 종지(絶待圓融爲宗)를 삼고 있습니다. 열 가지 법계(十法界)의 모든 법 가운데 임의로 아무 법이나 하나 집어 들어도, 그 어느 것 하나 바로 마음 전체가 아닌 게 없으며, 또 마음의 위대한 작용을 지니지 않은 게 없습니다.

마음은 공간적으로는 시방세계에 두루 펼쳐지며, 시간적으로는 과거·현재·미래의 삼세에 연이어 있습니다. 네 가지 언어적인 논리를 완전히 떠나 있으며(離於四句) 어떠한 시비도 모두 끊겨있습니다(絶於百非). 전체가 오직 진실한 하나의 참마음 덩어리 그 자체로(獨體全眞), 그 어떤 법도 여기를 벗어날 수 없으며(更無有外), 전체가 온통 그대로 청정하여(彌滿淸淨), 그 속에는 티끌 하나도 용납하지 않습니다(中不容他). 하나의 법이 이러할 뿐 아니라(一法旣已), 온갖 법이 또한 모두 그러합니다(萬法皆然).

여기서는 모든 법의 근본 바탕은 그 자체가 절대적이며 그 어떤 것도 이 바탕을 떠나서는 존재할 수 없다는 이치를 가지고 설명했으니, 이것이 '절대(絶待)'의 의미입니다.

또 열 가지 법계의 모든 법은, 하나하나가 각각 서로 법계에 두루 하면서(各各互徧), 각각 서로를 포함하고 있습니다(各各互含). 하나하나가 서로 교차로 펼쳐져 있으면서(一一交羅), 하나하나가 철저하게 서로를 관통하고 있습니다(一一該徹). 그들 하나하나가 걸림이 없고 막힘도 없으면서, 각각 서로 방해하거나 해치지도 않고 뒤섞이지도 않습니다. 마치 높은 누대(곳)에 맑은 거울을 걸어 놓으면, 온갖 사물의 모습이 겹겹이 비치되 서로 겹치거나 흐려지지 않는 것과 같습니다. 또한 제석천의 인다라망(因陀羅網)에 달려있는 천만 가지 구슬이 서로를 되비추며 서로서로 머금는 것과도 같습니다.

여기서는 모든 법이 서로 어울리며 서로를 비추는 원리를 가지고 설명을 했으니, 이것이 '융합(圓融)'의 의미입니다.

나무아미타불.

***인다라망(因陀羅網)** ; 범어 indra-jala의 음역으로, 제석망(帝釋網), 제망(帝網)이라고도 한다. 즉 제석천(帝釋天)의 보배 그물망(寶網)이라는 뜻으로 제석천의 궁전을 장엄하고 있는 그물망을 가리킨다. 이 그물망은 매듭마다 보배구슬이 달려 있으며 각각 구슬마다 서로 비추어 그 빛이 무궁무진하다. 그래서 화엄경(華嚴經)에서는 이 현상을 일체만법이 서로 엉켜 하나가 되어 끝이 없이 펼쳐지는 이치(諸法之一與多相卽相入)에 비유하기도 한다.

示衆法語(시중법어)

頓悟一念 緣起無生
超彼三乘 權學等見

중생이 일으키는 한 생각에 모든 것이 이루어지며,
이렇게 마음에 의해서 생겨나는(緣起) 모든 만법은
그 자체가 본래 생겨남도 없고 사라짐도 없다는
이치를 체달해 안다면, 삼승(三乘)의 모든 방편적인
수행들을 일시에 뛰어넘게 된다.
-화엄합론(華嚴合論)

今合絶待圓融爲一宗. 正絶待時卽圓融 正圓融時
금합절대원용위일종. 정절대시즉원용 정원융시
便絶待. 非離絶待別有圓融 絶待 絶待其圓融. 非離
편절대. 비리절대별유원융 절대 절대기원융. 비리
圓融別有絶待 圓融 圓融其絶待. 絶待圓融 各皆
원융별유절대 원융 원융기절대. 절대원융 각개
不可思議. 今共合爲一宗 則不思議中不思議也.
불가사의. 금공합위일종 즉부사의중부사의야.

示衆法語(시중법어)

절대(絶待)와 원융(圓融)을 종지로 하는 염불법문

그런데 염불법문에서는 이 절대(絶待)와 원융(圓融)을 합쳐서 수행의 종지(絶待圓融爲宗)로 삼고 있습니다. 바로 절대일 때 바로 완전하게 융합이 되고, 또 바로 완전하게 융합할 때가 바로 절대가 됩니다. 절대를 떠나서 달리 완전한 융합이 있는 것이 아니기 때문에, 절대(絶待)란 바로 완전한 융합을 절대화 한다는 의미입니다(절대 안에 이미 융합이 내포되어 있기 때문에 완전한 절대가 될 수 있다).

또 완전한 융합을 떠나서 달리 절대가 있는 것이 아니기 때문에, 완전한 융합이란 바로 그 절대를 완전히 융합한다는 의미입니다(융합 안에 이미 절대가 포함되어 있기 때문에 완전한 융합이 될 수 있다). 그러므로 절대와 완전한 융합은 각각 그 이치가 모두 불가사의합니다. 그런데 지금 염불법문에서는 이 두 가지를 모두 합하여 수행의 종지로 삼았으니, 이는 불가사의한 것 가운데 불가사의한 것입니다.
　나무아미타불.

又超情離見爲宗. 以但約諸法絶待 離過絶非 已超
우초정이견위종. 이단약제법절대 이과절비 이초
一切衆生情妄執着 三乘賢聖所見差別. 若約諸法圓
일체중생정망집착 삼승현성소견차별. 약약제법원
融 圓該四句 融會百非 尤非凡情聖見之所能及. 故
융 원해사구 융회백비 우비범정성견지소능급. 고
總立超情離見爲宗. 初以唯心爲宗 次以唯佛爲宗
총립초정이견위종. 초이유심위종 차이유불위종
三以絶待圓融爲宗 末以超情離見爲宗. 總此四重宗
삼이절대원융위종 말이초정이견위종. 총차사중종
旨 方是一句彌陀正宗宗旨. 豈易言哉.
지 방시일구미타정종종지. 기이언재.

망정(妄情)과 아집(我執)을 버리기 위한 염불법

　마지막으로 이 염불법문은 중생들의 망정(妄情, 허망한 감정들)을 초월하고 잘못된 견해(나를 위주로 일어나는 모든 생각들)를 버리는 것(超情離見)으로 종지를 삼고 있습니다.

　위에서 말한 '모든 법이 절대이다(諸法絶待)'라는 관점에서 보면, 우리 염불법문은 모든 허물을 떠나고 온갖 시비가 끊어졌으므로, 일체 중생의 감정과 망상과 집착은 물론, 성문·벽지불

示衆法語(시중법어)

・보살들이 가지고 있는 견해나 경계까지도 훌쩍 초월해 있습니다.

그리고 '모든 법을 완전히 융합한다(諸法圓融)'는 측면에서 보면, 염불법문은 인간의 사유법인 네 가지 논리(四句)를 완전하게 아우르고, 온갖 시비를 모두 모아 융합하고 있으므로, 더욱 범부 중생의 감정이나 성문・벽지불・보살의 세 성현들의 식견으로 미칠 수 있는 것이 아닙니다. 그래서 '망정을 초월하고 잘못된 견해를 떠나는 것(超情離見)'으로 이 염불법문의 총괄적인 종지로 삼은 것입니다.

요약해 말씀드리면, 이 염불법문은 먼저 '일체의 모든 것은 오직 마음이 만들어 낸다는 도리(唯心)'를 가지고 종지를 삼았고, 다음에는 '모든 법 가운데 최고이신 아미타부처님(唯佛)'으로 종지를 삼았으며, 세 번째로 '절대적이고 완전히 융합하는 이치(絶待圓融)'로 종지를 삼았고, 네 번째로 '감정을 초월하고 잘못된 견해를 떠나는 것(超情離見)'으로 총괄적인 종지로 삼았습니다.

그런데 이 네 겹(층)의 종지를 총괄해야만, 비로소 아미타불 한 구절(염불법문)의 정통 종지(宗旨) 중의 종지가 될 수 있습니다. 그러니 아미타불 염불수행의 심오하고 미묘한 이치를 어찌 그렇게 쉽게 말할 수 있겠습니까?
　나무아미타불.

此一念佛法門 如天普蓋 似地普擎. 無有一人一法
차일염불법문 여천보개 사지보경. 무유일인일법
能出其外 不在其中者. 如華嚴全經 雖有五周四分
능출기외 부재기중자. 여화엄전경 수유오주사분
之殊 以因果二字 該盡無餘. 四十一位因心 無一心
지수 이인과이자 해진무여. 사십일위인심 무일심
而不趨向果覺. 四十一位所修種種法行 豈非皆念佛
이불추향과각. 사십일위소수종종법행 기비개염불
法行也. 而末後普賢以十大願王 導歸極樂 爲全經
법행야. 이말후보현이십대원왕 도귀극락 위전경
一大結穴. 不其然乎.
일대결혈. 불기연호.

화엄경 전체가 바로 염불법문

 이 염불법문은, 하늘이 만물을 모두 덮어 감싸듯, 땅이 만물을 빠짐없이 실어 떠받치듯, 어느 한 사람이나 어느 한 법도 그 안에 포함되지 않음이 없고, 그 어떤 법도 이 염불법문 밖으로 벗어날 수 있는 게 없습니다(사람이나 사물 그리고 종교와 인종을 막론하고 그 어느 것 하나 이 염불법문의 이치를 떠나서 존재할 수 없다). 이는 마치 한 부의 『화엄경(華嚴經)』 전편이 비록 오주사분(五周四分)의 차이는 있지만, '인과(因果)' 두 글자로 전체의 내용을 망라할 수 있는 것과 같습니다.

즉 41개의 계단으로 나누어지는 수행과정 중의 지위인 각각의 마음(四十一位因心)은 어느 것 하나 예외 없이 모두가 궁극의 과보인 깨달음(果覺, 成佛)을 향해 나아가지 않음이 없습니다. 그러니 이 41위의 단계를 통해서 닦아가는 다양한 수행들이 어찌 모두 다 염불 수행이 아니라고 할 수 있겠습니까?

게다가 『화엄경』의 마지막 결말이라고 할 수 있는 입법계품(入法界品)에 이르면, 보현보살이 십대원왕(十大願王)을 가지고 화장세계의 모든 대중들을 마지막에는 극락세계로 인도하는데, 이 부분이 화엄경 전편의 대단원을 마무리 짓는 핵심 경혈(經穴, 혈맥)에 해당합니다. 이치가 이처럼 분명한데 화엄경 전체가 바로 염불법문이라는 사실을 그 누가 부정할 수 있겠습니까?

나무아미타불.

* 보현보살 10대원왕(普賢菩薩十大願王) ; 1.예경제불(禮敬諸佛), 2.칭찬여래(稱讚如來), 3.광수공양(廣修供養), 4.참회업장(懺悔業障), 5.수희공덕(隨喜功德), 6.청전법륜(請轉法輪), 7.청불주세(請佛住世), 8.상수불학(常隨佛學), 9.항순중생(恒順衆生), 10.보개회향(普皆回向).

* 입법계품(入法界品)에,

願我臨欲命終時　盡除一切諸障礙　面見彼佛阿彌陀　卽得往生安樂刹
我旣往生彼國已　現前成就此大願　一切圓滿盡無餘　利樂一切衆生界
彼佛衆會咸淸淨　我時於勝蓮華生　親覩如來無量光　現前授我菩提記
蒙彼如來授記已　化身無數百俱胝　智力廣大徧十方　普利一切衆生界
乃至虛空世界盡　衆生及業煩惱盡　如是一切無盡時　我願究竟恒無盡

十方所有無邊刹　莊嚴衆寶供如來　最勝安樂施天人　經一切刹微塵劫
若人於此勝願王　一經於耳能生信　求勝菩提心渴仰　獲勝功德過於彼

* **화엄종주(華嚴宗主)**이신 의상대사(義相大師)께서는 화엄종찰(華嚴宗刹)인 부석사(浮石寺)를 지어 도량의 가장 높고 중심이 되는 곳에 아미타부처님을 주불(主佛)로 모셨으니 참으로 화엄경에 투철한 분이라 하겠다.

* **오주사분(五周四分)** ; 화엄경 80권(八十華嚴經) 전체 내용을 의미에 따라 분류한 것.

* **오주(五周)** ; 1. 소신인과(所信因果, 전11권에 해당, 사분의 信에 해당), 2. 차별인과(差別因果, 중간 41권 가운데 앞부분에 해당), 3. 평등인과(平等因果, 41권 가운데 뒷부분에 해당), 4. 성행인과(成行因果, 離世間品 7권, 여기서는 수행의 방법에 대해서 설명함, 사분의 行에 해당), 5. 증입인과(證入因果, 마지막 21권에 해당, 즉 40화엄 入法界品, 사분의 證에 해당)

* **사분(四分)** ; 전체를 신(信)·해(解)·행(行)·증(證)의 네 부분((四分)으로 나눈 것.

* **사십일위(四十一位)** ; 화엄경(華嚴經)에서 분류한 보살이 수행해 가는 41개 단계를 말한다. 십주(十住)·십행(十行)·십회향(十廻向)·십지(十地)·등각(等覺)이 이것이다. 유식가(唯識家)들은 41단계로 나누며, 인왕경(仁王經)에서는 41위 앞에 십신(十信)을 더하여 51개 단위로 나누었으며, 보살영락본업경(菩薩瓔珞本業經)에서는 등각(等覺) 이후에 다시 묘각위(妙覺位)를 더하여 52개 단계로 구분하였는데, 일반적으로 52위설(五十二位說)을 주로 따른다.

示衆法語(시중법어)

願我臨終無障礙
彌陀聖眾遠相迎
速離五濁生淨土
回入娑婆度有情

老實念佛
求生淨土

心想事成
심상사성

이뤄진다
생각대로

그 어떤 것이든 마음속으로 깊고 강렬하게 생각한다면
그것이 그대로 현실로 나타나게 되는데,
현실로 나타날 현상들의 모든 씨앗들이 본래부터
이미 우리들 마음속에 다 들어 있기 때문입니다.
(이를 심상사성心想事成 즉, 마음으로 간절히
생각하고 원하면 현실로 이루어진다는 의미)
이러한 까닭에, 마음의 근본속성(心性)이 어떤 것인가를
철저히 이해하는 사람은 결코 현실세계에 나타나는
인과(법칙)를 부정하거나 소홀히 하는 법이 없으며,
반대로 현실로 나타나는 인과를 깊이 믿고 바른 인과를
따라 청정한 행위(淨業)를 쌓아가는 사람이라면, 결국에는
반드시 마음의 참다운 속성(불성佛性)을 크게 밝히게 됩니다.
-철오선사-

철오선사법어

又華嚴者 以萬行因華 莊嚴一乘佛果 此萬行非念
우화엄자 이만행인화 장엄일승불과 차만행비염
佛行耶? 華嚴 具婆須密女 無厭足王 盛熱婆羅門等
불행야? 화엄 구파수밀여 무염족왕 성열파라문등
無量門 然皆顯示毗盧境界. 此無量門 非卽念佛門
무량문 연개현시비로경계. 차무량문 비즉염불문
耶? 法華一經 從始至終 無非開示悟入佛知佛見. 此
야? 법화일경 종시지종 무비개시오입불지불견. 차
非始終唯一念佛法門耶?
비시종유일염불법문야?

또 화엄(華嚴)은, 온갖 수행(萬行)을 의미하는 화려한 꽃(因華)으로 궁극의 결과인 부처님의 과위(一乘佛果)를 원만하게 장엄한다는 뜻인데, 이러한 온갖 수행들이 바로 염불수행이 아니고 무엇이겠습니까?

『화엄경(華嚴經)』에는, 파수밀녀(婆須密女) 무염족왕(無厭足王) 승열바라문(勝熱婆羅門) 등과 같은 무량한 법문들이 모두 다 갖추어져 있으니, 이 법문들은 모두 비로자나부처님(毘盧遮那佛)의 궁극의 경계를 뚜렷이 보여 주고 있습니다. 그러니 이 무량 법문들이 바로 염불법문이 아니고 무엇이겠습니까?

또 『법화경(法華經)』은 처음부터 끝까지 시종일관 중생들에게 오직 부처님의 지견(知見)을 열어주고(開) 알려주고(示) 깨달아서

示衆法語(시중법어)

(悟) 들어가 증득하게(入) 해주고 있지 않음이 없는데, 이 또한 처음부터 끝까지 온통 유일한 염불법문이 아니고 무엇이겠습니까?
　나무아미타불.

＊파수밀녀(婆須密女) ; 범어 Vasumitra의 음역으로, 파수밀다(婆須密多)라고도 한다. 화엄경 53선지식 가운데 25번째에 등장하는 선지식이며 선재동자가 험난국보장엄성(險難國寶莊嚴城)에 이르러 파수밀녀(婆須密女)를 참방(參訪)했는데 그가 '보살이욕제해탈(菩薩離欲際解脫)'에 관하여 설법을 해주었다.

＊승열바라문(勝熱婆羅門) ; 범어는 Jayosmaya인데, 방편명바라문(方便名婆羅門)이라고도 부른다. 53선지식 가운데 9번째에 등장하는 선지식으로 고행(苦行)을 주로 닦아 일체지(一切智)를 구하는 수행자다. 선재동자(善財童子)도 이를 본받아 칼산(刀山)에 오르고 활활 타오르는 불구덩이 속으로 뛰어들었는데 이로 인하여 마침내 보살선주삼매(菩薩善住三昧)와 보살적정락신통삼매(菩薩寂靜樂神通三昧)를 얻었다.

＊무염족왕(無厭足王) ; 범어는 Anala이며 만족왕(滿足王)이라고도 한다. 53선지식 가운데 17번째에 등장하는 선지식으로 선재동자가 다라당성(多羅幢城)에 이르러 무염족왕을 참방하니 그가 '보살여환해탈(菩薩如幻解脫)'에 대한 법문을 해주었다.

＊비로차나불(毘盧遮那佛) ; 범어 Vairocana의 음역으로, 비루차나(毘樓遮那), 비로절나(毘盧折那), 노사나(盧舍那), 노차나(盧遮那), 차나(遮那)라고도 하며 편일체처(遍一切處), 광명편조(光明遍照), 대일편조(大日遍照), 광박엄정(廣博嚴淨) 등으로 의역한다. 부처님의 보신(報身)이나 법신(法身)을 가리키는데 부처님의 보신의 정토(佛報身淨土)인 연화장세계(蓮華藏世界)에 머물면서 중생을 교화하고 계신다고 한다.

楞嚴最初顯示藏性 明成佛之眞因也. 其次揀選圓通
능엄최초현시장성 명성불지진인야. 기차간선원통
示成佛之妙行也. 後歷六十聖位 圓滿菩提 歸無所
시성불지묘행야. 후력육십성위 원만보리 귀무소
得 證佛地之極果也. 背此則成七趣沈淪 向此則明
득 증불지지극과야. 배차즉성칠취침륜 향차즉명
五魔擾亂. 末後云 有人身具四重 十波羅夷 瞬息卽
오마요란. 말후운 유인신구사중 십파라이 순식즉
經此方他方阿鼻地獄 乃至窮盡十方無間 靡不經歷.
경차방타방아비지옥 내지궁진십방무간 미불경력.

『능엄경(楞嚴經)』은, 맨 처음에 여래장인 참마음을 뚜렷이 보이셨으니, 이는 모든 중생이 다 같이 부처가 될 수 있는 진짜 이치를 밝히신 것이며, 그 다음으로 이치를 원만하게 통달(圓通)하는 25가지 방법들을 간추려 보이셨으니, 이는 부처가 되는 미묘한 수행을 가르쳐 보이신 것입니다. 그 뒤 60가지 성인의 자리(聖位)를 거쳐 보리(菩提)를 원만히 이루고 더 이상 얻을 게 없는 경지로 돌아가니, 이렇게 해서 부처님의 지위인 궁극의 과위를 증득합니다. 이러한 과정을 잘못 밟으면, 칠취(七趣, 육도六道에 신선계神仙界를 더한 중생계를 말함)에 빠져 허우적거리게 되며, 이 과정을 따라 바르게 수행해 간다면, 다섯 가지 악마(五魔)가 어떤 방식으로 수행자를 방해하고 어지럽히는가를 분

示衆法語(시중법어)

명히 분별해 알 수 있습니다.

마지막에는, 사람이 몸으로 네 가지 중죄나 열 가지 바라이죄(十波羅夷)를 짓게 되면, 눈 깜빡할 사이에 여기 세계와 다른 세계의 아비지옥(阿鼻地獄)을 거칠 뿐 아니라, 시방세계의 모든 무간(無間)지옥을 죄다 거치지 않음이 없게 된다고 했습니다.
　나무아미타불.

*4바라이(四波羅夷) ; 범어 catvarah parajika dhamma의 음역으로, 사극악법(四極惡法), 사바라이계(四波羅夷戒)라고도 한다. 즉 대음계(大淫戒), 대도계(大盜戒), 대살계(大殺戒), 대망어계(大妄語戒)가 이것이다.
*10바라이죄(十波羅夷罪) ; 십중파라제목차(十重波羅提木叉), 십파라이(十波羅夷), 십불가회계(十不可悔戒), 십중금(十重禁), 십무진계(十無盡戒), 십중(十重) 등으로도 부른다. 보살48경계(菩薩四十八輕戒)에 상대되는 것으로 범망경(梵網經) 하권(下卷)에 보면 살계(殺戒), 도계(盜戒), 음계(淫戒), 망어계(妄語戒), 고주계(酤酒戒, 술을 파는 행위), 설사중과계(說四衆過戒, 출가와 재가 신도 즉 사부대중의 허물을 말하는 것), 자찬훼타계(自讚毁他戒, 자기를 칭찬하고 남을 비방하는 것), 간석가훼계(慳惜加毁戒, 자기 물건은 아끼면서 남의 물건은 함부로 하는 행위), 진심불수회계(瞋心不受悔戒, 화를 내고도 참회하거나 다른 사람의 충고를 받아들이지 않는 것), 방삼보계(謗三寶戒, 불법승 삼보를 비방하는 행위) 등 열 가지가 여기에 해당한다. 이 열 가지 계율을 파하면 다시는 참회할 수 없고 모든 자격을 박탈당하여 대중에서 쫓겨나기 때문에 이렇게 부른다.

若能一念將此法門 於末劫中開示未學 是人罪障應
약능일념장차법문 어말겁중개시미학 시인죄장응
念消滅 變其地獄所受苦因 爲安樂國. 此則徹始徹
념소멸 변기지옥소수고인 위안락국. 차즉철시철
終 唯一念佛法門也. 總佛一代時敎 三藏十二部 半
종 유일염불법문야. 총불일대시교 삼장십이부 반
滿 權 實 偏 圓 頓 漸 種種法門 無非顯示唯心
만 권 실 편 원 돈 점 종종법문 무비현시유심
自性 圓成無上妙覺而已. 得非總一大念佛法門耶?
자성 원성무상묘각이이. 득비총일대염불법문야?

示衆法語(시중법어)

부처님 가르침 전체가 하나의 방대한 염불법문

또 만약 일념(一念)으로 이 『능엄경』의 법문을 말겁(末劫, 말세 즉 시간적인 개념이 아니라 중생들의 마음의 오염정도가 극도로 심각한 상태를 말한 것임) 중의 배우지 못한 중생들한테 알리고 일깨워 준다면, 이 사람의 죄악과 업장은 한 순간에 소멸되고, 지옥에 들어가 고통 받을 씨앗이 안락국토(극락정토)에 왕생할 씨앗으로 변한다고 했습니다. 그러니 이 또한 처음부터 끝까지 철저히 유일한 염불법문이 아니고 무엇이겠습니까?

부처님께서 한평생 설하고 교화하신 자취인 삼장 십이부(三藏十二部) 경전을 통틀어 종합해 본다면, 반자교(半字敎, 완전하지 못한 소승성문들의 가르침)든 만자교(滿字敎, 완전한 대승보살들의 가르침)든, 임기방편으로 설하신 것(權)이든 불변한 실상을 설하신 것(實)이든, 치우친 가르침이든(偏) 완전한 가르침이든(圓), 단박에 깨닫게 해주는 법문이든(頓) 점차 닦아서 깨닫게 해주는 법문이든(漸), 그 어떤 종류의 법문을 막론하고 모든 법문들이 어느 것 하나 '유심(唯心)과 참마음(自性)'의 이치를 뚜렷이 보여서 미묘한 깨달음(無上妙覺)을 원만히 성취하도록 이끌어 주지 않는 것이 없습니다. 이렇게 볼 때 부처님 가르침 전체 그대로가 하나의 방대한 염불법문이 아니겠습니까?
나무아미타불.

至如禪宗 達磨大師西來 但當曰 直指人心 見性便
지여선종 달마대사서래 단당왈 직지인심 견성편
了. 而云成佛者 非宗門亦念佛門耶? 故合二派五宗
료. 이운성불자 비종문역염불문야? 고합이파오종
千七百則公案 不過指點當人本源心性 顯示本有淸
천칠백칙공안 불과지점당인본원심성 현시본유청
淨法身, 法身橫徧豎**窮 無所不**徧 **而參禪人 要須時**
정법신, 법신횡변수궁 무소불편 이참선인 요수시
時現前 頭頭相應. 此何在而非念佛法門哉? 至如佛
시현전 두두상응. 차하재이비염불법문재? 지여불
之一字 吾不喜聞 一棒打殺 與狗子喫等語 皆顯示
지일자 오불희문 일봉타살 여구자끽등어 개현시
法身向上勝妙方便. 是眞念佛也.
법신향상승묘방편. 시진염불야.

그리고 선종(禪宗)을 놓고 보더라도, 달마(達摩) 대사가 서쪽에서 오셔서 단지 "직접 참마음을 가리켜(보아) 본래의 참된 마음을 바로 깨달아 마친다(直指人心 見性便了)"라고만 해도 되는데, 그러지 않고 "참된 마음을 깨달아 부처가 된다(見性成佛)"고 말씀하신 걸 보아도, 선종의 법문 역시 결국엔 염불법문이 아니겠습니까?

결국 두 파(二派)와 다섯 종(五宗)에 걸쳐 쏟아진 선문(禪門)의 천칠백 개 공안(千七百則公案, 화두話頭)도 모두 사람의 본래 근원자리인 참마음(本源心性)을 파헤쳐 일깨우면서, 우리가 본래부터 지니고 있는 청정법신(淸淨法身)을 뚜렷이 보여 주는 것에 지나지 않습니다. 법신은 가로(공간)나 세로(시간)로나 두루 꽉 차서, 존재하지 않는 곳이 없습니다. 그러니 참선하는 사람은 바로 이 법신이 어느 때건 항상 앞에 나타날 수 있어야 하며, 어떤 사물이건 어떤 상황이든 도처에서 서로 꼭 들어맞을 수 있도록 공안을(公案, 화두) 들고 참구해야 합니다(隨處作主)(시간과 장소를 불문하고 항상 법신과 상응하여 하나가 되어야 내가 주인이 될 수 있으며 이렇게 해야 제대로 화두참구話頭參究를 한다고 할 수 있다). 그렇다면 그 어떠한 공안을 참구한들 천 칠 백 개의 화두가 모두 염불 법문이 아닐 수 있겠습니까?

그리고 "부처님(佛)이란 이름도 나는 듣기 싫으니 만일 부처님이 나타나면 몽둥이로 한 방에 때려 죽여 개나 주어버리겠다(佛之一字 吾不喜聞 一棒打殺 與狗子喫)"라고 한 조사들의 특별한 언구들은, 사실은 모두 법신을 초월한 궁극의 경지(法身向上)를 뚜렷이 보여주는 훌륭하고 미묘한 방편 법문으로, 이것이야말로 진짜 염불법문입니다(조사스님들의 이런 극단적인 말들은 뼛속까지 퍼진 마음의 병을 치료하기 위해 일시적으로 사용하는 극약처방이지 평상에 늘 쓰는 것은 아닙니다). 나무아미타불.

* **이파오종(二派五宗)** ; 임제종(臨濟宗), 위앙종(潙仰宗), 조동종(曹洞宗), 운문종(雲門宗), 법안종(法眼宗)의 오종(五宗)과 임제종에서 갈라져 나온 양기파(楊岐派)와 황룡파(黃龍派)를 말하는데, 이를 오가칠종(五家七宗)이라고도 한다.

往往無知之輩 謂宗門中人 不宜念佛. 此不唯不知
왕왕무지지배 위종문중인 불의염불. 차불유부지
念佛 豈眞知宗哉? 不唯宗敎兩門如是 卽普天之下
염불 기진지종재? 불유종교양문여시 즉보천지하
士農工商 諸子百家 縱不欲念佛 不知佛者 亦不能
사농공상 제자백가 종불욕염불 부지불자 역불능
出於念佛法門之外. 以彼去來動靜 咸率此道 百姓
출어염불법문지외. 이피거래동정 함솔차도 백성
日用而不知也. 所謂一氣不言含有象 萬靈何處謝無
일용이부지야. 소위일기불언함유상 만령하처사무
私 夾路桃花風雨後 馬蹄無地避殘紅.
사 협로도화풍우후 마제무지피잔홍.

示衆法語(시중법어)

행주좌와가 염불법문을 벗어날 수 없다

흔히들 부처님의 가르침(佛敎)이 무엇이며 마음공부(修行)가 무엇인지도 모르는 무지(無知)한 무리들이 "선종 문중(禪宗門中)의 수행자들은 염불을 해서는 안 된다"고들 떠들어대곤 합니다. 이들은 염불이 뭔지도 모를 뿐 아니라, 선종이 뭔지도 모르고 있는 것입니다.

선종과 교종의 두 법문만 이러한 것이 아니라, 온 천하의 사농공상과 제자백가의 어느 누구라도 설령 염불을 하지 않으려고 하거나 심지어 부처님을 전혀 모르는 자라 할지라도 그들 역시 염불법문을 벗어날 수 없습니다(염불법문을 떠나서 살 수가 없습니다). 그들이 오고 가고 움직이고 고요히 앉아있는 행위 하나하나가 모두 이 염불법문을 벗어나지 않고 있기 때문입니다(그 누구도 마음을 떠나서 살 수 없기 때문에 존재하는 모든 것들은 다 염불을 하지 않을 수 없다. 부처란 살아 숨 쉬는 생명이기 때문이다). 다만 일반 백성(중생)들은 날마다 쓰면서도 그런 줄을 모르는 것일 뿐입니다. 정말이지 옛 시에서 읊은 그대로입니다.

一氣不言含有象 ; 말한마디 않고서도 삼라만상 머금으니
萬靈何處謝無私 ; 만물영장 누구에게 공평무사 감사할까?
夾路桃華風雨後 ; 복숭아꽃 즐비한길 비바람이 내리친뒤
馬蹄無地避殘紅 ; 어느말이 붉은꽃잎 밟지않고 지날손가?
　나무아미타불.

一眞爲生死 發菩提心 是學道通途. 二以深信願 持
일진위생사 발보리심 시학도통도. 이이심신원 지
佛名號 爲淨土正宗. 三以攝心專注而念 爲下手方
불명호 위정토정종. 삼이섭심전주이염 위하수방
便. 四以折伏現行煩惱 爲修心要務. 五以堅持四重
편. 사이절복현행번뇌 위수심요무. 오이견지사중
戒法 爲入道根本. 六以種種苦行 爲修道助緣. 七以
계법 위입도근본. 육이종종고행 위수도조연. 칠이
一心不亂 爲淨心歸宿. 八以種種靈瑞 爲往生證驗.
일심불란 위정심귀숙. 팔이종종영서 위왕생증험.
此八種事 各宜痛講 修淨業者 不可不知也.
차팔종사 각의통강 수정업자 불가부지야.

정토행자가 알아야 할 8가지 사항

첫째, 진실로 생사윤회의 고통에서 해탈하기 위해서는 보리심을 내야하는데, 무엇보다도 먼저 보리심을 일으키는 것이 마음을 닦고자하는 사람이 해야 할 절대적인 일이요(眞爲生死 發菩提心 是學道通途),

둘째, 깊은 믿음과 간절한 서원으로 부처님 이름을 지송하는 것으로 정토 법문의 핵심적인 가르침으로 삼으며(以深信願 持佛名號 爲淨土正宗),

示衆法語(시중법어)

셋째, 마음을 모아 한곳으로 집중하여 간절하게 염불하는 것으로 마음공부를 시작하는 좋은 방편으로 삼으며(以攝心專注而念 是下手方便),

넷째, 지금 마음속에 꿈틀거리고 있는 번뇌 망상을 휘어잡아 다스리는 것으로 마음을 닦는데 시급한 일로 삼으며(以折伏現行煩惱 爲修心要務),

다섯째, 네 가지 중요한 계율을 굳게 지키는 것으로 참마음을 찾아 들어가는 근본 바탕으로 삼으며(以堅持四重戒法 爲入道根本),

여섯째, 온갖 고통과 시련을 이기고 물러남이 없이 정진해 가는 것으로 도를 닦아 가는데 필요한 커다란 보조적인 역할로 삼으며(以種種苦行 爲修道助緣),

일곱째, 흐트러짐이 없는 완전한 한 마음(一心)을 성취하는 것으로 정토 수행의 궁극적인 귀착지로 삼으며(以一心不亂 爲淨行歸宿).

여덟째, 가지가지 신령스럽고 상서로운 현상으로(瑞氣) 극락왕생을 확인하는 뚜렷한 증거로 삼아야 할 것입니다(以種種靈瑞 爲往生證驗)

이상 여덟 가지 일은 각자 간절하고 철저히 강구해야 마땅하며, 특별히 염불법문을 닦는 사람이라면 필수적으로 알아야 할 사항입니다.

나무아미타불.

衆生所以輪迴**者 六道也. 餘趣衆生 爲驚瞋苦樂之**
중생소이윤회자 육도야. 여취중생 위경진고락지
所障 無暇向道. 可以整心慮 趣菩提 唯人道爲能耳.
소장 무가향도. 가이정심려 취리리 유인도위능이.
但失人身者 如大地土 得人身者 如爪上土 人身豈
단실인신자 여대지토 득인신자 여조상토 인신기
易得乎? 人道衆生 從生至壯 以及老死 眼之所見
이득호? 인도중생 종생지장 이급노사 안지소견
耳之所聞 無非世間塵勞生死業緣耳 佛法豈易聞乎?
이지소문 무비세간진로생사업연이 불법기이문호?

示衆法語(시중법어)

깨달음을 향해 나아갈 수 있는 곳은 인간세상 뿐

중생들이 수레바퀴처럼 돌고 도는 것이 바로 육도 윤회(六道輪廻)인데, 다른 다섯 부류의 중생들(五道衆生, 천상, 아수라, 축생, 아귀, 지옥)은 놀라고 두려워하거나 성내거나 또는 괴로워하거나 즐거워하느라 정신이 팔려, 자기의 참마음(道, 진리)을 찾아갈 마음의 겨를이 없습니다. 마음과 생각을 가다듬고 깨달음(菩提)을 향해 나아갈 수 있는 곳은, 오직 인간 세상(人道) 하나뿐입니다. 그렇지만 끝없는 윤회를 통하여 인간의 몸을 얻고도 공부할 기회를 놓친 사람은 대지의 흙처럼 많고, 다행이 다시 인간의 몸을 얻는 이는 손톱 위의 티끌만큼 적습니다. 그러니 인간 몸을 어찌 쉽게 얻을 수 있겠습니까?

그런데 인간으로 태어난 사람들의 대다수가 태어나서 자라고 늙어 죽을 때까지 눈으로 보고 귀로 듣는 것들은, 하나같이 세속의 욕망에 찌든 힘들고 고통스런 생사윤회의 업장들로 얼룩진 군상들일 뿐입니다. 그러니 진정한 부처님의 가르침(佛法)을 어디서 그렇게 쉽게 들을 수 있겠습니까?
나무아미타불.

得人身已難　況得男子身　六根具足尤難．聞佛法已
득인신이난　황득남자신　육근구족우난．문불법이
難　況聞彌陀名號　淨土法門尤難．何幸而得難得之
난　황문미타명호　정토법문우난．하행이득난득지
人身　何幸而聞難聞之佛法．聞之而猶不肯信　不深
인신　하행이문난문지불법．문지이유불긍신　불심
爲可惜也哉？不信姑置　卽如信者　信而不願　猶不信
위가석야재？불신고치　즉여신자　신이불원　유불신
也．願而無行　猶弗願也．行而不猛　猶弗行也．行之
야．원이무행　유불원야．행이불맹　유불행야．행지
所以不猛　由願不切．願之所以不切　由信不眞．總之
소이불맹　유원부절．원지소이부절　유신부진．총지
生眞信難．
생진신난．

극락왕생하기 위한 세 가지 식량(三資糧)

인간의 몸을 얻기도 이렇게 어렵거늘, 하물며 남자 몸을 받아 육근(六根)이 온전히 갖추어지기는 얼마나 어렵겠습니까? 그리고 부처님 가르침 듣기도 이렇게 어렵거늘, 하물며 아미타부처님의 이름을 듣고 염불법문을 만나기란 또한 얼마나 어렵겠습니까? 그런데 우리는 참으로 다행스럽게도 얻기 어려운 사람

몸을 이미 얻었고, 또 얼마나 큰 복으로 만나기 어려운 염불법문을 이렇게 만났습니까? 그런데 부처님의 가르침 중에서도 이렇게 훌륭한 염불법문을 듣고도 오히려 믿지 않거나, 믿는다 해도 깊이 믿지 않고 믿는 둥 마는 둥 하는 식이라면 얼마나 안타까운 일이겠습니까?

믿지 않는 자들이야 우선 제쳐 두고라도, 설사 믿는다 하더라도 믿기만 하고 (극락세계에 태어나기를) 발원을 하지 않는다면 믿지 않는 것과 다를 것이 없으며, 발원만 하고 실제로 염불 수행을 하지 않으면 발원하지 않는 것과 역시 다를 게 없으며, 또 염불 수행을 하더라도 간절한 마음으로 지속적으로 하지 않으면 염불 수행을 하지 않는 것과 같습니다(믿음信, 원력願, 실천行 이 세 가지는 극락세계에 가기위해 필수적으로 준비해야 하기 때문에 이것을 세 가지 식량(三資糧)이라고 한다).

그런데 염불 수행이 간절하지 못한 이유는 발원이 절실하지 않기 때문이며, 발원이 절실하지 못한 까닭은 믿음이 확실하지 않기 때문입니다. 결론적으로 말씀드리면 진실한 믿음을 내기란 그렇게 쉬운 일이 아니라는 것입니다.

나무아미타불.

信果眞矣 願自能切 願果切矣 行自能猛. 眞切信願
신과진의 원자능절 원과절의 행자능맹. 진절신원
加以勇猛力行 決定得生淨土 決定得見彌陀 決定
가이용맹역행 결정득생정토 결정득견미타 결정
證三不退 決定一生補佛. 旣得生淨土矣 曠大劫來
증삼불퇴 결정일생보불. 기득생정토의 광대겁래
生死業根 則從此永斷. 旣一生補佛矣 至極尊貴無
생사업근 즉종차영단. 기일생보불의 지극존귀무
上妙覺 則便得圓成. 此一念眞信所關係者 豈淺淺
상묘각 즉편득원성. 차일념진신소관계자 기천천
哉? 苟非障道緣薄 生死業輕 久種善根 宿因深厚者
재? 구비장도연박 생사업경 구종선근 숙인심후자
何以能爾?
하이능이?

示衆法語(시중법어)

왕생하기만 하면 생사윤회의 업장이 송두리째 뽑힌다

믿음이 만일 진실하다면 발원은 저절로 간절해지며, 발원이 간절하다면 염불수행도 따라서 더 열심히 할 것입니다.

진실한 믿음과 간절한 발원에 용맹스러운 수행력을 겸비한다면, 틀림없이 극락정토에 왕생할 것이고, 틀림없이 아미타불을 친견할 것이며, 틀림없이 세 가지 불퇴전(三不退轉)을 증득할 것이고, 틀림없이 다음 생에 바로 부처님이 되는 후보 자리(補處佛)에 오를 것입니다.

일단 극락정토에 왕생하기만 하면, 시작도 없는 무수한 겁(劫) 동안 지어온 생사윤회의 업장이 송두리째 뽑힐 것이며, 또 다음 생에 바로 부처님이 되는 후보 자리에 오르기만 한다면, 지극히 존귀하고 위없는 미묘한 깨달음(至極尊貴無上妙覺)도 즉시 성취할 수 있습니다.

그러나 한 생각 진실한 믿음(一念眞信)을 일으키는 일이 어찌 그리 간단하고 쉬운 일이겠습니까? 진실로 오랜 세월 동안 선업을 쌓고 숙세의 인연과 근기가 깊고 두터워, 진리를 가로막는 장애들이 적고 생사윤회의 업장이 가벼운 사람이 아니라면, 어떻게 그럴 수가 있겠습니까?
나무아미타불.

然吾人無量劫來 業力輕重 善根深淺 皆莫得而知.
연오인무량겁래 업력경중 선근심천 개막득이지.
但業力由心轉變 善根在人栽培. 是故宏法者 不得
단업력유심전변 선근재인재배. 시고굉법자 부득
不善巧方便 墾切開示. 而學道者 不可不竭力奮勉
불선교방편 간절개시. 이학도자 불가불갈력분면
勇往直前. 但一言入耳 一念動心 皆可轉變業力 皆
용왕직전. 단일언입이 일념동심 개가전변업력 개
能栽培善根. 雖聞種種緊要開示 都無一言所入. 雖
능재배선근. 수문종종긴요개시 도무일언소입. 수
遭種種逆順境界 曾無一念奮發. 是爲眞業力深重
조종종역순경계 증무일념분발. 시위진업력심중
眞善根輕尠 則亦莫可如何也矣.
진선근경선 즉역막가여하야의.

示衆法語(시중법어)

업력을 바꾸고 선근을 쌓는 순간

 돌이켜보면 우리들이 무량겁 동안 지어온 업력(業力)의 무게나 선근(善根)의 깊이는 모두 알 수가 없습니다. 다행이 업력은 자기 마음의 의지로 바꿀 수 있고, 선근은 본인이 북돋아 쌓기에 달렸습니다. 이런 까닭에 진리의 가르침을 펼치는 사람은 훌륭하면서도 교묘한 방편으로 듣는 사람을 간절히 일깨워 주지 않으면 안 되고, 진리를 배우는 사람은 혼신의 힘을 다해 분발하여 과감한 결단력으로 앞으로 나아가지 않으면 안 됩니다. 이렇게 하여 한 마디 말이라도 확실하게 알아듣고, 한 순간만이라도 자기의 마음을 변화시킬 수 있다면, 이때가 바로 업력을 바꾸고 선근을 쌓는 순간이 되는 것입니다.

 하지만 비록 온갖 요긴하고 간절한 가르침을 듣고도 한 마디 말도 귀에 들어오지 않거나, 또는 살아가면서 온갖 힘들거나 순조로운 상황을 겪으면서도 아무런 의식도 없이 결코 한 생각이라도 분발하고자 하는 마음을 내지 않는다면, 이런 사람은 정말로 업력이 몹시 깊고 무거운 자이며, 진짜로 선근이 적은 자입니다. 이런 사람은 부처님께서도 어찌할 수가 없습니다.
 나무아미타불.

現前一念心性 本與佛同體. 佛已久悟 而我猶迷 佛
현전일념심성 본여불동체. 불이구오 이아유미 불
雖已悟 亦無所增 我雖猶迷 亦無所減. 佛雖無增
수이오 역무소증 아수유미 역무소감. 불수무증
以順性故 受大法樂 我雖無減 以背性故 遭極重苦.
이순성고 수대법락 아수무감 이배성고 조극중고.
佛於同體心性之中 雖受法樂 以同體大悲 無緣大
불어동체심성지중 수수법락 이동체대비 무연대
慈 念念憶念於我 念念攝化於我. 我於同體心性之
자 염염억념어아 염염섭화어아. 아어동체심성지
中 雖遭衆苦 不知仰求於佛 不知憶念於佛 但唯逐
중 수조중고 부지앙구어불 부지억념어불 단유축
境生心 循情造業.
경생심 순정조업.

중생과 한 몸이라는 대비심과 조건 없는 대자심

　현재 우리가 쓰고 있는 한 생각 참마음(一念心性)은 본래 부처님의 마음과 똑같습니다(同體). 다만 부처님은 이미 오래 전에 깨달으셨고, 우리는 아직도 헤매고 있다는 것이 다를 뿐입니다. 부처님께서 비록 오래 전에 이미 깨달으셨지만 참마음의 입장에서 본다면 깨달았다고 해도 조금이라도 더 불어난 것도 없으며, 중생인 우리는 비록 아직도 헤매고는 있지만 참마음의 분상에서 본다면 또한 조금도 줄어든 게 없습니다. 부처님께서는 비록 조금도 불어난 게 없지만, 본래 참마음에 순응한 삶을 사시기 때문에 크나큰 진리의 즐거움(法樂)을 누리고 계시며, 우리 중생들은 비록 조금도 줄어든 게 없지만, 본래 참마음을 등진 까닭에 커다란 고통 속에서 헤어나지를 못하고 있습니다.

부처님께서는 일체중생이 동일하게 갖추고 있는 참마음(心性) 가운데 항상 머물고 계십니다. 비록 당신 스스로는 이렇게 고요한 진리의 즐거움에 안주하고 계시지만, 중생과 한 몸이라는 대비심(同體大悲)과 조건 없는 대자심(無緣大慈)을 일으켜 생각 생각마다 우리 중생들을 기억하고 염려하시며, 어떻게 하면 우리 중생들을 교화시켜 행복한 삶으로 인도할까 하는 마음뿐입니다.

반면 우리 중생들은 부처님과 똑같은 참마음(心性) 가운데 있으면서도 온갖 고통을 받을 뿐 아니라, 부처님께 우러러 진리를 구할 줄도 모르며, 부처님을 기억하고 생각할 줄도 모르고, 오직 아상(我相)과 욕망이 시키는 대로 바깥 형상(경계, 대상, 사물 등 눈앞의 현상들을 보거나 느끼면서 일으키는 생각들)에만 정신이 팔려 온갖 시비와 편견에서 벗어나지 못하고 감정 내키는 대로 죄업만 지으며 살아가고 있습니다.

나무아미타불.

曠大劫來 五逆十惡 種種重業 何所不造. 三途八難
광대겁래 오역십악 종종중업 하소부조. 삼도팔난
種種大苦 何所不受. 言之可慚 思之可怖. 設今更不
종종대고 하소불수. 언지가참 사지가포. 설금갱불
念佛 依舊埋頭造種種業 依舊從頭受種種苦 可不
념불 의구매두조종종업 의구종두수종종고 가불
愧乎? 可不懼乎? 今且知佛以大慈大悲 於念念中憶
괴호? 가불구호? 금차지불이대자대비 어염염중억
念攝化於我 則我今者深感佛恩 故應念佛. 一向長
념섭화어아 즉아금자심감불은 고응염불. 일향장
劫枉受衆苦 欲求脫苦 故應念佛. 已造之業 無可如
겁왕수중고 욕구탈고 고응염불. 이조지업 무가여
何 未來之業 可更造乎? 生慚愧心 故應念佛.
하 미래지업 가갱조호? 생참괴심 고응염불.

참회하는 마음(慚愧心) 때문에라도 마땅히 염불해야

　시작도 없는 무량겁 동안 오역죄와 열 가지 죄악(五逆十惡)들을 비롯한 온갖 죄업을 짓지 않은 게 어디 있으며, 삼도팔난(三途八難)을 포함한 온갖 고통을 받지 않은 게 무엇이 있습니까? 말하자니 부끄럽기 짝이 없고, 생각만 해도 두렵기 그지없습니다. 그런데도 아직까지(지금도) 부처님을 생각하지 않고, 예전처

示衆法語(시중법어)

럼 온갖 죄업을 짓는 일에만 골몰하며, 여전히 온갖 고통을 자기 스스로 만들고 있다면, 얼마나 안타깝고 얼마나 두려운 일입니까?

이제 부처님께서 대자대비한 마음으로 생각 생각마다 우리를 기억하고 염려하시며 거두어 교화해 주시고 있다는 사실을 알았다면, 우리는 이제 부처님 은혜를 몹시 감사하는 마음에서라도 당연히 염불(부처님생각)을 해야 합니다. 또한 과거 무량겁 동안 줄곧 온갖 억울한 고통을 당해 왔으므로, 그러한 고통에서 벗어나기 위해서라도 마땅히 염불을 해야 합니다. 이미 지은 죄업은 어찌할 수 없다 하더라도, 계속해서 죄업을 지어서야 되겠습니까? 그동안 지은 죄업에 대해 부끄럽고 참회하는 마음(慚愧心) 때문에라도 마땅히 염불을 해야 합니다(부처님은 우리의 참마음을 말한다. 참된 마음이 주인이 되어 살아가는 삶이 되지 못하고 가짜인 거짓 마음이 주인이 되어버린 우리의 모습들은 참으로 안타까울 따름이다. 우리의 내면에서는 지금도 부처님인 참마음이 우리를 간절히 부르고 있다. 이제 자기의 내면으로 주의를 돌리자. 시선이 밖으로 돌지 않고 내면으로 돌아가는 순간 새로운 세상이 열릴 것이다. 우리가 그토록 밖에서 찾아왔던 행복 만족 기쁨 등이 바로 나에게 미소를 보낼 것이다. 지금 여기서 당장 그렇게 해보라. 그러면 그대는 지금 당장 부처가 될 것이다).

나무아미타불.

同體心性 旣曰本有 卽今豈無 祇欠悟證耳. 求悟心
동체심성 기왈본유 즉금기무 지흠오증이. 구오심
性 故應念佛. 以求悟心念佛 念佛必切 以慚愧心念
성 고응염불. 이구오심염불 염불필절 이참괴심염
佛 念佛必切 以畏苦心念佛 念佛必切 以感恩心念
불 염불필절 이외고심염불 염불필절 이감은심염
佛 念佛必切. 我不念佛 佛尙念我 我今懇切念佛
불 염불필절. 아불념불 불상념아 아금간절염불
佛必轉更念我矣.
불필전갱염아의.

참마음 깨달아 회복하기 위해서라도 마땅히 염불해야

　부처님과 똑같은 참마음(心性)을 우리도 역시 본래부터 가지고 있었다면, 지금인들 어찌 없겠습니까? 다만 깨달아 증득하지 못하고 있을 따름입니다. 이러한 참마음을 깨달아 다시 회복하기 위해서라도 마땅히 염불해야 합니다.

　잊고 있었던 나의 참마음을 다시 되돌리기 위해서 염불을 한다면 염불하는 마음 역시 반드시 간절해질 것이며, 어리석게 온갖 죄악을 지어온 것을 부끄럽게 생각하는 마음으로 염불을 한다면 염불하는 마음도 역시 간절해질 것이며, 윤회의 고통을

示衆法語(시중법어)

두려워하는 마음으로 염불을 한다면 염불도 역시 간절해질 것이며, 부처님 은혜에 감사하는 마음으로 염불을 한다면 염불 역시 간절해질 것입니다.

우리가 부처님을 생각(念佛)하지 않아도, 부처님께서는 어머니가 자식을 생각하듯 항상 우리를 생각하시는데, 만일 우리가 부처님을 간절히 생각한다면 부처님께서는 우리를 더욱 더 생각하실 것입니다.
나무아미타불.

大勢至菩薩云 十方諸佛憐念衆生 如母憶子 子若
대세지보살운 십방제불연염중생 여모억자 자약
逃逝 雖憶何爲 若子憶母 如母憶時 母子歷生 不
도서 수억하위 약자억모 여모억시 모자역생 불
相違遠 若衆生心 憶佛念佛 現前當來必定見佛 去
상위원 약중생심 억불염불 현전당래필정견불 거
佛不遠 不假方便 自得心開. 此大士親證實到境界
불불원 불가방편 자득심개. 차대사친증실도경계
吐心吐膽相告語也. 我今念佛 必得見佛 一得見佛
토심토담상고어야. 아금염불 필득견불 일득견불
便脫衆苦 卽開悟有期. 果得開悟 便可一痛洗已往
편탈중고 즉개오유기. 과득개오 편가일통세이왕
之慚愧矣 佛尙可不念乎?
지참괴의 불상가불념호?

어머니가 자식 생각하듯 자식도 어머니 생각한다면

그래서 대세지보살께서 이렇게 말씀하셨습니다.
"시방세계의 모든 부처님께서 중생들을 불쌍하고 가엾게 생각하시길, 마치 어머니가 자식을 생각하는 것과 같이 하십니다. 그런데 자식이 만약 어머니를 외면하고 멀리 떠난다면, 비록 어머니가 아무리 자식을 생각한들 무슨 소용이 있겠습니까? 만

示衆法語(시중법어)

약 어머니가 자식을 생각하듯 자식도 어머니를 생각한다면, 어머니와 자식은 세세생생 서로 잊거나 떨어지지 않을 것입니다.
　마찬가지로, 만약 중생이 부처님을 그리워하고 부처님을 생각한다면, 지금 당장이나 미래에 반드시 부처님을 친견하게 되어 부처님과 멀리 떨어지지 않고 항상 가까이 할 수 있을 것이며, 다른 어떤 수행을 따로 할 필요도 없이 저절로 마음이 활짝 열릴 것입니다."

　이는 (능엄경　염불원통장念佛圓通章에서) 대세지보살님께서 몸소 증명하고 실제로 체득하신 경계를 간과 쓸개까지 꺼내 보이듯이 허심탄회하게 고백하신 말씀입니다. 우리가 지금 부처님을 생각(念佛)하면, 반드시 부처님을 뵐 수 있으며, 한번 부처님을 뵙기만 하면 즉시 모든 고통에서 벗어나고 깨달음도 기약할 수 있습니다. 이렇게 자기의 참마음을 찾아 깨닫기만 한다면, 지금까지의 부끄러움과 두려움을 단번에 깨끗이 씻어버릴 수 있습니다. 그런데도 부처님을 생각(念佛)하지 않을 수 있겠습니까?(부처님은 멀리 계시는 것이 아니며, 깨달음은 먼 미래의 일이 아니며, 행복은 다른 곳에 있는 것이 아니다. 모든 것은 '지금 여기'에 있다. 자기 참마음 안에 이미 모든 것이 다 갖춰져 있다는 이치를 알기만 한다면 말이다. 봄을 찾아 멀리 돌아다닐 필요가 없다. 집 마당 앞에 봄은 이미 와있다.)
　나무아미타불.

一切衆生本來是佛 眞心本有 妄性元空 一切善法
일체중생본래시불 진심본유 망성원공 일체선법
性本自具. 但以久隨迷染之緣 未斷元空之妄 未證
성본자구. 단이구수미염지연 미단원공지망 미증
本有之眞. 善本具而未修 佛本是而未成. 今欲斷元
본유지진. 선본구이미수 불본시이미성. 금욕단원
空之妄 證本有之眞 修本具之善 成本是之佛 而隨
공지망 증본유지진 수본구지선 성본시지불 이수
悟淨之緣者. 求其直捷痛快 至頓至圓者. 無如持名
오정지연자. 구기직첩통쾌 지돈지원자. 무여지명
念佛之一行矣.
염불지일행의.

지극히 완전하고 단박에 성취하는 성불법, 칭명염불

 모든 중생은 본래부터 그대로가 부처님입니다(一切衆生 本來 是佛). 즉 진실한 참마음은 본래부터 우리 모두에게 갖춰져 있었고(眞心本有), 허망한 마음(욕망, 집착, 편견)은 그 실체가 본래 없는 것이며(妄性元空), 일체의 선한 법과 공덕은 본래 우리들 참마음 안에 처음부터 갖추어져 있었습니다(一切善法 性本自具). 다만 오래도록 욕망에 오염되고 아집과 편견에 미혹되고 휩쓸려 왔기 때문에, 본래 실체도 없는 허망한 마음을 끊지도 못하고, 본래 있는 진실한 참마음을 알지도 못하고 있을 따름입니다. 그래서 선한 법이 본래 갖추어져 있는데도 알아서 내 것으로 만들지 못하고, 우리 자신이 부처인데도 그렇게 되지 못하고 있는 것입니다.

　이제 원래 실체가 없이 텅 빈 허망한 마음을 끊어버리고, 본래 있는 진실한 참마음을 깨달아 알며, 본래 갖추어진 선한 공덕을 닦아, 본래 자신인 부처님이 되어 청정하고 깨달은 삶을 살기를 원한다면, 바로 염불을 하면 됩니다. 마음을 깨달아 부처님이 되는 방법 가운데 참으로 빠르면서도 참으로 통쾌하며(直捷痛快) 지극히 완전하고 단박에 성취하는 방법(至頓至圓)을 찾는다면, 그 방법으로는 '아미타부처님'의 이름을 지송(持誦)하며 부처님의 공덕을 생각하는 지명염불(持名念佛)보다 더 좋은 것이 없기 때문입니다.
　나무아미타불.

以能念之心 本是全眞成妄 全妄卽眞. 所念之佛 亦
이능념지심 본시전진성망 전망즉진. 소념지불 역
本全德立名 全名卽德. 能念心外 無別所念之佛 所
본전덕입명 전명즉덕. 능념심외 무별소념지불 소
念佛外 無別能念之心 能所兩忘 心佛一如. 於念念
념불외 무별능념지심 능소양망 심불일여. 어염염
中 圓伏圓斷五住煩惱 圓轉圓滅三雜染障 圓破五
중 원복원단오주번뇌 원전원멸삼잡염장 원파오
陰 圓超五濁 圓淨四土 圓念三身 圓修萬行 圓證
음 원초오탁 원정사토 원념삼신 원수만행 원증
本眞 而圓成無上妙覺也.
본진 이원성무상묘각야.

왜 염불이 좋은 수행법이라고 하는가? 즉 염불하는 우리의 이 마음(能念之心)은 본래 전체 그대로가 진실한 것이었는데 욕망으로 인해 통째로 허망한 것이 되어 버렸습니다(全眞成妄). 따라서 허망해진 마음이라도 염불을 통해서 다시 원래대로의 참마음으로 돌아갈 수 있습니다(全妄卽眞). 또 염불의 대상(목표)이 되는 아미타부처님(所念之佛)은 본래 있는 참마음의 공덕 전체를 가지고 아미타부처님이란 이름을 지으셨습니다(全德立名). 따라서 아미타부처님의 이름을 부르는 염불을 통해서 아미타부처님의 모든 공덕을 남김없이 내 것으로 가져올 수 있기 때문입니다(全名卽德).

염불하는 주체인 중생들의 마음을 떠나서 따로 염불의 대상인 아미타부처님이 계시는 것은 절대로 아닙니다. 반대로 염불의 대상인 아미타부처님을 떠나서 다른 곳에 따로 염불하는 주체인 중생의 마음이 있는 것도 아닙니다. 이처럼 주체인 염불하는 중생의 마음과 객체인 아미타부처님이라는 구별이 본래 없어서(能所兩忘), 염불하는 마음과 아미타부처님이 완전하게 하나인 것입니다(心佛一如).

이렇게 염불을 한다면, 생각 생각마다 다섯 가지 근본번뇌(五住煩惱)를 조복시켜 완전히 끊으며, 세 가지 잡다하게 오염된 장애(三雜染障)를 남김없이 깨뜨리고, 다섯 가지 혼탁한 경계(五濁)를 한꺼번에 초월하며, 네 가지 정토(四土)에 동시에 태어나며(범성동거정토 방편유여정토 실보장엄정토 상적광정토), 부처님의 세 가지 몸(三身)을 동시에 원만하게 염하며(단지 아미타불 이름만 염해도 부처님의 법신法身 보신報身 화신化身의 세 가지 몸을 동시에 염하는 것이 된다), 온갖 덕행(萬行)을 한꺼번에 닦아, 본래 가지고 있는 참마음의 공덕을 모두 증득하고, 위없이 미묘한 깨달음(無上妙覺)을 완벽하게 성취하게 됩니다.

***오탁악세(五濁惡世)** ; 범어는 panca kasayah(빤짜까사야)이며 오재(五滓)라고도 한다. 감겁(減劫, 인류의 수명이 점점 감소하는 시기) 시기에 일어나는 다섯 가지 재앙을 말하는데 비화경(悲華經)을 근거하면 다음과 같다.
1. **겁탁(劫濁)** ; 범어는 kalpa-kasaya(깔빠까사야) 이며, 감겁(減劫) 중에 사람의 수명이 30세가 될 때 기근(饑饉)의 재앙이 일어나며, 20

세로 감소하게 되면 전염병(傳染病)이 세상을 휩쓸게 되며, 10세가 되면 온갖 전쟁이 난무하여 온 인류가 큰 재앙에 말려드는 시기를 말한다.

2. 견탁(見濁) ; 범어는 drsti-kasaya(드르스띠까사야)이며, 정법(正法)이 이미 사라지고 상법(像法)시대에 접어들어 온갖 잘못된 의견이나 주장들이 세상을 어지럽게 하여 사람들이 함부로 선행을 하지 못하도록 하는 시기를 말한다.

3. 번뇌탁(煩惱濁) ; 범어는 klesa-kasaya(끌래사까사야)이며, 사람들이 탐욕심이 점점 강해져 서로 싸우고 속이며, 나쁜 것이 좋은 것을 몰아내어 사람들이 선악(善惡)의 가치를 혼동하고 따라서 세상이 극도로 어지럽게 되는 시기를 말한다.

4. 중생탁(衆生濁) ; 범어는 sattva-kasaya(쌑뜨바까사야)이며 유정탁(有情濁)이라고도 한다. 사람들의 마음이 점점 악해져 부모에게 효도를 하지 않고 스승과 어른을 존경하지 않으며 두려움 없이 악행을 서슴없이 저지르며 사회질서를 무너뜨리고 자기 이익만 추구하고 양보하고 나누며 함께하려는 마음이 전혀 없어 사회가 어지러운 시기를 말한다.

5. 명탁(命濁) ; 범어는 ayu-kasaya(아유까사야)이며 수탁(壽濁)이라고도 한다. 과거에는 인류의 수명이 8만세나 되었는데, 지금은 사람들이 마음이 점점 악해져 수명 또한 줄어들어 겨우 백세가 되었다. 이처럼 인간의 마음이 악해져 세상에 여러 가지 재앙들이 많이 발생하게 되며, 사람들의 수명도 따라서 줄어드는 시기를 말한다.

***오주번뇌(五住煩惱)** ; 오종주지혹(五種住地惑) 혹은 오주지번뇌(五住地煩惱)라고도 하는데, 즉 견(見)·사(思)·무명(無明) 세 가지 번뇌를 다섯 단계로 나눈 것임. 이 다섯 가지 번뇌가 일체 모든 번뇌의 의지처이며(所依) 머무는 곳(所住)이 되기 때문에 주지(住地)라고 하며 승

만경(勝鬘經)에 나온다.

1. **견일처주지(見一處住地)** ; 삼계(三界)의 견혹을 말하는데 견도위(見道位)에 들어가면 한 곳에서 일시에 끊어버리기 때문에 이렇게 부른다.

2. **욕애주지(欲愛住地)** ; 욕계(欲界)의 번뇌 가운데 견혹(見惑)과 무명혹(無明惑)을 제외하고, 밖의 오욕(色 聲 香 味 觸)에 집착하는 번뇌.

3. **색애주지(色愛住地)** ; 색계(色界)의 번뇌 가운데 견혹(見惑)과 무명혹(無明惑)을 제외하고, 밖의 오욕(五欲)은 버렸지만 자기 일신의 색신(色身)을 집착하는 번뇌.

4. **유애주지(有愛住地)** ; 무색계(無色界)의 번뇌 가운데 견혹(見惑)과 무명혹(無明惑)을 제외하고, 물질에 대한 탐욕은 버렸지만 아직 자기 몸에 집착하는 번뇌.

5. **무명주지(無明住地)** ; 삼계(三界)내의 일체의 무명(無明)을 말함. 무명(無明)은 어둡고 어리석다는 뜻인데 본래 지혜의 광명이 없어 일체 번뇌의 근본이 된다.

*유식종(唯識宗)에서는 앞의 네 종류의 주지혹(住地惑)은 번뇌장(煩惱障)의 종자(種子)이고 마지막 무명혹(無明惑)은 소지장(所知障)의 종자(種子)가 된다고 주장한다.

*천태종(天台宗)에서는 맨 앞 견일처주지(見一處住地)를 견혹(見惑)이라고 하며 2, 3, 4의 번뇌를 삼계의 사혹(思惑)이라고 하여 이 네 가지 번뇌를 총칭하여 **계내견사혹(界內見思惑)**이라고 한다. 이승인(二乘人)이 이 삼계내(三界內)의 번뇌를 끊고 삼계를 벗어난다. 그리고 마지막 **무명혹(無明惑)**은 계외(界外)의 번뇌로 이를 다시 42단계(四十二品)로 구분하는데 이를 끊으면 이종생사(二種生死)를 벗어나 대열반(大涅槃)을 증득하게 된다고 주장한다.

一念如是 念念皆然 但能念念相續 其伏斷修證 有
일념여시 염염개연 단능염염상속 기복단수증 유
不可得而思議者矣. 以是全佛之心 念全心之佛 實
불가득이사의자의. 이시전불지심 염전심지불 실
有自心果佛全分威德神力 冥熏加被耳. 一句佛號
유자심과불전분위덕신력 명훈가피이. 일구불호
不雜異緣 十念功成 頓超多劫. 於此不信 眞同木石
부잡이연 십념공성 돈초다겁. 어차불신 진동목석
捨此別修 非狂卽痴. 復何言哉 復何言哉?
사차별수 비광즉치. 부하언재 부하언재?

　염불을 할 때는 한 생각이 이와 같을 뿐 아니라, 생각 생각마다 모두 이처럼 해나가야 합니다. 다만 이렇게 순간순간 끊어지지 않고 염불하는 마음을 계속 이어간다면(念念相續), 번뇌를 조복시켜 끊어 버리고 정업을 닦아 마음을 맑히고 불과(佛果)를 증명함에 있어 참으로 불가사의한 일이 일어날 것입니다. 이렇게 본래 전체 그대로가 부처인 이 마음(全佛之心)을 가지고, 본래 전체 그대로가 우리의 참마음인 부처님(全心之佛)을 생각한다면, 틀림없이 자기 마음속의 본래부처님(自心果佛)께서 완전한 공덕과 위신력으로 은밀한 가운데 뚜렷한 가피를 주실 것입니다.

示衆法語(시중법어)

　마음속에 오직 '아미타불'이라는 이름 한 구절뿐이요, 다른 일체의 잡다한 망상만 끼어들지 않는다면, 이름을 단 열 번만 불러도(十念功成) 여러 겁 동안 해야 할 수행을 단박에 뛰어넘을 수 있습니다. 이렇게 불가사의한 공덕을 가지고 있는 염불의 이치를 믿지 않는다면 참으로 나무나 돌과 다름없는 죽은 송장과 같은 사람이며, 이러한 염불의 방법을 버리고 다른 수행을 하는 사람은 미치광이가 아니면 바보 천치일 것이니, 다시 무슨 말이 필요하겠습니까?(백문불여일견百聞不如一見이라고 했다. 보지 못한 상태에서 천 번 만 번을 듣는 것보다 자기 눈으로 직접 한번 보는 것이 더 확실하다. 진리를 한번이라도 느끼고 싶은가? 진리는 다른 곳에 있지 않다. 바로 자기의 마음에 있다. 세상을 보는 시각을 바꿔라. 부정적이었다면 긍정적으로, 이기적이었다면 이타적으로, 남이 알아주기를 바랐다면 이제는 먼저 알아주며, 부족하다고 불만만 하고 살았다면 이젠 조그만 것에도 감사할 줄 아는 사람이 되도록 하라. 행복은 자기를 낮추고 감사할 줄 아는 데에 있다.)
　나무아미타불.

問 諸方皆有淨土 何專讚西方 求願往生耶. 答 此
문 제방개유정토 하전찬서방 구원왕생야. 답 차
非人師意也. 乃金口誠言 分明指示故. 大乘顯密諸
비인사의야. 내금구성언 분명지시고. 대승현밀제
經 同指歸故. 令初心人專注一境 三昧易成故. 四十
경 동지귀고. 령초심인전주일경 삼매이성고. 사십
八願爲緣 緣强故. 十念爲因 因勝故. 佛與衆生 偏
팔원위연 연강고. 십념위인 인승고. 불여중생 편
有緣故. 此土衆生 無論僧俗男女老幼善惡之人 當
유연고. 차토중생 무론승속남여노유선악지인 당
其處極順逆苦樂境然之時 多必由中而發 衝口而出
기처극순역고락경연지시 다필유중이발 충구이출
念佛一聲. 然不念佛則已 凡念佛 必念阿彌陀佛.
염불일성. 연불염불즉이 범염불 필염아미타불.

질문 ; 시방세계에 많은 불국토가 있는데 어째서 오직 서방 극락정토만을 찬탄하며 거기에 왕생하길 발원해야 합니까?

대답 ; 왜냐하면 이 말씀은 일반 평범한 스승들이 한 말이 아니기 때문입니다. 이 염불법문은 바로 부처님께서 황금과 같은 입으로 진실한 말씀(金口聖言)을 설하시어 분명히 가리켜 주셨기 때문이며, 대승의 현교(顯敎)나 밀교(密敎)의 여러 경전에

示衆法語(시중법어)

서 한결같이 귀결되는 궁극의 목표이기 때문이며, 처음 마음을 낸 사람도 오롯이 한 경지에만 정신을 집중하여 삼매에 쉽게 이르기 때문이며, 아미타부처님의 48대 서원이 그 어떤 원력보다도 힘이 강하기 때문이며, 열 번의 염불만으로도 극락세계에 태어날 씨앗이 되어 그 인연이 수승하기 때문이며, 다른 부처님보다도 아미타부처님이 중생들과 인연이 특별히 깊기 때문입니다.

여기 사바세계의 중생들은 승가나 속가나, 남자나 여자나, 노인이나 어린애나, 착한이나 악한이나 할 것 없이, 순조롭게 일이 잘되거나 혹은 어렵고 난처할 때나, 즐겁거나 고통스런 상황에 닥칠 때나, 어느 때를 막론하고 심지어는 불교를 믿지 않는 사람도 대부분은 자신도 모르게 마음속에서 '나무아미타불'이라고 우러나와 입으로 크게 부르게 됩니다.

그러기 때문에 염불(부처님 생각)을 하지 않으면 모를까, 만일 부처님을 생각하려고 한다면 반드시 아미타부처님을 생각(염불)하라고 하는 것입니다.
　나무아미타불.

此誰使之然? 蓋衆生久蒙佛化 久受佛恩 與佛緣深
차수사지연? 개중생구몽불화 구수불은 여불연심
故也. 但此彌陀一經 羅什最初譯成. 東林遠祖 卽與
고야. 단차미타일경 라집최초역성. 동림원조 즉여
一百二十三人 結社念佛. 其一百二十三人 以次漸
일백이십삼인 결사염불. 기일백이십삼인 이차점
化 臨終皆留瑞應. 雖鸚鵡 八八兒念佛 化時皆有瑞
화 임종개류서응. 수앵무 팔팔아염불 화시개유서
相. 此非衆生與佛緣深 謂之何哉?
상. 차비중생여불연심 위지하재?

이는 누가 시켜서 그러하겠습니까? 대체로 우리 중생들이 오래도록 부처님의 교화를 받고 오래도록 부처님의 은혜를 입어서, 아미타부처님과 인연이 아주 깊기 때문입니다.

『아미타경(阿彌陀經)』은 삼장법사(三藏法師) 구마라집(鳩摩羅什)이 최초로 번역하였으며, 이 아미타경의 염불법문에 의지하여 동림사(同林寺)의 혜원(慧遠) 조사께서 동료 123인과 함께 염불결사를 창설하여 염불하였는데, 123인이 차례로 입적하면서 임종에 모두 상서로운 감응을 남기셨습니다. 하물며 앵무새나 구관조도 염불하면 죽을 때 모두 상서로운 모습을 보입니다. 이런 사례들이 우리 중생이 아미타부처님과 인연이 깊다는 것을 증명하는 것이 아니면 도대체 무얼 의미한다는 것입니까?
 나무아미타불.

* **혜원(慧遠, 334-416)** ; 동진(東晋)때 사람으로 산서성(山西省)이 고향이다. 13세 때 이미 노장(老莊)철학을 비롯하여 세속의 모든 학문에 통달하였으며 21세 때는 동생 혜지(慧持)와 함께 도안 법사(道安法師, 구마라즙 삼장의 수제자)에게 가서 반야경(般若經)을 듣고 크게 깨달은 바가 있어 세속의 학문이 모두 쓰레기와 같음을 느끼고 마침내 동생과 함께 도안 법사를 스승으로 출가(出家)를 하였다. 24세 때 장자(莊子)를 이용하여 불교를 설명하니 대중들이 불교의 의리(義理)를 더욱더 분명하게 알게 되자 스승인 도안 법사도 이러한 방법(格義佛教)에 대해 인정을 하게 되었다. 평생을 경전의 연구와 역경(譯經)에 힘썼으며 당시의 대 번역가인 구마라집(鳩摩羅什) 삼장(三藏)과 서신왕래를 통하여 자주 경론을 토론하였다. 후에 유유민(劉遺民)을 비롯한 당대의 지식인들과 스님들 123명과 함께 백련사(白蓮社)를 맺고 오직 아미타부처님의 극락정토에 태어나길 서원하여 일생을 염불수행에 전념하였다. 스님의 덕망을 후세에 남기기 위해 당대(唐代)와 송대(宋代)의 왕들이 다투어 시호(諡號)를 내려 변각대사(辨覺大師), 정각대사(正覺大師), 원오대사(圓悟大師), 등편정각원오대사(等徧正覺圓悟大師)라고 칭하게 되었다. 정토종(淨土宗)의 제 1대 조사(第一代祖師)로 추앙되며 많은 저서와 뛰어난 제자들을 배출했다.

又無量壽經云 當來經道滅盡 我以願力 特留此經
우무량수경운 당래경도멸진 아이원력 특류차경
更住百年 廣度含識. 夫不留他經 而獨留此經者 豈
갱주백년 광도함식. 부불류타경 이독류차경자 기
非以此法門 下手易而攝機普 入道穩而獲益速耶?
비이차법문 하수이이섭기보 입도온이획익속야?
以是而知 其時愈後 此法愈當機矣.
이시이지 기시유후 차법유당기의.

최후의 불경 무량수경

또 『무량수경(無量壽經)』에서 부처님께서 직접 "미래 세계에 경전과 불도(佛道)가 모두 사라질 때, 내가 원력으로 특별히 이 경전을 백 년 동안 더 이 사바세계에 머물게 하여 인연 있는 중생들을 널리 제도하게 하겠다"라고 말씀하셨습니다.

다른 경전은 남기지 않고 특별히 이 경전만 남기는 것은, 바로 이 염불법문이 누구나 접하기 쉬우면서 모든 근기의 중생들을 두루 포섭하고, 큰 마장 없이 진리에 순조롭게 들어갈 수 있으며 그 효과가 아주 빠르기 때문이 아니겠습니까? 그러므로 시대가 흐를수록 이 염불법문이 중생들 근기에 더욱 더 잘 맞는다는 것을 알 수 있습니다.

나무아미타불.

世間衆生 當處急難痛苦之時 嘷叫父母 呼天喚地.
세간중생 당처급난통고지시 호규부모 호천환지.
不知父母人天王等 不能救我生死 盡我輪迴 以其
부지부모인천왕등 불능구아생사 진아윤회 이기
同在生死輪迴故耳. 三乘聖人 雖出生死 無大悲心
동재생사윤회고이. 삼승성인 수출생사 무대비심
無益於我. 諸菩薩等 雖有大慈悲心 以其心證各有
무익어아. 제보살등 수유대자비심 이기심증각유
分限 未能普利衆生 滿一切願.
분한 미능보리중생 만일체원.

　세간 사람들은 화급한 재난이나 고통을 당할 때면 으레 아버지 어머니를 부르고, 천지신명을 찾곤 합니다. 그러나 부모님이나 힘 있는 제왕이나 혹은 하늘의 신인 천왕(天王)이라 할지라도 우리를 생사의 두려움에서 구해주고 윤회의 고통에서 벗어나게 해줄 수는 없습니다. 왜냐하면 이들 역시 우리와 똑같이 생사의 고통 속에서 윤회하고 있기 때문입니다.
　삼승(三乘)의 성인들은 비록 생사윤회는 벗어났지만, 자비심(慈悲心)이 없어 우리에게 별 도움이 없으며, 여러 보살님들은 비록 자비심은 있지만, 각자 마음에 증득한 정도가 한계가 있어, 아직은 모든 중생들에게 이익을 골고루 베풀어 그들의 소원을 다 채워줄 수 없습니다.
　나무아미타불.

十方諸佛 雖皆證窮法界 然我感之不易. 縱感極而
십방제불 수개증궁법계 연아감지불이. 종감극이
見 不過暫時離苦 終非究竟. 唯阿彌陀佛 但得一見
견 불과잠시이고 종비구경. 유아미타불 단득일견
卽頓脫生死 永斷苦根矣. 唯此一句阿彌陀佛 是所
즉돈탈생사 영단고근의. 유차일구아미타불 시소
當盡心竭力者. 予曾有偈云 世間出世思惟徧 不念
당진심갈력자. 여증유게운 세간출세사유편 불염
彌陀更念誰 然而念佛不難 難於堅久.
미타갱념수 연이염불불난 난어견구.

단지 한번 뵙기만 하면 생사윤회를 벗어난다

그리고 시방세계의 여러 부처님들은 비록 모두 궁극의 진리 (法界)를 증득하셨지만, 우리 중생이 여러 부처님을 모두 다 감동시키기가 쉽지 않고, 설사 정성이 지극하여 감응이 나타난다 할지라도 잠시 고통을 떠날 뿐이지 결코 궁극의 해탈은 아닙니다.

오직 아미타부처님만이 단지 한번 뵙기만 하면 바로 생사윤회를 벗어나 고통의 뿌리를 영원히 끊어버리게 됩니다. 그러므로 '나무아미타불'이라는 한 구절만이 우리가 마음을 다하고 혼

示衆法語(시중법어)

신의 힘을 다해 염송해야 할 이름입니다. 그래서 제가 일찍이,

'인간세상 성인세계 빠짐없이 둘러봐도(世間出世思惟徧)
생각할건 아미타불 오직한분 뿐이라네(不念彌陀更念誰)'

라고 읊었던 것입니다.

이렇게 염불하는 것이 어려운 일은 아니지만, 그러나 변덕 없이 꾸준히 지속하기가 어렵습니다(다른 어려운 수행법을 찾아 공부하는 것보다 누구나 쉽게 할 수 있는 염불에 의지해서 마음을 닦아가는 것이 현명한 방법이다. 어떤 방법을 택하든 결국 깨달음을 얻을 수 있지만 그 중에서도 염불수행이 가장 쉽고 효과가 빠르기 때문이다. 문제는 너무 쉽고 효과적이기 때문에 오히려 소홀히 생각하여 건성건성 한다는 것이다. 그래서 염불의 원리를 투철하게 이해를 하고 그 이해를 바탕으로 믿음과 원력을 굳게 세우고 꾸준히 계속하는 것이 중요하다).

나무아미타불.

果能堅持一念 如生鐵鑄成 渾鋼打就. 如一人與萬
과능견지일념 여생철주성 혼강타취. 여일인여만
人敵 千聖遮攔不住 萬牛挽不回頭. 如是久之 必能
인적 천성차란부주 만우만불회두. 여시구지 필능
感通相應. 若其未能如此用心 便謂佛言無驗 佛心
감통상응. 약기미능여차용심 편위불언무험 불심
難感者 夫豈可哉? 但得一念感通 便頓出生死 直登
난감자 부기가재? 단득일념감통 편돈출생사 직등
不退 穩成佛果 豈易事也哉?
불퇴 온성불과 기이사야재?

정말로 쇠를 녹여 주물을 만들고 강철을 두들겨 연장을 만들 듯, 혼연일체로 한 생각만을 꾸준히 견지하며, 한 사람이 만 명을 대적하듯이 하며, 천 분의 성인이 설득해도 가로막지 못하고, 만 마리의 소가 끌어당겨도 꿈적도 하지 않는 마음으로, 그 어떤 것에도 흔들리거나 동요하지 않고 오로지 염불만 계속한다면, 아미타부처님의 감응은 반드시 찾아올 것입니다.
　만약 이와 같은 마음으로 염불하지 않으면서, 부처님 말씀은 영험하지 못하고 부처님 마음은 감응시키기 어렵다고 불평만 한다면, 이 어찌 말이 된다고 할 수 있겠습니까? 단지 한 생각 감응이 통하기만 하면, 단박에 생사윤회를 벗어나 곧장 불퇴전의 경지에 오르고 부처님의 과위(佛果)도 확고부동하게 성취할 수 있습니다. 이치가 이런데 염불이라고 어찌 꼭 쉽기만 하겠습니까? 나무아미타불.

示衆法語(시중법어)

知小而不知大　見近而不見遠者　此衆生之常分也.
지소이부지대　견근이불견원자　차중생지상분야.
如阿彌陀佛　於諸衆生　有大恩德　衆生不知也. 佛於
여아미타불　어제중생　유대은덕　중생부지야. 불어
無量劫前　對世自在王佛　普爲惡世界苦衆生　發四
무량겁전　대세자재왕불　보위악세계고중생　발사
十八種大願　依願久經長劫　修菩薩行. 捨金轉輪王
십팔종대원　의원구경장겁　수보살행. 사금전륜왕
位　國城妻子　頭目腦髓　不知其幾千萬億. 此但萬行
위　국성처자　두목뇌수　부지기기천만억. 차단만행
中　內外財布施一行也.
중　내외재포시일행야.

작은 것만 알고 큰 것은 모르며, 가까운 데만 보고 멀리는 못 보는 것이, 바로 보통 중생들의 일반적인 수준입니다. 그래서 아미타부처님께서 우리 중생들한테 얼마나 큰 은덕을 베풀고 계시는 지를 중생들은 전혀 모르고 있습니다. 아미타부처님께서는 무량겁 이전에 법장(法藏) 비구로 수행할 당시 세간자재왕부처님(世間自在王佛) 앞에서, 다섯 가지 죄악으로 가득한 세계(五濁惡世)에서 고통 받는 모든 중생들을 구제하기 위해서 48가지 커다란 서원을 세우셨습니다.

그리고 그 서원에 따라 아주 오랜 겁의 세월 동안 보살행을 닦으시면서, 금륜왕(金輪王)의 자리를 비롯하여 나라·궁궐·처자식

심지어는 자신의 머리·눈·뇌·골수에 이르기까지, 헤아릴 수 없을 정도로 많은 세월동안 중생들을 위해서 보시를 하며 하기 어려운 고행을 몸소 실천하셨습니다. 이는 보살 만행 가운데 단지 재물이나 자기 몸을 보시한 극히 일부분의 예만 든 것입니다.

나무아미타불.

如是忍人所不能忍 行人所不能行 圓修萬行 力極
여시인인소불능인 행인소불능행 원수만행 역극
功純 嚴成淨土 自致成佛. 分身無量 接引衆生 方
공순 엄성정토 자치성불. 분신무량 접인중생 방
便攝化 令生彼國. 然則如爲一人 衆多亦然 如爲衆
편섭화 령생피국. 연즉여위일인 중다역연 여위중
多 一人亦然. 若以衆多觀之 佛則普爲一切衆生也.
다 일인역연. 약이중다관지 불즉보위일체중생야.
若以一人觀之 佛則專爲我一人也.
약이일인관지 불즉전위아일인야.

이처럼 보통 사람들은 참을 수 없는 것을 굳게 참으시고, 일반 사람들은 행할 수 없는 것을 과단성 있게 행하시어 온갖 어려운 만행(萬行)을 원만히 닦아, 그 수행의 힘이 지극하여 공덕이 완전하게 갖춰져, 마침내 장엄한 극락정토를 이루시고 스스

示衆法語(시중법어)

로 부처님이 되셨습니다.

  그래서 한량없는 몸을 나타내시어(分身) 온갖 방편으로 중생들을 맞아들이고 교화하여 극락국토에 왕생하도록 이끌고 계십니다. 아미타부처님께서는 한 사람 한 사람을 위하듯 모든 중생들에게도 그렇게 대하시며, 또한 모든 중생들을 위하는 것처럼 한 사람 한사람에게도 그렇게 대하십니다.
  만약 모든 중생들의 관점에서 본다면, 아미타부처님께서는 일체 중생 모두를 평등하게 대하십니다. 그러나 만약 한 사람만의 입장에서 본다면, 부처님께서는 오직 나 한 사람을 위하여 모든 것을 다하십니다.
  나무아미타불.

稱性大願 爲我發也. 長劫大行 爲我修也. 四土爲
칭성대원 위아발야. 장겁대행 위아수야. 사토위
我嚴淨也. 三信爲我圓滿也. 以致頭頭現身接引 處
아엄정야. 삼신위아원만야. 이치두두현신접인 처
處顯示瑞應 總皆爲我也. 我造業時 佛則警覺我. 我
처현시서응 총개위아야. 아조업시 불즉경각아. 아
受苦時 佛則拔濟我. 我歸命時 佛則攝受我. 我修行
수고시 불즉발제아. 아귀명시 불즉섭수아. 아수행
時 佛則加被我. 佛之所以種種爲我者 不過欲我念
시 불즉가피아. 불지소이종종위아자 불과욕아염
佛也. 欲我往生也 欲我永脫衆苦 廣受法樂也 欲我
불야. 욕아왕생야 욕아영탈중고 광수법락야 욕아
展轉化度一切衆生 直至一生補佛而後已也.
전전화도일체중생 직지일생보불이후이야.

아미타부처님 48대 서원은 바로 나를 위해 세우신 것

이처럼 중생들의 참마음과 완전하게 계합하는 48가지의 커다란 서원(稱性大願)은 바로 나를 위해 세우신 것이고(아미타부처님의 48가지 서원은 부처님이 새롭게 만들어낸 것이 아니라 우리 중생들이 마음속에 본래 가지고 있는 공덕이다. 다만 부처님은 이런 사실을 알고 있으며 중생들은 까맣게 잊고 있다는 차이가 있을 뿐이다. 그래서 중생과 부

示衆法語(시중법어)

처가 따로 떨어진 별개의 것이 아니라 동일한 한 몸인데 이름만 다른 것이다. 사바沙婆의 예토穢土와 극락極樂의 정토淨土도 마찬가지다. 그러므로 중생을 버리고 아미타부처님만 찾는다거나 사바세계를 버리고 극락정토만 따로 구하려고 한다면 이치에도 맞지 않을 뿐더러 현실적으로도 절대로 이루어 질 수 없다), 오랜 겁에 걸친 위대한 수행은 바로 나를 위해 닦으신 것이며, 네 가지 정토는 바로 나를 위해 청정하게 장엄해 놓으신 것이고, 세 가지 몸(三身)은 바로 나를 위해 원만히 이루신 것이며, 나아가 하나하나 몸을 나타내시어 중생을 맞아 극락으로 이끄시고 도처에서 온갖 상서로운 감응을 뚜렷이 보이시는 것 등은 모두가 한결같이 나를 위하신 것입니다.

내가 죄업을 지을 때마다 부처님께서는 나를 경고하고 일깨우시며, 내가 고통을 받을 때면 부처님께서는 언제나 건져주시며, 내가 목숨을 바쳐 부처님 가르침에 귀명(歸命)할 때는 부처님께서 나를 따뜻이 맞아 주시며, 내가 수행하는 동안에는 나를 자비와 가피로 보호해 주십니다.

이처럼 부처님께서 나를 위하시는 까닭은, 오직 내가 부처님을 생각(念佛)하길 바라시고, 내가 극락왕생하길 바라시며, 내가 온갖 고통을 영원히 벗어나서 진리의 기쁨(法樂)을 맘껏 누리길 바라시며, 그래서 나로 하여금 이제는 부처님 가르침으로 일체 중생을 교화하고 제도하여 모두가 일생보처(一生補處, 다시는 윤회를 하지 않고 다음 생에는 반드시 부처님이 되는 보살을 일생보처보살이라고 한다)의 자리에 오르길 원하시기 때문입니다.

나무아미타불.

噫! 佛之深恩重德 非父母所可比. 雖天地不足以喩
희! 불지심은중덕 비부모소가비. 수천지부족이유
其高厚矣. 非聞開示 安知此意 不讀佛經 安曉此理.
기고후의. 비문개시 안지차의 부독불경 안효차리.
今而後 已知之矣 唯有竭力精修 盡報歸誠 拚命念
금이후 이지지의 유유갈력정수 진보귀성 변명염
佛而已 復何言哉?
불이이 부하언재?

示衆法語(시중법어)

염불은 부처님의 깊은 은혜와 크나큰 공덕 갚는 불사

오호라! 부처님의 깊은 은혜와 크나큰 공덕은 부모님의 은혜에 비할 바가 아니며, 비록 하늘과 땅을 가지고도 그 넓고 높은 부처님의 은혜를 비유하기에는 오히려 턱없이 부족할 뿐입니다. 염불법문을 만나지 않았다면 이러한 뜻을 어찌 알 것이며, 불경을 읽지 않았다면 이러한 이치를 어찌 알겠습니까? 이제는 이러한 뜻과 이치를 알았으니, 오직 혼신의 힘을 다해 정성껏 수행하고, 이 생명 다할 때까지 지성으로 귀의하면서, 목숨을 바쳐 아미타부처님을 생각하며 염불하는 일만 남았습니다. 다시 무슨 말이 더 필요하겠습니까(인간으로 태어나서 부처님의 말씀을 만나기 어렵고 그 중에서도 올바른 말씀을 듣기는 더 어렵고 그 수많은 말씀 가운데서도 염불법문을 들을 수 있는 기회를 만나기란 참으로 어렵습니다. 이런 훌륭한 법문을 듣고도 받아들이지 못하고 믿지도 않는다면 얼마나 어리석고 안타까운 일인가)?

나무아미타불.

一切衆生 爲利鈍十使所使 久經長劫 流轉生死 受
일체중생 위이둔십사소사 구경장겁 유전생사 수
大苦惱 不能出離 可悲也. 十使者何? 卽身 邊 邪
대고뇌 불능출리 가비야. 십사자하? 즉신 변 사
見 戒 此五爲利使 以發動輕便故. 貪 瞋 癡 慢 疑
견 계 차오위이사 이발동경편고. 탐 진 치 만 의
此五爲鈍使 由利使所生 對利說鈍故. 此之十使 衆
차오위둔사 유이사소생 대리설둔고. 차지십사 중
生或多或少 各有偏重. 若帶之修道 但唯增長邪見
생혹다혹소 각유편중. 약대지수도 단유증장사견
煩惱 決無相應分.
번뇌 결무상응분.

모든 중생들은 가볍거나 무거운 열 가지 차사(差使, 이둔10사利鈍十使, 차사는 일을 부린다는 뜻으로 번뇌가 우리의 마음을 괴롭히고 번거롭게 하기 때문에 이렇게 부른다)에게 부림(使役)을 받아, 아주 오랜 겁의 세월 동안 생사고해를 돌면서 커다란 고통을 당하고 있는데도, 여기서 벗어날 수 없으니 정말로 슬픈 일입니다.

열 가지 차사(差使)란, 먼저 신견(身見, 또는 아견我見)·변견(邊見)·사견(邪見)·견취견(見取見)·계금취견(戒禁取見)이니, 이는 가볍고 쉽게 발동하기 때문에 다섯 가지 예민한 차사(五利使)라

부르고, 나머지는 탐욕(貪欲)·진에(瞋恚, 성냄)·우치(愚癡, 또는 무명(無明, 어리석음)·교만(慢)·의심(疑)이니, 이는 앞의 다섯 가지 번뇌에 의해서 생기며 상대적으로 그 뿌리가 깊고 두텁기 때문에 오둔사(五鈍使)라고 부릅니다.

이 열 가지 번뇌(十使)를 우리 중생들은 많건 적건 누구나 각각 편중되게 가지고 있습니다. 이를 끊지 않고 마음에 지닌 채 공부를 한다면, 단지 사견과 번뇌만을 더 키울 뿐, 수행에는 결코 아무런 도움이 되지 않습니다.
　나무아미타불.

＊오둔사(五鈍使) ; 오리사(五利使)의 상대적인 개념으로 합하여 십사(十使) 또는 십수면(十隨眠)이라고 하는데 이것이 열 가지 근본번뇌(十種根本煩惱)가 된다. 그 뿌리가 깊어 성질이 다소 더디고 둔(鈍拙)하기 때문에 오둔사(五鈍使)라고 한다. 즉 탐(貪), 진(瞋), 치(癡), 만(慢), 의(疑) 등 다섯 가지가 이것이다.

＊오리사(五利使) ; 범어는 panca-drstayah이며, 오염오견(五染汚見), 오벽견(五僻見), 오견(五見)이라고도 한다. 이는 바른 이치(理致)를 몰라 일으키는 어리석음(迷惑)으로 이 미혹의 성격이 매우 가볍고 쉽게 일어나기(利) 때문에 이사(利使)라고 한다. 사(使)는 힘들게 부린다(驅役)는 의미로 번뇌를 총칭하는 말이다. 즉 이치를 몰라 일으키는 다섯 가지의 어리석음(惑)을 말한다.

如欲斷之實難 以此十使 於四諦下 歷三界九地 有
여욕단지실난 이차십사 어사제하 역삼계구지 유
八十八使見惑 八十一品思惑. 但斷見惑 如斷四十
팔십팔사견혹 팔십일품사혹. 단단견혹 여단사십
里流 況思惑乎? 若見思二惑 毫髮未盡 分段生死
리류 황사혹호? 약견사이혹 호발미진 분단생사
不能出離 此所謂豎出三界也 甚難甚難. 然此十使
불능출리 차소위수출삼계야 심난심난. 연차십사
總名衆生知見. 古德謂衆生知見 須以佛知見治之.
총명중생지견. 고덕위중생지견 수이불지견치지.
佛知見者 卽現前離念靈知也.
불지견자 즉현전이념영지야.

이와 같은 번뇌와 욕망을 한꺼번에 다 끊기란 참으로 어려운 일입니다. 이 열 가지 근본번뇌(根本煩惱)는 고(苦)·집(集)·멸(滅)·도(道)의 사성제(四聖諦) 안에서 삼계(三界)의 구지(九地)를 단계별로 거치면서 88사(使)라는 견혹(見惑)과 81품(品)이라는 사혹(思惑)이 있어 이를 차례차례 다 끊어나가야 하기 때문입니다.

단지 가벼운 견혹(見惑)만 끊으려고 해도 넓이가 40리나 되는 큰 강줄기를 혼자 힘으로 막아 멈추게 하는 것만큼이나 어려운데, 하물며 더 뿌리 깊은 사혹(思惑)까지 끊자면 오죽하겠습니까? 그런데 만약 이 두 가지 미혹(見思惑)이 터럭만큼이라도 남아 있다면, 이 육신은 분단생사(分段生死, 한 가지 형태에서 다른 형태로 변하면서 생사의 과정을 거치는 것을 말한다. 즉 부피와 질량을 가지면서 다른 모습으로 나눠지고 단락을 지으면서 진행되는 생사의 형태를 말한다)를 벗어날 수 없습니다. 이런 경우를 일러 '아래서부터 위로 차근차근 삼계를 벗어나는 것(竪出三界)'이라고 하는데, 이것은 몹시 어렵고도 험난한 방법입니다.

이 열 가지 미혹(十使)을 총칭하여 '중생들의 잘못된 망견'이라고 합니다. 옛 고승대덕께서 말씀하시길 "중생의 망견은 모름지기 부처님의 올바른 지견으로 다스려야 한다"고 했습니다. 부처님의 지견이란 이런저런 헛된 망상을 떠난 바로 지금 현재의 활활 발발하게 살아있는 우리들의 본래 참마음(現前離念靈知)을 말합니다.

나무아미타불.

*구지(九地) ; 욕계의 오취잡거지(五趣雜居地)와 그리고 선정삼매(禪定三昧)의 깊이에 따라 색계의 사선천(四禪天)과 무색계의 사무색천(四無色天) 등으로 아홉 종류의 중생들이 머무는 곳을 말한다.
1) **오취잡거지(五趣雜居地)** ; 범어는 panca gatayah이며 오취잡주지(五趣雜住地), 오도(五道), 오악취(五惡趣), 오유(五有)라고도 하는데 욕계(欲界)에 해당한다. 즉 지옥(地獄), 아귀(餓鬼), 축생(畜生), 인간(人間), 천(天)의 다섯 부류의 중생들이 섞여있기 때문에 이렇게 부른다.
2) **이생희락지(離生喜樂地)** ; 욕계의 모든 악을 떠난 후 얻어진 즐거움이 있는 곳이라는 뜻으로 색계 초선천(初禪天)이 여기에 해당한다.
3) **정생희락지(定生喜樂地)** ; 선정으로 말미암아 생겨난 수승한 즐거

움이 있는 곳이라는 뜻으로 색계 제이선천(第二禪天)이 여기에 해당한다.

4) **이희묘락지(離喜妙樂地)** ; 앞의 즐거움까지도 버리고 얻어진 한 단계 더 큰 깊은 즐거움이 있는 곳이라는 뜻으로 색계의 제삼선천(第三禪天)이 여기에 속한다.

5) **사념청정지(捨念淸淨地)** ; 앞의 모든 즐거움까지도 떠나서 마음이 지극히 안정되고 평등하여(捨) 청정한 자각(自覺 즉 念)의 경지를 느끼는 곳을 말하는데 색계의 제사선천(第四禪天)이 여기에 속한다.

6) **공무변처지(空無變處地)** ; 색계의 물질을 떠나서 허공처럼 무변(無變)하고 자재한 이치를 증득한 경지를 말하는데 무색계의 제일 천(第一天)이 여기에 속한다.

7) **식무변처지(識無變處地)** ; 중생들의 의식이 무한(無限)하게 넓은 이치를 증득한 경지를 말하는데 무색계의 제이천(第二天)이 여기에 속한다.

8) **무소유처지(無所有處地)** ; 앞의 두 곳(공무변처지, 식무변처지)의 활동성까지 떠나서 고요하여 어느 하나도 얻을 것이 없는 경지로 무색계 제 삼천(第三天)이 여기에 속한다.

9) **비상비비상처지(非想非非想處地)** ; 생각이 있음(有想)과 생각이 없음(無想, 즉 非想)을 완전히 떠나서 유(有)나 무(無)에 떨어지지 않고 평등하고 고요한 이치를 통탈한 경지를 말하는데 무색계의 제사천(第四天) 즉 유정천(有頂天)이 여기에 속한다.

示衆法語(시중법어)

이 염불수행을 함에 있어서 믿음(信)·원력(願)·실천(行) 이 세 가지를 갖추는 것이 무엇보다 중요한 일인데, 믿음(信)에 있어서는 독실하게 믿는 것이 중요하고, 원(願)을 세울 때는 간절하고 분명하게 세우는 것이 중요하며, 이름을 지송(持名)할 때는 오롯한 마음으로 끊어짐이 없이 지송하는 것이 중요합니다. 정말로 독실한 믿음과 간절한 발원으로 마음을 집중해서 일심으로 부처님 이름을 지송한다면 이것을 일러 '부처님의 지견으로 자기의 지견을 만든다 (以佛知見而爲知見)'고 하는 것이요, 또한
'매 순간순간 부처님의 지견으로 중생의 지견을 다스린다 (卽是念念中 以佛知見 治衆生知見)'고 하는 것입니다.
-철오선사

然此靈知 不能孑然自立 必須緣起. 不隨佛界之緣
연차영지 불능혈연자립 필수연기. 불수불계지연
便隨九界緣起 離十界外 無別緣起故. 欲隨佛界緣
편수구계연기 이십계외 무별연기고. 욕수불계연
起 無如以信願心 持佛名號. 但信貴深 願貴切 持
기 무여이신원심 지불명호. 단신귀심 원귀절 지
名貴專勤. 果以深切專勤之心 信願持名 卽是以佛
명귀전근. 과이심절전근지심 신원지명 즉시이불
知見而爲知見 亦卽是念念中 以佛知見 治衆生知
지견이위지견 역즉시염염중 이불지견 치중생지
見也.
견야.

부처님 지견으로 자기의 지견을 만든다

그러나 신령스럽게 깨어있는 우리의 참마음(靈知)은 제 홀로 우뚝 그 자리에 멈추어 있는 것이 아니라 반드시 인연을 따라 어떤 모습으로 나타나게 되어 있습니다. 만약 부처님세계(佛界)의 인연을 따르지 않는다면, 바로 보살 이하 지옥까지 아홉 가지의 중생세계(九界)의 인연을 따르게 됩니다. 이 열 가지 세계(十界)를 떠나서는 그 밖에 따로 다른 세계가 없기 때문입니다.

示衆法語(시중법어)

　만일 부처님의 세계를 얻고자 한다면(佛界緣起), 아미타부처님에 대한 간절한 믿음과 극락정토에 태어나고자 하는 강한 발원을 세워 부처님의 이름을 일심으로 지송하는 것(南無阿彌陀佛)보다 더 좋은 방법이 없습니다.

　이 염불수행을 함에 있어서 믿음(信)·원력(願)·실천(行) 이 세 가지를 갖추는 것이 무엇보다 중요한 일인데, 믿음(信)에 있어서는 독실하게 믿는 것이 중요하고, 원(願)을 세울 때는 간절하고 분명하게 세우는 것이 중요하며, 이름을 지송(持名)할 때는 오롯한 마음으로 끊어짐이 없이 지송하는 것이 중요합니다. 정말로 독실한 믿음과 간절한 발원으로 마음을 집중해서 일심으로 부처님의 이름을 지송한다면, 이것을 일러 '부처님의 지견으로 자기의 지견을 만든다(以佛知見而爲知見)'고 하는 것이요, 또한 '매 순간순간 부처님의 지견으로 중생의 지견을 다스린다(卽是念念中 以佛知見 治衆生知見)'고 하는 것입니다.
　나무아미타불.

熾然十使心中 但置一信願持名之心 卽轉生界緣起
치연십사심중 단치일신원지명지심 즉전생계연기
爲佛界緣起. 此於修道門中 乃點鐵成金極妙之法耳.
위불계연기. 차어수도문중 내점철성금극묘지법이.
只須赤體擔當 久久勿替. 管取金臺可以坐待 寶蓮
지수적체담당 구구물체. 관취금대가이좌대 보련
不日來迎. 是爲從此同居 生彼同居 橫出三界 較之
불일래영. 시위종차동거 생피동거 횡출삼계 교지
豎出者. 不亦省力也哉?
수출자. 불역생력야재?

삼계를 한꺼번에 벗어나는(橫出三界) 유일한 방법

이처럼 열 가지 번뇌와 망상으로 치열하게 타오르는 마음 안에 믿음과 발원으로 부처님의 이름을 지송하는(염불하는) 마음 하나를 던져 놓기만 한다면, 즉시 중생의 삶을 돌이켜 부처님의 삶으로 바꿀 수 있습니다. 이 염불법문이야말로 부처님의 팔만사천 법문 가운데, 쇠를 다듬어 황금으로 만드는(點鐵成金) 지극히 오묘한 방법입니다.

믿음과 원력을 가지고 오직 혼신을 다하여 꾸준히 쉬지 않고 변함없는 마음으로 지속해 간다면, 황금좌대에 앉아 극락세계에

示衆法語(시중법어)

상품(上品)으로 태어나는 것은 정해진 일이며, 아미타부처님께서 즉시 보배로 된 연꽃을 들고 영접하러 오실 것입니다. 이 염불법이야말로 사바세계의 혼탁한 세상에서 저 극락세계의 청정한 세상에 태어나는 지름길입니다.

 이는 빠른 길로 삼계를 한꺼번에 벗어나는 유일한 방법(橫出三界)으로, 이것저것 다 거치면서 목적지에 도달하는 다른 수행법(竪出三界)에 비한다면 얼마나 힘들지 않은 손쉬운 길입니까?
   나무아미타불.

 *견혹(見惑) ; 범어는 darsana-marga-prahatavyanusaya이며 견도위(見道位)에서 끊는 번뇌를 말한다. 이에 반해 수도위(修道位)에서 끊는 번뇌는 수혹(修惑) 또는 사혹(思惑)이라고 한다.
구사종(俱舍宗)에서는 사제(四諦)의 도리를 모름으로 인하여 일어난 번뇌를 견혹(見惑)이라고 하며, 현상적인 사물의 이치를 모름으로 인하여 일어난 번뇌를 수혹(修惑)이라고 한다.
유식종(唯識宗)에서는 견혹(見惑)을 후천적(後天的)인 번뇌라고 하여 분별기(分別起)라고 부르는데, 이는 잘못된 스승을 만나거나 잘못된 가르침으로 인해 마음에서 발생하는 것으로 여기며, 수혹(修惑)은 태어날 때부터 함께 가지고 오는 것으로 자연적으로 생겨난 후천적인 것으로 구생기(俱生起)라고 부른다.
이밖에 천태종(天台宗)에서는 이 견혹(見惑)과 사혹(思惑) 두 가지는 공관(空觀)을 통하여 끊을 수 있는 번뇌라고 하여, 가관(假觀)에서 끊는 진사혹(塵沙惑)과 중관(中觀)에서 끊는 무명혹(無明惑)을 합하여 삼혹(三惑)이라고 부른다. 또 이 가운데 견혹(見惑)과 사혹(思惑)은 삼계

(三界)내의 사물에 대하여 일으키는 번뇌로 미래에 삼계생사(三界生死)에 윤회할 업을 초래한다고 하여 계내혹(界內惑)이라고 하며, 삼승(三乘)이 공통으로 끊어야할 번뇌라고 하여 통혹(通惑)이라고도 한다. 유식종(唯識宗)에서는 견사혹(見思惑)과 진사혹(塵沙惑)을 번뇌장(煩惱障)이라고 하며, 무명혹(無明惑)을 소지장(所知障)이라고 한다.

*소승(小乘) 구사종(俱舍宗)에서는 견혹(見惑)이 88종이 있는데 이를 88사(八十八使)라고 한다. 즉 견도위(見道位)에서 끊어야할 근본번뇌에 오리사(五利使, 身見 邊見, 邪見, 見取見, 戒禁取見)와 오둔사(五鈍使, 貪, 瞋, 癡, 慢, 疑)의 열 가지 번뇌(十惑)가 있다. 이것을 각각 사제(四諦)에서 삼계(三界)를 거치면서 끊어 올라가는데 여기에 88종의 단계가 있기 때문에 이렇게 부른다. 또 오리사(五利使)의 다섯 가지와 오둔사(五鈍使)의 의(疑)는 견도위(見道位)와 수도위(修道位)에서 공통으로 끊고, 오둔사(五鈍使) 가운데 탐(貪), 진(瞋), 치(癡), 만(慢) 등 네 가지는 수도위(修道位)에서 끊는데 여기에 81단계가 있어서 이를 81품수혹(八十一品修惑)이라고 한다. 즉 수도위(修道位)에서 끊어야할 번뇌는 욕계(欲界)에 탐(貪), 진(瞋), 치(癡), 만(慢) 등 네 가지와 색계(色界)와 무색계(無色界)의 각각 세 가지인 탐(貪), 진(瞋), 만(慢) 등 여섯 가지를 합하면 총 열 가지가 되며, 이를 다시 번뇌의 강약에 따라(상상품-하하품의 9단계) 구지(九地)에 배합하면 총 88품(八十八品)이 된다. 또 견혹(見惑) 88사(八十八使)와 십종수혹(十種修惑)을 합하여 아흔여덟 가지 번뇌(98隨惑)라고도 한다.

범부위(凡夫位), 견도위(見道位), 수도위(修道位), 무학위(無學位).

示衆法語(시중법어)

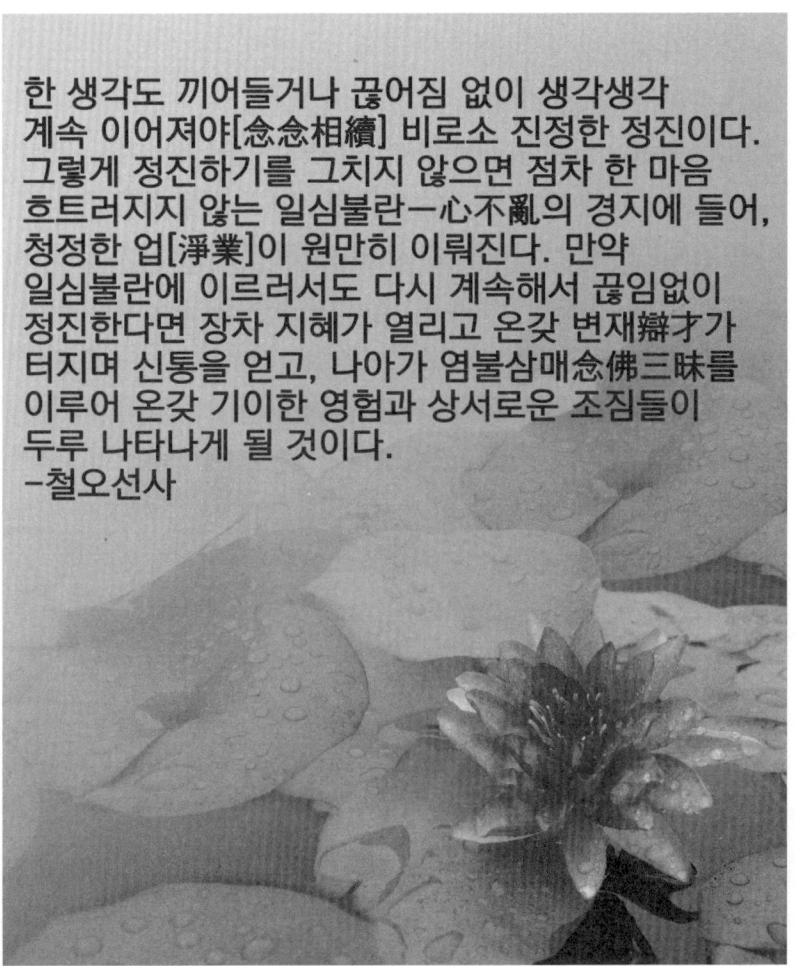

한 생각도 끼어들거나 끊어짐 없이 생각생각
계속 이어져야[念念相續] 비로소 진정한 정진이다.
그렇게 정진하기를 그치지 않으면 점차 한 마음
흐트러지지 않는 일심불란一心不亂의 경지에 들어,
청정한 업[淨業]이 원만히 이뤄진다. 만약
일심불란에 이르러서도 다시 계속해서 끊임없이
정진한다면 장차 지혜가 열리고 온갖 변재辯才가
터지며 신통을 얻고, 나아가 염불삼매念佛三昧를
이루어 온갖 기이한 영험과 상서로운 조짐들이
두루 나타나게 될 것이다.
-철오선사

一句阿彌陀佛 是阿伽陀藥 無病不療 是如意珠王
일구아미타불 시아가타약 무병불료 시여의주왕
無願不滿 是生死苦海之慈航 無苦不度 是無明長
무원불만 시생사고해지자항 무고부도 시무명장
夜之慧燈 無暗不破. 但得一歷耳根 便爲有緣. 但能
야지혜등 무암불파. 단득일력이근 편위유연. 단능
一念信心 便可相應. 信心果眞 願不期發而自發. 只
일념신심 편가상응. 신심과진 원불기발이자발. 지
將此信願二法 常存在心 如忠臣之奉明君密旨 孝
장차신원이법 상존재심 여충신지봉명군밀지 효
子之受慈父嚴命 憶念不忘 作爲第一件要事.
자지수자부엄명 억념불망 작위제일건요사.

아미타부처님 이름은 만병통치약이자 항공모함

 간단한 한 마디 '아미타불(阿彌陀佛)'이란 이름은, 어떤 병도 다 치료할 수 있는 만병통치약(阿伽陀藥)이요, 어떤 소원이고 다 성취시켜주는 신비한 여의주왕(如意珠王)이며, 생사의 고통스런 바다를 편안하게 건널 수 있게 해주는 커다란 항공모함과 같아 어떤 고통도 다 해결해 주며, 어둡고 긴 밤을 밝혀주는 지혜의 등불이 되어 어떤 어둠도 다 밝혀 줍니다.

示衆法語(시중법어)

아미타부처님의 이름이 단지 귓가에 한번 스치기만 해도 인연이 맺어지며(但得一歷耳根 便爲有緣), 단지 한 생각 믿는 마음만 내도 바로 감응이 일어납니다(但能一念信心 便可相應). 만일 믿는 마음(信心)이 지극하다면 극락세계에 태어나고자 하는 서원은 일부러 세우려고 애쓰지 않아도 저절로 생겨납니다.

따라서 단지 진실한 믿음(信)과 간절한 발원(願)만 마음에 굳게 간직해 두면 됩니다. 마치 충신이 왕의 은밀한 교지를 받들듯, 효자가 아버지의 말씀을 따르듯, 이렇게 마음에 새기고 간직하여 절대로 잊지 않는 것이 중요한 관건입니다.
　나무아미타불.

***아가타약(阿假陀藥)** ; 범어 agada의 음역으로 아게타(阿揭陀), 아갈타(阿竭他)라고도 하며 원래의 의미는 건강(健康), 장생불사(長生不死), 무병(無病), 보거(普去), 무가(無價)였는데 후에는 약물(藥物)의 명칭으로 전용하였으며 주로 해독약(解毒藥)을 가리켰다. 이 약은 불사약(不死藥), 환약(丸藥)이라고도 하며 그 값어치가 계산할 수 없고 효능이 신비해서 한번 복용하면 일체의 모든 병을 물리친다고 한다(普去衆疾).

不論所處境界 靜鬧閒忙 多念少念 總皆爲往生正
불론소처경계 정료한망 다념소념 총개위왕생정
因 只恐把作近似間耳(只恐介在勤怠間耳). 吾人曠
인 지공파작근사간이(지공개재근태간이). 오인광
大劫來 久在輪迴 豈永不發求出離之心 修向道之
대겁래 구재윤회 기영불발구출리지심 수향도지
行耶. 皆廢於因循 敗於怠惰 所以常在生死 受大苦
행야. 개폐어인순 패어태타 소이상재생사 수대고
惱. 今聞持名簡要法門 若仍循故轍 安於覆敗 可謂
뇌. 금문지명간요법문 약잉순고철 안어복패 가위
第一等無血性漢子矣.
제일등무혈성한자의.

염불하는 마음 하나하나가 극락 왕생하는 근본씨앗

자기가 처해있는 환경이 조용하거나 시끄럽거나, 혹은 한가하거나 바쁘거나를 막론하고, 믿음을 내어 염불을 할 수만 있다면 염불을 많이 하거나 적게 하거나 관계없이 그 염불하는 마음 하나하나가 다 극락세계에 왕생하는 근본씨앗(正因)이 됩니다. 단지 명심해야 할 것은 확실한 자기의 믿음도 없이 염불을 하면 좋다고 하니까 나도 따라서 한다는 식으로 겉으로만 건성건성 하게 해서는 안 된다는 것입니다.

示衆法語(시중법어)

　우리가 시작도 없는 기나긴 겁의 세월 동안 윤회를 되풀이해 오면서, 윤회를 벗어나려는 마음을 어찌 한 번도 갖지 않았으며, 진리(道)를 찾고자 하는 수행을 전혀 안 했을 리가 있겠습니까? 아마도 대부분은 구태의연하게 생각 없이 세월만 보내다 냈던 믿음도 사라지고(廢於因循), 게으름에 발원마저도 식어 버렸을 것입니다(敗於怠惰). 그래서 지금까지 줄곧 생사의 고해에 헤매면서 크나큰 고통을 당하고 있는 것입니다.

　이제 아미타부처님의 이름을 지송하는 간단명료하고 요긴한 염불법문을 알게 되었는데도, 또 다시 구태의연하게 구습을 버리지 못하고(仍循故轍) 적당한 구실로 현실에 안주하는 생활을 하면서(安於覆敗) 끝이 없는 윤회를 되풀이할 것입니까? 만약 이런 사람이라면 혈기라곤 조금도 없는 죽은 송장이라고 할 수 있으니 참으로 한심하다고 할 수 있겠습니다.

　나무아미타불.

所謂執持名號者 卽拳拳服膺之謂 謂牢持於心而不
소위집지명호자 즉권권복응지위 위뇌지어심이불
暫忘也. 稍或一念間斷 則非執持也. 稍或一念夾雜
잠망야. 초혹일념간단 즉비집지야. 초혹일념협잡
則非執持也. 念念相續 無雜無間 是眞精進. 精進不
즉비집지야. 염염상속 무잡무간 시진정진. 정진불
已 則漸入一心不亂 圓成淨業焉.
이 즉점입일심불란 원성정업언.

일심불란(一心不亂)의 경지

이른바 '부처님의 이름을 마음에 꼭 붙잡아 매놓고 잊지 않는다(執持名號)'란 말은 "두 손으로 꼭 붙들고 놓지 않고 가슴에 새기고 지킨다(拳拳服膺)"는 말과 같으니, 즉 마음에 굳게 새겨 한 순간도 잊지 않는다는 뜻입니다.

혹시 한 생각이라도 끊어진다면 집지(執持)가 아니며, 한 생각이라도 망상이나 잡념이 끼어들거나 섞인다면 또한 집지가 아닙니다. 한 생각도 끼어들거나 끊어짐이 없이 한 생각 한 생각이 계속 이어져야(念念相續) 비로소 진정한 염불공부가 되는 것입니다.

이렇게 그치지 않고 해간다면, 점차 마음이 흐트러지지 않는 일심불란(一心不亂)의 경지에 들어, 마침내 청정한 업(淨業, 정토에 태어나기 위해 하는 모든 수행들)이 원만히 완성됩니다.
나무아미타불.

若到一心不亂 仍復精進不輟 將見開智慧 發辯才
약도일심불란 잉부정진불철 장견개지혜 발변재
得神通 成念佛三昧 以至種種靈異瑞相 皆現前矣.
득신통 성염불삼매 이지종종영이서천 개현전의.
如蠟人向火 薄處先穿 但不可預存期效之心 唯當
여랍인향화 박처선천 단불가예존기효지심 유당
致力於一心不亂耳. 一心不亂 乃淨業之歸宿 淨土
치력어일심불란이. 일심불란 내정업지귀숙 정토
之大門. 若未入此門 終非穩妥 學者可不勉哉?
지대문. 약미입차문 종비온타 학자가불면재?

示衆法語(시중법어)

염불삼매(念佛三昧)의 공능

　만약 일심불란(一心不亂)의 경지에 이르고 나서도 계속해서 정진해 간다면, 장차 지혜가 열리고 변재(辯才)가 터지며 온갖 신통을 얻게 되고, 나아가 염불삼매(念佛三昧)를 이루어 온갖 기이한 영험과 상서로운 조짐들이 두루 나타나게 될 것입니다. 마치 밀랍으로 만든 사람 모형을 불에 가까이 하면, 얇은 부분부터 먼저 녹아 터지는 것과 같은 이치입니다. 다만 빨리 효과를 보려는 급한 마음을 버리고 오직 일심불란에만 온 힘을 기울여야 합니다. 이렇게 염불을 해나가면 모든 것이 자기도 모르게 저절로 이루어지게 됩니다.

　일심불란(一心不亂)이야말로 정토수행의 마지막 귀결처이며, 극락정토에 왕생하는 큰문(大門)입니다. 만약 이 문에 들어서지 못한다면, 극락왕생의 길이 순탄하지는 않을 것이니, 공부하는 사람이 어찌 이 점을 소홀히 할 수 있겠습니까?
　나무아미타불.

修習一切法門　貴乎明宗得旨. 今人但知萬法唯心
수습일체법문 귀호명종득지. 금인단지만법유심
不知心唯萬法. 但知心外無佛　不知佛外無心. 但知
부지심유만법. 단지심외무불 부지불외무심. 단지
無量爲一　不知一爲無量. 但知轉山河大地歸自己
무량위일 부지일위무량. 단지전산하대지귀자기
不知轉自己歸山河大地. 然旣不知心唯萬法　豈眞知
부지전자기귀산하대지. 연기부지심유만법 기진지
萬法唯心哉? 旣不知佛外無心　豈眞知心外無佛哉?
만법유심재? 기부지불외무심 기진지심외무불재?
所謂一個圓球　劈作兩半　離之則兩傷　合之則雙美也.
소위일개원구 벽작양반 이지즉양상 합지즉쌍미야.

부처님을 떠나서는 따로 마음이랄 것이 없다

　어떤 법문을 막론하고, 자기가 닦고 있는 수행법의 요지(宗旨, 수행의 핵심원리)가 무엇인지를 먼저 분명히 파악하는 것이 중요합니다. 요즘 공부한다고 하는 사람들은 단지 모든 만법은 바로 마음이 만들어내는 줄만 알지(但知萬法唯心), 반대로 우리의 마음은 바로 모든 만법이 만들어내고 있다는 사실은 모르고 있습니다(不知心唯萬法).
　또 자기의 마음을 떠나서는 부처님이 따로 없다는 이치만 알지(但知心外無佛), 반대로 부처님을 떠나서는 따로 자기의 마음도 없다는 이치는 모르고 있습니다(不知佛外無心). 그리고 무량한 것들이 하나인 자기의 마음으로 돌아간다는 이치만 알지(無量爲一), 하나인 마음이 무량한 것으로 돌아간다는 이치는 모르고 있습니다(不知一爲無量). 마찬가지로 산하대지를 되돌려 자기의 마음으로 귀속시킬 줄만 알지(但知轉山河大地歸自己), 자기 마음을 되돌려 산하대지로 귀속시킬 줄은 모르고 있습니다(不知轉自己歸山河大地).

 이렇게 볼 때, 마음은 오직 모든 만법이 만들어낸다는 이치를 모른다면(心唯萬法 法生則種種心生, 만법이 있어야 마음도 있다는 뜻이니 즉 만법이 마음을 만들어낸다는 의미다), 어떻게 모든 만법은 오직 마음이 만들어낸다는 도리를 알 수 있을 것이며(萬法唯心 心生則種種法生, 마음이 있어야 마음도 있다는 뜻이니 즉 마음이 만법을 만들어낸다는 의미다), 부처님을 떠나서는 따로 마음이라는 것이 없다는 이치를 모른다면(佛外無心, 부처란 모든 만법의 있는 그대로의 모습을 말한다. 만일 대상인 만법이 없다면 대상을 상대해서 일어나는 마음도 있을 수 없다. 마음은 홀로 생겨날 수 없고 반드시 대상이 있어야 생겨나기 때문이다. 그래서 부처님이 없다면 마음도 없다고 한 것이다), 어떻게 마음을 떠나서는 따로 부처님이 없다는 도리인들 알 수 있겠습니까(心外無佛, 마음이 없다는 것은 생각할 대상이 없다는 말이다. 즉 대상인 부처님은 마음이 있어야 존재할 수 있다. 그래서 마음이 없다면 당연히 대상인 부처님도 있을 수 없다)?

 이른바 하나의 둥근 공을 반으로 쪼개 둘로 나누면 양쪽 다 못쓰게 되지만, 둘을 하나로 붙이면 둘 다 원만해지는 것과 같은 이치입니다. 나무아미타불.

是故念佛者 必以唯佛唯土爲宗. 若唯佛唯土之宗不
시고염불자 필이유불유토위종. 약유불유토지종불
明 則眞唯心義不成. 果透眞唯心義 則唯佛唯土之宗
명 즉진유심의불성. 과투진유심의 즉유불유토지종
自成. 旣成此宗 則一句所念之佛 所生之土 全體大
자성. 기성차종 즉일구소념지불 소생지토 전체대
用 橫徧**豎窮 獨體全眞 包羅無外.**
용 횡편수궁 독체전진 포라무외.

'오직 부처님(唯佛)'과 '오직 정토(唯土)'라는 종지

그러므로 염불하는 사람은 반드시 '오직 부처님(唯佛, 모든 만법 전체 그대로가 모두 부처님이라는 이치)'과 '오직 정토(唯土, 모든 세계 전체 그대로가 다 극락정토라는 이치)'를 으뜸 종지로 삼아야 합니다. 만약 이런 분명한 종지(宗旨)를 알지 못한다면, 설령 염불을 열심히 하더라도 자칫 '일체의 모든 것은 이 마음이 만들어 낸다(一切唯心造)'는 이치와 어긋나게 됩니다.

만약 '오직 마음(唯心)'이라는 이치를 투철히 깨닫는다면, '오직 부처님(唯佛)'과 '오직 정토(唯土)'라는 근본 종지도 저절로 성립하게 됩니다. 이렇게 근본 종지가 맞아 떨어진다면, 우리가 염송하는 한 구절 아미타부처님의 이름이나 왕생할 극락정토는 전체 그대로가 하나의 완전한 작용을 일으켜(全體大用), 공간적으로는 시방세계에 두루 하고 시간적으로는 삼세(三世)에 관통하여, 전체 그대로가 완전한 진리 자체가 되어(獨體全眞), 우주의 삼라만상을 빠짐없이 감싸게 됩니다(아미타불이라는 이름 하나에 우주 전체가 들어있고, 극락정토라는 하나의 세계 안에 모든 세계가 들어있다. 그러므로 나무아미타불을 한번 염하면 그 염하는 마음이 온 법계와 하나가 되어 시방세계의 모든 부처님과 일체의 모든 정토를 동시에 볼 수 있는 것이다).

나무아미타불.

所念旣爾 能念亦然. 是謂以實相心 念實相佛 以法
소념기이 능념역연. 시위이실상심 념실상불 이법
界心 念法界佛. 念念絶待 念念圓融. 以絶待故 全
계심 념법계불. 염염절대 염염원융. 이절대고 전
超一切法門 無與等者. 以圓融故 全收一切法門 無
초일체법문 무여등자. 이원융고 전수일체법문 무
出其外者. 此之謂法無定相 遇緣卽宗 繁興大用 擧
출기외자. 차지위법무정상 우연즉종 번흥대용 거
必全眞. 一句阿彌陀佛 須恁麽信 恁麽念 方是不思
필전진. 일구아미타불 수임마신 임마념 방시부사
議中不思議也.
의중부사의야.

실상의 마음으로 실상의 부처님을 염한다

 염하는 대상(所念)인 아미타부처님과 극락정토가 이러할 뿐 아니라, 염불하는 주체(能念)인 우리의 마음도 또한 마찬가지로 그러합니다. 이것을 일러 '실상의 마음으로 실상의 부처님을 염하고(以實相心 念實相佛, 실상이란 모든 만법의 있는 그대로의 모습을 말한다. 이 실상이라는 측면에서 보면 마음과 부처와 중생이 완전하게 하나이기 때문에 마음이 바로 부처이고 중생이 바로 부처가 된다), 법계의 마음으로 법계의 부처님을 염한다(以法界心 念法界佛, 법계란 실상의 다른 이름이다. 굳이 구분해서 설명한다면, 실상이 만법의 본질을 가리킨다면 법계는 만법의 범위를 가리킨다)'고 하는 것입니다.

이렇게 한다면 생각 생각마다 상대적인 분별이 끊어지고(念念絶待), 생각 생각마다 원만하게 융통합니다(念念圓融). 일체의 상대적인 개념이 없으므로(絶待), 일체의 법문을 모두 뛰어넘어 이것(염불법문)과 견줄 그 어떤 법문도 없으며, 또 원만하게 융통하므로(圓融), 일체의 법문을 남김없이 포섭하여 그 어떤 법문도 여기(염불법문)에서 벗어날 수 없습니다.

이를 일컬어, '법계는 일정하게 고정된 모습이 없어서(法無定相), 어떤 법(것)이든 인연이 되면 다 종지가 될 수 있으며(遇緣卽宗), 전체 그대로가 다 진리가 되어 우주를 아우르는 커다란 작용을 일으키며(繁興大用), 어느 것 하나를 들더라도 그 자체로 전체가 완전하게 진실하다(擧必全眞).'라고 하는 것입니다(우리의 참마음인 법계는 본래 정해진 모습이 없다. 다만 어떤 것과 인연이 맺어지는가가 다를 뿐이다. 그래서 어떤 것과 인연이 되더라도 다 참마음을 찾아가는 길이 되며, 그 자체로 우주 전체를 감싸는 큰 작용을 일으키며, 그 어느 것 하나를 들더라도 하나하나가 다 우주 전체와 하나가 되는 진리 그 자체가 된다).

한 구절 아미타부처님의 이름을 이와 같이 믿고 이와 같이 염송해야 진정한 염불이 되며, '나무아미타불'을 염하는 이 마음이 비로소 불가사의 중에서도 불가사의한 작용을 일으키게 됩니다.

나무아미타불.

生佛不二 平等共有者 唯此現前離念靈知耳. 諸佛
생불불이 평등공유자 유차현전이념영지이. 제불
以隨悟淨因緣 悟之又悟 淨之又淨 悟淨之極 故其
이수오정인연 오지우오 정지우정 오정지극 고기
靈知橫徧竪窮 廣大無外也. 衆生以隨迷染因緣 迷
영지횡편수궁 광대무외야. 중생이수미염인연 미
之又迷 染之又染 故其靈知局然促然 介爾微劣也.
지우미 염지우염 고기영지국연촉연 개이미열야.
然卽此介爾靈知 與諸佛廣大靈知 覿體不二 毫髮
연즉차개이영지 여제불광대영지 적체불이 호발
無差.
무차.

示衆法語(시중법어)

염불로 광대무변하고 미묘한 참마음을 회복한다

　중생이나 부처님이나 동일하고 평등하게 공유하고 있는 것은, 지금 현재 미묘하게 지각하는 작용을 하고 있는 우리의 참마음(現前離念靈知) 뿐입니다. 모든 부처님께서는 깨달음을 향한 인연과 청정한 인연을 따라서, 깨닫고 또 깨달으며, 정화시키고 또 정화시켜, 그 깨달음과 청정함이 지극한 경지에 이르신 것입니다. 그래서 그 미묘하게 지각하는 참마음의 작용(靈知)이 공간적으로 시방세계에 두루 하며, 시간적으로 삼세를 관통하여 광대무변하여 끝이 없습니다.

　반면 우리 중생은 어리석음에 미혹되고 욕망에 오염되어, 미혹되고 또 미혹되며, 오염되고 또 오염되기를 되풀이합니다. 그래서 미묘한 참마음이 갇히고 단절되어, 미천하고 열악하기 짝이 없는 상태가 되어버렸습니다.

　그렇지만 중생의 갇히고 작아진 참마음도 모든 부처님의 광대무변하고 미묘한 참마음과 비교한다면 그 본바탕에 있어서는 조금도 다르지 않으며, 털끝만큼의 차이도 없습니다.
　나무아미타불.

＊적체(覿體) ; 적(覿)은 만나보다, 면회하다, 서로 마주본다는 뜻이며, 체(體)는 본바탕이라는 의미로 근본적으로 완전히 서로 하나가 된다는 뜻이다.

使其得隨悟淨之緣　業盡情空　則此介爾之知　當下
사기득수오정지연　업진정공　즉차개이지지　당하
轉爲廣大無外之靈知矣. 如一星之火　能燒萬頃荒田.
전위광대무외지영지의. 여일성지화　능소만경황전.
然此現前一念靈知　若約所知之境　固有廣狹勝劣之
연차현전일념영지　약약소지지경　고유광협승열지
不同. 若約能知之知　則全體無異. 如同一火也　燒檀
부동. 약약능지지지　즉전체무이. 여동일화야　소단
則香　燒糞則臭　所燒雖殊　能燒之火無二.
즉향　소분즉취　소소수수　능소지화무이.

불이 전단나무를 태우면 향기로운 전단향이 난다

 이렇기 때문에 중생의 마음도 청정한 깨달음의 인연을 따라 업장(잘못된 관념)이 다 녹아 없어지고 헛된 감정(이기적인 생각)이 텅 비어 없어지게 한다면, 좁게 갇힌 마음도 그 자리에서 광대무변하고 미묘한 참마음으로 단박에 탈바꿈하게 됩니다. 마치 하찮은 불씨 하나가 모든 산과 들을 일시에 태워버리듯이 말입니다.

 그러나 지금 현재의 미묘한 이 한 마음은, 그것이 대상(사물)을 지각하는 능력을 비교해 본다면, 중생의 것과 부처님 사이에는 넓고 좁고, 뛰어나고 보잘것없는 현격한 차이가 있습니다. 그러나 참마음의 미묘한 그 본래의 능력 자체로 본다면 조금도 다를 바가 없습니다. 이를 비유해서 말한다면, 마치 똑같은 불(참마음)이지만 이 불이 전단나무를 태우면 향기로운 전단향(부처님마음)이 나지만 똥을 태우면 더러운 구린내(중생마음)가 나듯, 태우는 물건은 비록 다르지만 태우는 불은 똑같은 하나의 불인 것과 같은 이치입니다(불은 참마음을 비유하고 전단향은 부처님을 비유하고 구린내는 중생을 비유했다. 태우는 능력을 가지고 있는 불인 참마음은 전단나무를 태워 부처님의 향기를 낼 수도 있고 똥을 태워 구린내를 낼 수도 있다. 부처와 중생의 갈림길은 첫발에서 나눠진다. 선하고 맑은 마음을 가지면 부처의 길로 들어서지만, 악하고 탁한 마음을 가지면 중생의 길로 접어들게 된다).
 나무아미타불.

又如同一水也 淸濁不同 同一鏡也 昏明有異. 淸濁
우여동일수야 청탁부동 동일경야 혼명유이. 청탁
雖殊 濕性不二 昏明雖異 光體是同. 水同一濕也
수수 습성불이 혼명수이 광체시동. 수동일습야
濁者可使澄之而淸. 鏡同一光也 昏者可使磨之而明.
탁자가사징지이청. 경동일광야 혼자가사마지이명.
光昏者爲帶垢耳 垢非光 光者鏡之本體也. 水濁者
광혼자위대구이 구비광 광자경지본체야. 수탁자
爲雜塵耳 塵非濕 濕者水之本性也. 此一念靈知 如
위잡진이 진비습 습자수지본성야. 차일념영지 여
水之濕 如鏡之光 如火之燒 擧體無異者也.
수지습 여경지광 여화지소 거체무이자야.

중생의 마음도 부처님 마음과 다름이 없다

또 동일한 물이지만 오염의 정도에 따라 맑고 탁한 차이가 있으며, 같은 거울이지만 먼지가 낀 정도에 따라 어둡고 선명함이 다른 것과도 같습니다. 맑은 물과 탁한 물이 밖으로 보이는 모습은 서로 다를지라도 축축한 물의 본래의 성질은 차이가 없으며, 어두운 거울이나 밝은 거울이나 사물을 비추는 정도는 서로 다르지만 거울이 본래 가지고 있는 밝게 비추는 본질은 같습니다.

축축한 성질은 어떤 상태의 물이든 공통적으로 가지고 있기 때문에 비록 탁한 물이라도 정화시켜 맑게 할 수 있으며, 거울은 밝게 비추는 본질을 똑같이 가지고 있기 때문에 더럽고 어두운 거울도 깨끗이 닦아 밝게 할 수 있습니다.

본래 밝은 거울이 어두워진 것은 먼지와 때가 끼었기 때문입니다. 먼지와 때로 인해 밝게 비추지 못하지만, 밝게 비추는 것이 거울 자체의 본성입니다. 마찬가지로 물이 탁한 이유는 흙탕물이 섞였기 때문입니다. 더러운 것들로 인해 물이 맑지 못하지만, 그러나 습하고 맑은 것이 물 자체의 특성입니다.

이처럼 영묘한 지각 능력을 가지고 있는 중생들의 마음도(一念靈知), 물이 맑은 특성을 가지고 있으며, 거울이 밝은 본성을 가지고 있으며, 불이 태우는 속성을 가지고 있듯, 그 본질자체는 전체 그대로가 부처님의 마음과 조금도 다름이 없습니다(擧體無異).

나무아미타불.

唯其擧體無異 故於修道方便門中 便有多門. 有但
유기거체무이 고어수도방편문중 편유다문. 유단
仰慕諸聖者. 有但尊重己靈者. 有外慕諸聖內重己靈
앙모제성자. 유단존중기령자. 유외모제성내중기령
者. 有不慕諸聖不重己靈者. 若但仰慕諸聖者 如本
자. 유불모제성부중기령자. 약단앙모제성자 여본
分念佛之人. 以知諸聖皆已先證我之己靈 語默動靜
분염불지인. 이지제성개이선증아지기령 어묵동정
皆堪垂範. 我曹若不仰慕諸聖 則進修無路矣.
개감수범. 아조약불앙모제성 즉진수무로의.

성인을 우러러 흠모하는 방법으로 참마음을 밝힌다

이처럼 본질적으로는 중생과 부처가 동일하게 우리의 참마음에 다 갖춰져 있어 모든 방향으로 활짝 열려있기 때문에(唯其擧體無異), 이 참마음을 밝혀나가는 데에도 여러 가지 수행법들이 등장하게 된 것입니다(方便門中 便有多門).

참마음을 찾아가는 수많은 방법들 가운데 대표적인 몇 가지를 들면, 오로지 밖으로 여러 성인만을 우러러 흠모하는 방법이 있고(有但仰慕諸聖者), 단지 안으로 자기의 신령스런 근본 참마음만을 존중하는 방법이 있으며(有但尊重己靈者), 밖으로는 여러 성인들을 흠모하는 동시에 안으로는 자기의 신령스런 본마음을 존중하는 방법이 있으며(有外慕諸聖內重己靈者), 그리고 밖으로 성인을 흠모하지도 않고 안으로 자기의 신령스러운 참마음도 존중하지 않는 방법 등이 있습니다(有不慕諸聖不重己靈者).

첫째, 단지 밖으로 여러 성인을 우러러 흠모하는 방법이란(有但仰慕諸聖者),

바로 우리처럼 염불을 자기 본분으로 삼아 수행하는 것이 여기에 해당합니다. 여러 성인들은 모두 우리보다 앞서 자기의 참마음을 이미 증명하여, 말하거나 침묵하거나 움직이거나 고요히 있거나(語默動靜)를 막론하고 항상 중생들의 모범이 된다는 것을 우리는 알고 있기 때문에 그분들을 따르는 것입니다. 만일 이 성인들을 우러러 본받아 흠모하지 않는다면 우리는 닦아 갈 방향을 찾지 못하게 됩니다.

나무아미타불.

故或專持名號 或觀想音容 三業虔誠 六時敬禮 傾
고혹전지명호 혹관상음용 삼업건성 육시경례 경
心歸命 盡報遵承. 及乎時至緣熟 感應道交 心地大
심귀명 진보준승. 급호시지연숙 감응도교 심지대
開 靈光獨露. 乃知我之己靈 原與諸聖平等無異. 亦
개 영광독로. 내지아지기령 원여제성평등무이. 역
不可不自尊重也.
불가불자존중야.

示衆法語(시중법어)

부처님과의 감응으로 신령스런 참마음의 빛이 드러난다

그래서 때로는 전심으로 부처님의 이름을 지송하기도 하고, 때로는 부처님의 법음(法音)과 상호(相好)를 관상(觀想)하면서, 몸·입·마음의 세 가지 업을 경건하게 가다듬고 하루 여섯 번씩(六時) 정성스레 부처님께 예배를 하면서, 온 마음을 다하여 진리에 귀의하며(歸命) 금생의 이 몸이 다할 때까지 받들어 모십니다. 이렇게 하여 때가 되고 인연이 무르익으면 감응(感應)이 일어나 마음이 크게 열리고 신령스런 참마음의 빛이 오롯이 드러나게 됩니다(靈光獨露).

만약 이런 경지에 이르게 된다면 나의 본래의 신령스런 참마음도 원래부터 여러 성인들의 마음과 조금도 다르지 않고 평등하다는 것을 알게 됩니다(乃知我之己靈 原與諸聖平等無異). 이렇게 되면 결국에는 자기의 신령스런 참마음까지도 존중하지 않을 수 없게 됩니다(자기의 참마음 안에 부처님이 계시니 자기를 존중하지 않을 수 없으며, 따라서 모든 생명의 마음속 부처님들도 존중하게 될 것이니, 이렇게 되면 만나는 사람마다 모두 부처요 가는 곳마다 다 극락정토가 될 것이다. 이런 경지를 祖師스님들은 念念菩提心 處處安樂國이라고 했다).

나무아미타불.

又但尊重己靈者 如宗門參禪者. 以直指人心 見性
우단존중기령자 여종문참선자. 이직지인심 견성
成佛. 故唯欲十二時中 四威儀內 獨露當人面目 受
성불. 고유욕십이시중 사위의내 독로당인면목 수
用本地風光. 離心性外 毫無取着. 所謂任他千聖現
용본지풍광. 이심성외 호무취착. 소위임타천성현
我有天眞佛也. 及乎造詣功深 悟證已極. 乃知一切
아유천진불야. 급호조예공심 오증이극. 내지일체
諸聖 皆久已先證我之己靈者. 又不可不仰慕也.
제성 개구이선증아지기령자. 우불가불앙모야.

자기의 미묘한 참마음만 존중하는 방법

둘째, 오직 자기의 미묘한 참마음만 존중하는 방법이란(但尊重己靈者), 예를 들면 선종의 참선처럼 사람의 근본마음을 곧바로 들어내어(直指人心) 마음의 본래모습을 알아 부처가 되는(見性成佛) 방법을 말합니다.

그래서 이런 방법으로 수행하는 사람들은 하루 24시간 내내(十二時中), 다니거나 머물거나 앉거나 눕거나(行住坐臥) 모든 행위에서, 오직 마음의 본래면목(本來面目)만을 드러내고 마음의 본지풍광(本地風光)만을 수용하고자 하며, 마음과 성품 이외에는 터럭만큼의 다른 생각이 없습니다(離心性外 毫無取着). 소위 "천 명 만 명의 성인들이 있든 말든, 나에게는 오직 참된 마음의 부처님만이 계신다(任他千聖現 我有天眞佛)"라는 정신으로 공부하는 것입니다.

이렇게 하여 공부가 더욱 깊어지고 무르익어 이치를 완전하게 깨달아 터득하게 되면, 마침내 일체의 성인들도 이미 오래 전에 바로 자기의 신령스런 본마음을 깨달아 증득하신 분들임을 알게 될 것입니다. 그러므로 역시 성인들을 흠모하지 않을 수 없게 됩니다.

철오선사법어

又外慕諸聖內重己靈者. 夫欲尊重己靈 必須仰慕諸
우외모제성내중기령자. 부욕존중기령 필수앙모제
聖 唯其仰慕諸聖 正是尊重己靈. 又仰慕諸聖 必須
성 유기앙모제성 정시존중기령. 우앙모제성 필수
尊重己靈 若不尊重己靈 豈能仰慕諸聖. 此則內外
존중기령 약부존중기령 기능앙모제성. 차즉내외
交修 心佛等重 旣無偏執 進道彌速. 至於力極功純
교수 심불등중 기무편집 진도미속. 지어역극공순
全體相應. 乃知諸聖 但不過先證我之己靈而已 無
전체상응. 내지제성 단불과선증아지기령이이 무
庸仰慕. 而我己靈者 亦不過平等齊於諸聖而已 何
용앙모. 이아기령자 역불과평등제어제성이이 하
勞尊重?
로존중?

성인을 흠모하고 참마음도 존중하는 방법

 셋째, 밖으로 여러 성인을 흠모하고 동시에 안으로 자기의 신령스러운 참마음(心靈)도 존중하는 방법인데(外慕諸聖 內重己靈者), 만약 자기의 참마음을 존중하고자 한다면 반드시 여러 성인들을 우러러 흠모하지 않으면 안 됩니다. 여러 성인들을 흠모하는 것이 바로 자기의 참마음을 존중하는 것이기 때문입니다. 반대로 여러 성인을 우러러 흠모하고자 한다면 반드시 자기의 참마음을 존중해야 합니다(중생과 부처가 동일한 하나이니, 부처를 흠모하고자 한다면 반드시 중생을 흠모하지 않을 수 없으며, 중생을 흠모하고자 한다면 역시 부처를 흠모하지 않으면 안 된다. 그러므로 내가 이 세상에 태어나 지금 이곳에 존재하는 한 일체의 모든 것 중 어느 것 하나 부처님의 모습 아닌 것이 없다. 이를 "마음이 있는 곳에 반드시 이에 상응하는 사물이 있고 마음이 사라지면 동시에 사물도 사라진다. 반대로 사물이 있는 곳에 반드시 사물을 반연攀緣하는 마음이 있으며 사물이 없어지면 이를 수반하여 생기는 마음도 없어진다(心生卽種種法生 心滅卽種種法滅 法生卽種種心生 法滅卽種種心滅)"라고 한다. 나의 이 한 몸을 비롯해서 전체세계가 오직 마음이 만들어낸 것이라면, 참마음 안에서는 모든 것이 동일한 하나이다. 그래서 어느 것 하나가 거짓이면 모두가 거짓이며 하나가 진실하면 모두가 진실하다. 또 하나가 중생이면 모두가 중생이요 하나가 부처면 모두가 부처다).

만일 자기의 참마음을 존중하지 않는다면 어떻게 여러 성인들을 우러러 흠모할 수 있겠습니까? 이 방법은 안과 밖을 겸해서 닦으면서 자기의 참마음과 부처님을 똑같이 존중하는 것입니다. 이렇게 공부를 한다면 어느 한쪽에 치우치거나 집착함이 없어 공부의 진전이 더욱 빨라지게 됩니다.

공부의 힘이 지극하며 공덕이 순일하게 무르익어 진심(眞心)이 전체 그대로 완전하게 드러나면(力極功純 全體相應), "여러 성인들도 단지 나보다 앞서 자기의 진심을 증득한 것일 뿐이니 굳이 우러러 흠모할 필요도 없고, 또 나 자신의 진심도 역시 여러 성인들의 진심과 평등하여 다를 것이 없으니, 애써서 따로 존중할 필요도 없다"라는 이치를 알게 됩니다.

나무아미타불.

又不慕諸聖 不重其靈者. 此謂寸絲不挂 心佛兩忘
우불모제성 부중기령자. 차위촌사불괘 심불양망
徹底撒開 逈無依倚. 外遺世界 內脫身心 一念不生
철저살개 형무의의. 외견세계 내탈신심 일념불생
萬緣坐斷. 至於久久功熟 圓滿證入 本靈獨露 諸聖
만연좌단. 지어구구공숙 원만증입 본령독로 제성
頓齊. 雖不仰慕諸聖 乃善仰慕. 雖不尊重己靈 却眞
돈제. 수불앙모제성 내선앙모. 수불존중기령 각진
尊重.
존중.

示衆法語(시중법어)

일체를 철저히 놓아버리고 무엇에도 의지하지 않는 법

넷째, 여러 성인들을 흠모하지도 않고 자기의 신령스런 참마음도 존중하지 않는 방법인데(不慕諸聖不重己靈者),

이른바 실오라기 하나 걸치지 않고, 마음과 부처도 모두 잊고, 일체의 모든 것을 철저히 놓아버리고 그 어떤 것에도 기대거나 의지하지 않는 것을 말합니다.

밖으로는 세상의 모든 것을 잊고, 안으로는 자기의 몸과 마음까지도 벗어버리고, 한 생각도 일어나지 않고, 온갖 인연을 티끌만큼도 남기지 않고 모두 끊어 버립니다. 이렇게 하여 공부가 점점 무르익어 원만하게 증득해 들어가면, 본래의 진심이 우뚝 드러나고(本靈獨露), 여러 성인들과도 일시에 동등해져(諸聖頓齊), 비록 여러 성인을 우러러 흠모하지 않더라도 도리어 최고로 흠모하는 것이 되며, 비록 자기의 참마음을 존중하지 않는다 하더라도 도리어 진정으로 존중하는 것이 됩니다.

나무아미타불.

此之四路 學者自諒根性 各隨好樂 但當一門深入.
차지사로 학자자량근성 각수호락 단당일문심입.
久之必皆有相應. 切不可妄生執着 輕發議論 出努
구지필개유상응. 절불가망생집착 경발의론 출노
入主 是一非餘. 不唯背妙道而成障礙 將恐謗大法
입주 시일비여. 불유배묘도이성장애 장공방대법
而招怨尤也矣.
이초건우야의.

오로지 한길로 깊숙이 들어가야(一門深入)

위에서 말한 네 가지 마음공부 가운데서, 각자 자기의 근기와 성품에 맞는 방법을 선택하여 닦아 나가면 될 것입니다. 중요한 것은 네 가지 방법 중에서 어떤 것을 택하던 일단 하나를 결정했다면 오로지 이 한길로 깊숙이 들어가(一門深入) 목표에 이를 때까지 바꾸지 말고 오래오래 지속해야 한다는 것입니다. 어느 길을 선택하더라도 결국 모두 참마음과 상응할 수 있습니다.

그러나 혹시라도 허망한 집착을 일으켜 입으로 경박한 이론만을 앞세워 사람들과 논쟁하는 일에만 힘쓰고, 밖에 나가서는 말 한마디 제대로 못하면서 안에 들어오면 큰소리치며(자기의 본마음은 깨닫지 못하고 눈에 보이는 사물에만 마음이 팔려 있는 것을 비유함), 자기가 택한 길만이 최고며 다른 사람들이 가는 길은 전부 틀리다고 비난하는 따위는 절대로 해서는 안 됩니다. 이러한 행위들을 버리지 못한다면, 미묘한 진리(妙道, 미묘한 자기의 참마음)에 어긋나 단지 마음공부에 장애가 될 뿐 아니라, 부처님의 위대한 가르침을 비방하여 커다란 죄업을 초래하게 될지도 모르니 이것이 걱정이 됩니다.

나무아미타불.

철오선사법어

楞伽經云 諸聖所知 轉相傳授 妄想無性. 二祖云
능가경운 제성소지 전상전수 망상무성. 이조운
覓心了不可得. 起信論云 若有能觀無念者 卽爲向
멱심료불가득. 기신론운 약유능관무념자 즉위향
佛智故. 華嚴合論云 頓悟一念緣起無生 超彼三乘
불지고. 화엄합론운 돈오일념연기무생 초피삼승
權學等見. 此佛經祖語 菩薩知識造論 皆就現前一
권학등견. 차불경조어 보살지식조론 개취현전일
念指點 顯妄性本空也. 夫妄本空而眞本有 非佛而
념지점 현망성본공야. 부망본공이진본유 비불이
何? 但衆生久隨汚染之緣 未能頓復其本空耳.
하? 단중생구수오염지연 미능돈복기본공이.

『능가경(楞伽經)』에, "여러 성인들이 깨달으신 바를 서로서로 대를 이어 전수하셨는데, 그것은 바로 중생들이 매일 일으키는 망상은 본래 실체가 없다는 사실이다"라고 하셨고, 선종의 두 번째 조사이신 혜가(慧可) 선사께서는 "아무리 마음을 찾아보아도 도대체 찾을 수가 없다(覓心了不可得)"라고 하셨습니다.
또 『대승기신론(大乘起信論)』에서는 "만약 중생의 참마음에는 일체의 허망한 분별이 본래 없다는 이치(無念)를 관조(觀照)하여 깨닫는다면, 바로 부처님의 지혜로 향하게 된다(能觀無念者 卽爲向佛智)"라고 하셨고, 『화엄합론(華嚴合論)』에서는 "중생이 일으키는 한 생각에 모든 것이 이루어지며, 이렇게 마음에 의해서 생겨나는(緣起) 모든 만법은 그 자체가 본래 생겨남도 없고 사라짐도 없다는 이치를 체달해 안다면, 삼승(三乘)의 모든 방편적인 수행들을 일시에 뛰어넘게 된다"라고 하셨습니다.

　이러한 부처님의 가르침과 조사(祖師)들의 말씀이나 보살과 선지식들의 논장(論藏)들은, 모두가 지금 현재의 이 한 마음을 곧바로 가리켜서, 오직 참마음만이 진실이요 망상은 본래 그 실체가 없어 실재하지 않는다(妄性本空)는 사실을 밝히신 것입니다. 무릇 망상은 본래 텅 비었고 진실한 마음은 본래부터 항상 존재하고 있었다면(妄本空 眞本有), 이 참마음이야말로 바로 부처님이 아니고 무엇이겠습니까(是心作佛 是心是佛)?

　다만 안타까운 일은 우리 중생들이 오래도록 더럽고 오염된 거짓 인연들만 따라 다니고, 본래 어떤 고정된 모습은 없지만(本空) 온갖 만물을 마음대로 다 만들어낼 수 있는(本有) 우리의 진실한 참마음을 찾지 못하고 있다는 점입니다.(혜가慧可 선사가 깨닫기 전 자기의 마음을 알고자 소림굴로 달마대사를 찾아갔다. 그러나 하룻밤이 지나도록 달마대사는 만나주지를 않았다. 때마침 큰 눈이 내려 무릎까지 쌓여있었다. 그러나 법을 구하고자하는 일념으로 혜가 선사는 혹독한 추위와 죽을지도 모른다는 두려움을 이기고 마침내 다음날 아침 달마 대사를 뵐 수 있었다. 달마 대사가 굴에서 나와 혜가 선사에게 믿음을 보이라고 하니 혜가는 즉시 자기의 오른팔을 잘라 대사에게 바쳤다. 혜가의 진심을 안 대사는 물었다. '그대는 무엇을 찾고자 여기까지 왔는가?' 혜가가 대답하길, '저의 불안한 마음을 편안하게 해주십시오.' 라고 하니, 대사가 다시 묻기를, '그대의 그 불안한 마음을 가지고 오면 편안하게 해주겠소.' 그러자 혜가는 자기의 불안한 마음을 찾기 시작했다. 그러나 아무리 찾아도 찾을 수가 없었다. 마침내 혜가는 '저의 불안한 마음을 아무리 찾아도 찾을 수가 없습니다.' 라고 하자, 대사가, '그렇다면 이미 그대의 마음을 편안하게 해 주었네.' 라고 하였다.) **나무아미타불.**

須以清淨緣起 漸而轉之. 以吾卽佛之因心 念吾卽
수이청정연기 점이전지. 이오즉불지인심 염오즉
心之果佛. 因果從來交徹 心佛法爾一如. 而吾卽心
심지과불. 인과종래교철 심불법이일여. 이오즉심
之果佛 無緣大慈 同體大悲 本自不可思議. 且吾卽
지과불 무연대자 동체대비 본자불가사의. 차오즉
佛之因心 深信切願 專懇持名 亦復不可思議. 能於
불지인심 심신절원 전간지명 역부불가사의. 능어
念念中 齊澄衆染 圓顯本空 頓契靈源 直趣果海.
염염중 제징중염 원현본공 돈계영원 직취과해.
然則淸淨之緣 無過此者.
연즉청정지연 무과차자.

示衆法語(시중법어)

삶을 바꾸고자 한다면 항상 부처님을 생각해야

자기의 삶을 바꾸고자 한다면 스스로 맑고 깨끗한 인연들을 만들어 자신과 주변을 점점 정화시켜 나가야 합니다. 즉 부처님과 똑같은(부처님의 씨앗인) 우리의 근본 마음을 가지고(以吾卽佛之因心), 우리의 마음속에 본래부터 함께하고 있었던 부처님을 항상 생각해야 한다는 것입니다(念吾卽心之果佛).

원인과 결과가 원래부터 서로 하나로 연결되어 있으며(因果從來交徹), 마음과 부처님은 본래부터 한 몸입니다(心佛法爾一如). 우리들 마음속에 늘 함께하고 있는 부처님은(吾卽心之果佛), 조건 없이 베푸는 사랑(無緣大慈)과 서로 나누고 배려하는 마음(同體大悲) 등 불가사의한 공덕을 가지고 계십니다. 또 부처님의 씨앗을 품고 있는 우리의 염불하는 이 마음도(吾卽佛之心因) 역시 깊은 믿음과 절실한 발원으로 오로지 간절하게 부처님의 이름을 지송하기 때문에 또한 불가사의한 것입니다.

한 생각 한 생각 염불하는 가운데, 온갖 욕망에 오염된 더러운 인연들이 일제히 정화가 되며, 본래 텅 빈 참마음의 모습이 원만히 드러나, 마침내 참마음의 바탕과 온전히 하나가 되어 곧바로 부처님의 넓고 깊은 본마음의 바다에 안기게 됩니다. 이런 이치로 본다면 맑고 깨끗한 인연을 만들어 가는 방법에는 염불보다 더 좋은 것이 없습니다.
나무아미타불.

但於念時 當萬緣放下 一念單提 如救頭燃 如喪考
단어염시 당만연방하 일념단제 여구두연 여상고
妣 如鷄抱卵 如龍養珠. 不期小效 不求速成 但只
비 여계포란 여용양주. 불기소효 불구속성 단지
一心常恁麼念 是名無上深妙禪門. 此則根身世界
일심상임마념 시명무상심묘선문. 차즉근신세계
密隨其心 念念轉變. 殆非凡心肉眼 所能知見者也.
밀수기심 염염전변. 태비범심육안 소능지견자야.
及乎報終命盡 彌陀聖衆 忽現在前 或現異香天樂
급호보종명진 미타성중 홀현재전 혹현이향천락
諸靈瑞相 世人方謂淨業成就. 然淨業之成 豈此時乎?
제영서상 세인방위정업성취. 연정업지성 기차시호?

최상의 깊고 미묘한 선정법문(無上深妙禪)

다만 염불을 할 때는, 온갖 세상사를 몽땅 내려놓고(萬緣放下) 오직 한 생각만을 단단히 붙들고 염하기를(一念單提), 머리에 붙은 불을 끄듯이 다급하게(如救頭燃), 부모님의 상(喪)을 당하듯 애절하게(如喪考妣), 어미닭이 알을 품듯 끈기 있게(如鷄抱卵), 용이 여의주를 품듯이 정성스럽고 소중하게 지속해야 합니다(如龍養珠).

示衆法語(시중법어)

 도중에 절대 자잘한 효험에 헛눈을 팔아서는 안 되고(不期小效), 하루아침에 급하게 성취하겠다고 서두르지도 말고(不求速成), 단지 오직 한 마음으로 꾸준히 이처럼 해나가면 됩니다. 이것을 일러 '최상의 깊고 미묘한 선정법문(無上深妙禪)'이라고 합니다. 이렇게 염불을 하면, 육근(六根)을 포함하여 이 육신(肉身)과 주변세계가 아주 은밀하게 염불하는 마음을 따라 점점 세밀하게 변화하고 정화되어 가는데, 이는 보통 범부 중생들의 마음이나 눈으로는 절대로 알 수 있는 경지가 아닙니다.

 이렇게 공부를 하여 금생의 업보가 다해 목숨이 다할 때가 되면, 아미타부처님께서 여러 성중(聖衆)들과 함께 홀연히 나타나시고, 더불어서 기이한 향기와 미묘한 천상의 음악과 그 밖에 여러 가지 신기하고 상서로운 현상들이 함께 어우러져 이 순간을 성스럽게 장엄합니다.

 이때가 되어서야 세상 사람들은 비로소 알아보고 "청정한 도업이 이제 성취 되었다"라고 말들 하지만, 청정한 도업이 어찌 이때서야 이루어지는 것이겠습니까? 이미 염불하는 마음을 내기 시작한 순간부터 정토업도 따라서 이루어지기 시작하는 것입니다.
 나무아미타불.

念佛當生四種心 云何爲四? 一無始以來造業至此
염불당생사종심 운하위사? 일무시이래조업지차
當生慚愧心. 二得聞此法門 當生欣慶心. 三無始業
당생참괴심. 이득문차법문 당생흔경심. 삼무시업
障 此法難遭難遇 當生悲痛心. 四佛如是慈悲 當生
장 차법난조난우 당생비통심. 사불여시자비 당생
感激心. 此四種心中有一 淨業卽能成就. 念佛當長
감격심. 차사종심중유일 정업즉능성취. 염불당장
久 不可間斷 間斷 淨業亦不能有成. 長久當勇猛
구 불가간단 간단 정업역불능유성. 장구당용맹
不可疲怠 疲怠 淨業亦不能成. 長久不勇猛 卽有退
불가피태 피태 정업역불능성. 장구불용맹 즉유퇴
勇猛不長久 卽無進.
용맹부장구 즉무진.

정업을 성취하는 마음가짐

  염불을 제대로 하기 위해서는 다음의 네 가지 마음을 갖추어야 합니다.

  첫째, 시작도 알 수 없는 아득한 옛날부터 지금에 이르도록 죄업만 지으며 살아 왔으니, 당연히 '부끄럽고 참회하는 마음

示衆法語(시중법어)

(懺愧心)'을 내야 합니다.
 둘째, 다행이 이 염불법문을 알았으니, 마땅히 '기쁜 환희심(忻慶心)'을 내야 합니다.
 셋째, 시작도 알 수 없는 오랜 옛적부터 이런 법문을 알지 못하고 업장만 지으며 허송세월만 보내고 살아 왔으니, 마땅히 '안타깝고 비통한 마음(悲痛心)'을 내야 합니다.
 넷째, 부처님께서 자비스럽게 우리 중생들에게 이런 훌륭한 법문을 남겨주셨으니, 마땅히 '감격하여 고마운 마음(感激心)'을 내야 합니다.

 이 네 가지 마음 중에 하나만 제대로 가지고 있어도 정토수행은 성취할 수 있습니다. 그러나 염불은 중단 없이 오래오래 지속적으로 해야 합니다. 도중에 자꾸 중단하면 정토수행을 성취할 수 없습니다. 그리고 오래 지속하더라도 싫증이나 나태하지 말고 과단성 있게 밀고나가야 합니다. 또 오래 지속은 하되 간절하게 하지 않고 대충대충 하게 되면 역시 퇴보하게 되며, 비록 간절하게는 하지만 지속적으로 하지 않으면 정업이 이루어지지 않게 됩니다.
 나무아미타불.

當念佛時 不可有別想 無有別想 卽是止. 當念佛時
당염불시 불가유별상 무유별상 즉시지. 당염불시
須了了分明 能了了分明 卽是觀. 一念中止觀具足
수요요분명 능요요분명 즉시관. 일념중지관구족
非別有止觀. 止卽定因 定卽止果 觀卽慧因 慧卽觀
비별유지관. 지즉정인 정즉지과 관즉혜인 혜즉관
果. 一念不生 了了分明 卽寂而照. 了了分明 一念
과. 일념불생 요요분명 즉적이조. 요요분명 일념
不生 卽照而寂. 能如是者 淨業必無不成 如此成者
불생 즉조이적. 능여시자 정업필무불성 여차성자
皆是上品. 一人乃至百千萬億人 如是修 皆如是成
개시상품. 일인내지백천만억인 여시수 개여시성
就. 念佛者可不愼乎?
취. 염불자가불신호?

염불하는 한생각 가운데 지관(止觀)이 함께 갖춰져 있다

염불할 때는 이런 저런 잡다한 생각을 해서는 안 됩니다. 염불하는 마음 외에 일체의 다른 잡념이 없다면 이것이 바로 '지(止)'입니다. 그리고 염불할 때는 모름지기 염불하는 순간순간의 마음을 또렷하고 분명하게 지각하고 있어야 합니다. 이렇게 또렷하고 분명한 마음의 상태를 '관(觀)'이라고 합니다.

示衆法語(시중법어)

이처럼 염불하는 한 생각 가운데 '지관(止觀)'이 동시에 갖춰져 있는 것이지 따로 지관법문이 있는 것이 아닙니다(염불을 하면 이 안에 이미 지관수행을 겸하고 있다. 그래서 염불 외에 따로 지관수행을 할 필요가 없다). 지(止)는 선정(禪定)의 씨앗이며, 선정은 지(止)의 열매입니다. 또한 관(觀)은 지혜(智慧)의 씨앗이며 지혜는 관(觀)의 열매입니다.

한 생각의 잡념도 일어나지 않고 오롯이 염불하는 마음만이 또렷하고 분명하기 때문에, 항상 고요하되 항상 밝게 비추고(即寂而照), 오직 염불하는 마음만이 또렷하고 분명하여 아무런 잡념도 일어나지 않으니, 항상 밝게 비추되 항상 고요합니다(即照而寂).

이와 같이 할 수 있다면, 청정한 도업(정토수행)이 틀림없이 이루어지며, 이처럼 청정한 정토의 업이 이루어지면 모두 상품(上品) 연화대에 올라 극락정토에 상품으로 태어나게 됩니다. 한 사람이던 백 천 만억 사람이던, 이와 같이 염불하기만 하면 누구라도 모두 이와 같이 성취하게 됩니다. 그러니 염불하는 사람이라면 염불을 참으로 신중하게 해야 하지 않겠습니까?
　　나무아미타불.

＊관(觀) ; 범어는 vipasyana, vidarsana이며, 비파사나(毘婆舍那)라고 음역한다. 마음에서 일어나는 온갖 망상들을 깊이 관찰한다(觀察妄想)는 뜻으로 지혜(智慧)의 다른 이름이다.
＊지(止) ; 범어는 samatha인데, 사마타(奢摩他), 사마타(舍摩他) 등으

로 음역하며 지적(止寂), 등관(等觀) 등으로 한역한다. 일체의 상념과 사려를 멈추고 마음을 오로지 하나의 대상에만 집중하는 것을 말한다. 천태종(天台宗)에서는 지(止)를 공(空)·가(假)·중(中) 삼관(三觀)에 대비하여 세 가지로 나누어 설명한다.

1. **체진지(體眞止)** ; 일체 모든 법이 공(空)한 이치를 체달아 아는 지(止)로 공관(空觀)에 해당한다.
2. **방편수연지(方便隨緣止)** ; 계연수경지(繫緣守境止)라고도 하는데 중생들의 조건에 따라 방편으로 적절하게 대응하되 그들과 함께하되 그러나 마음은 조금도 움직임이 없는 지(止)로 가관(假觀)에 해당한다.
3. **식이변분별지(息二邊分別止)** ; 1과 2의 어느 쪽에도 치우치지 않는 것으로 유(有)와 무(無)의 양쪽에 기울지 않고 중도실상(中道實相)의 도리에 안주하는 지(止)로 중관(中觀)에 해당한다.

2006年 5月 15日 上海 劍河路 張涇小區

불법佛法을 외호外護하는 위타천존보살

염불성불의 길
철오선사 법어

1판 1쇄 펴낸 날 2017년 9월 25일
역해　각문
발행인 김재경 **편집** 김성우 **디자인** 최정근 **교정·교열** 이유경 **제작** 재능인쇄
펴낸곳 도서출판 비움과소통
　　　　경기도 파주시 하우고개길 151-17 예일아트빌 103동 102호(야당동 191-10)
　　　　전화 031-945-8739　팩스 0505-115-2068
홈페이지 blog.daum.net/kudoyukjung　**이메일** buddhapia5@daum.net
출판등록 2010년 6월 18일 제318-2010-000092호

© 각문, 2017
ISBN 979-11-6016-028-4 03220

＊ 책값은 뒤표지에 있습니다.
＊ 잘못된 책은 서점에서 바꾸어 드립니다.